edition suhrkamp

Redaktion: Günther Busch

978 3518006221

Gert Ueding, geboren am 22. November 1942 in Bunzlau, studierte Germanistik, Rhetorik, Philosophie und Kunstgeschichte in Köln und Tübingen. Er ist Akademischer Rat am Seminar für deutsche Literatur und Sprache der Technischen Universität Hannover.

»Kitsch ist [...] ein Bestandteil der geschichtlich-gesellschaftlichen Gesamtentwicklung und nur als solcher adäquat darstellbar. Sämtliche Versuche, allein mit Hilfe von Stilbegriffen, typologischen Konstruktionen oder ästhetischen Systematisierungen [...] den Kitsch zum Gegenstand wissenschaftlicher Auseinandersetzungen zu machen, müssen scheitern, denn sie vernachlässigen das ›Studium des wirklichen Lebensprozesses und der Aktion der Individuen‹.« Die Arbeit von Gert Ueding ist ein Beitrag zur ästhetischen und sozialen Analyse der Trivialliteratur – zur Aufhellung gesellschaftlicher Konfliktsituationen und Handlungsmodelle, wie sie im Kitsch und in der Kolportage sich ausdrücken. Der erste Teil fragt nach den Ursachen von Kitsch. Im zweiten Teil wird an den Romanen Karl Mays erörtert, wie das Erbe aufklärerischer Traditionen im 19. Jahrhundert verändert, auch deformiert wurde. Die allegorische Struktur der Abenteuergeschichte und deren Konzeption einer zweiten Wirklichkeit stehen im Mittelpunkt des dritten Teils, in dem Blochs *Spuren* untersucht und im Hinblick auf seine Kolportagetheorie interpretiert werden.

Gert Ueding
Glanzvolles Elend
Versuch über Kitsch und Kolportage

Suhrkamp Verlag

Für
Ernst Bloch

edition suhrkamp 622
Erste Auflage 1973
© Suhrkamp Verlag, Frankfurt am Main 1973. Erstausgabe. Printed in
Germany. Alle Rechte vorbehalten, insbesondere das der Übersetzung, des
öffentlichen Vortrags und der Übertragung durch Rundfunk und Fernsehen,
auch einzelner Teile. Satz, in Linotype Garamond, Druck und Bindung bei
Georg Wagner, Nördlingen. Gesamtausstattung Willy Fleckhaus.

Inhalt

Vorbemerkung

In seiner ersten Glosse über Kriminalromane empfiehlt Brecht jedem Schriftsteller wenigstens einen Kriminalroman »zur zeitweiligen Lektüre: die Literaturgeschichte.« Überblickt man die Anstrengungen, die Literaturhistoriker unternommen haben, um den weitaus umfangreichsten Teil der Literatur aus ihrer Forschung ausklammern zu können, als niedrige, triviale, leichte Literatur unbesehen zu diffamieren, Autoren mit bedeutendem Œuvre zu unterschlagen: kurz all jene Untaten, die ein handfester Kriminalroman verfolgt, mit dem Mäntelchen ›ästhetische Qualität‹ zuzudecken, so scheint Brechts Urteil noch zu milde. Denn immerhin ereilt im Kriminalroman den Verbrecher seine wohlverdiente Strafe, er wird seiner Schandtaten überführt und landet, wie sich das gehört, hinter festen Gittern. Wie aber in der Literaturgeschichte? Unterschlagungen ungeheuren Ausmaßes bleiben bis heute von wenigen Ausnahmen abgesehen ungesühnt, und auch die marxistische Durchforschung der Literatur förderte bisher nur zutage, was von bürgerlicher Literaturwissenschaft an den von ihr selber inthronisierten Helden gefehlt wurde.
Nun scheint sich das in den letzten Jahren geändert zu haben. 1962 erschien Walter Killys Versuch über den Kitsch, und seither ist das germanistische Interesse an der bislang unbeachteten oder lediglich abfällig ausgeklammerten Literatur so gewachsen, daß sich beinahe schon von einem modischen Trend zur Trivialliteratur sprechen läßt. Gleichwohl sind die Ergebnisse solcher Beschäftigung mager geblieben: selbst bibliographische Grundlagenforschung, auch nur grobe Materialsichtung fehlen, von kritisch-methodischer Aufarbeitung oder theoretischer Reflexion ganz zu schweigen. Auch ein Hegel ist der kaum gewogenen, jedenfalls aber zu leicht befundenen Kunst nicht erstanden – immerhin streifte Rosenkranz in seiner »Ästhetik des Häßlichen« einige ihrer Probleme. So beherrschen allenfalls begrifflose Materialanhäufung oder fragwürdige, weil empirisch ungenügend oder überhaupt nicht abgesicherte Hypothesenbildung die Diskussion bis heute. Das von den Philosophen der Frankfurter Schule verhängte Verdikt über die

leichte Kunst des Amusements tat ein übriges, um auch von dieser Seite den Zugang zum Verachteten zu versperren.

Auch ohne es zu wollen, muß sich jeder, der es weder beim einfachen Konstatieren von Forschungslücken bewenden lassen noch auch die Fehler der Vergangenheit wiederholen will, von eben den Versäumnissen, die er beklagt, bei seiner Arbeit bestimmen lassen. Im ersten Teil dieser Arbeit wird nun versucht, dem eklatanten Mangel an theoretischer Reflexion in der bisherigen Kitsch-Diskussion wenigstens tendenziell abzuhelfen, indem die für den Kitsch konstitutiven literarischen Phänomene auf die Bedingungen ihrer historisch-gesellschaftlichen Entstehung und Weiterentwicklung zurückgeführt werden, um so dem Gegenstand angemessene Beschreibungskriterien aus den sozialen Verhältnissen selber zu gewinnen, deren Produkt der Kitsch ist. Diesem methodischen Vorgehen folgt auch der zweite Teil der Arbeit, mit dem Unterschied allerdings, daß sich der Verfasser hier auf die, wenn auch nicht zusammenhängend ausgeführte, historisch-materialistische Kolportage-Theorie Ernst Blochs stützen konnte und so das Schwergewicht mehr auf die textanalytische Untersuchung einiger Großwerke der Kolportageliteratur legen durfte. Im abschließenden Teil wird Blochs Kolportagetheorie selber und deren Bedeutung für seine im Buch *Spuren* gesammelten Prosatexte Gegenstand einer Erörterung sein, die Brechts nicht nur ironisch gemeinte Parole »Kehren wir zu den Kriminalromanen zurück!« ernst nehmen will als mögliche Anweisung zum Schreiben.

Nicht über Kitsch als solchen, Kolportage als solche wird gesprochen werden, sondern über Kitsch und Kolportage in ihren bestimmten Formen und Funktionen in einem ganz bestimmten Entwicklungsstadium des deutschen Bürgertums im 19. Jahrhundert. Die Quellen und literarischen Dokumente, auf die sich die Untersuchung stützt, wurden sorgfältig ausgewählt, können aber, dem niedrigen Stand der empirischen Forschung auf diesem Gebiet entsprechend, nur bedingt als beispielhaft allgemeingültig angesehen werden. Begriff und Intention einer Vorarbeit schließen das Vorläufige ihrer Ergebnisse immer ein – müssen es vor allem dann, wenn die angemessene Aufarbeitung eines Gebietes, wie es die Kitsch- und Kolportageliteratur darstellt, unter einzelwissenschaftlichen Aspekten nur höchst fragmentarisch gelingen kann; im Laufe

dieser Untersuchung sollen daher deren notwendige Unzuläng-
lichkeiten jeweils pointiert, nicht verdeckt werden – gerade
auch im Interesse ihrer Weiterführung in angemessener inter-
disziplinärer Zusammenarbeit.

Zuletzt noch soll eines Interesses gedacht werden, das den
Fortgang der Arbeit immer beflügelnd begleitete und das hof-
fentlich hier und da ihrer Darstellung die nötige Farbe verlieh: ein Interesse aus dem Lesevergnügen, das selbst Kitschpassagen hier und da, jedenfalls aber die große Kolportage zu
vermitteln vermögen. »Etwas ist nicht geheuer, damit fängt
das an.« Ernst Bloch weiß, wovon er redet; was da anfängt,
mag sehr weit führen, so weit gar, daß sich eine Gaunerherberge in ein philosophisches Seminar verwandelt: Mittwoch
abends, nicht weit von jenem Zimmer entfernt, das Hegel
und Schelling als Studienfreunde bewohnten. Frühe Spuren
mündeten so später in abendliche Gespräche – ihnen folgt dieses Buch.

I. Glück im Winkel

1. Kitsch als Forschungsproblem

Begriffliche Unklarheit

»»Mit Geld kann man alles machen; ich nehme mir etwa sechs oder acht tüchtige Männer, die im Roman schon etwas geleistet haben, lade sie hierher ein und schlage ihnen vor, sie sollen zusammen den Walter Scott vorstellen. Sie wählen die historischen Stoffe und Charaktere aus, beraten sich, welche Nebenfiguren anzubringen wären, und dann – ‹

›O, jetzt verstehe ich Ihren herrlichen Plan; dann errichten Sie eine Fabrik, etwa wie jene in Scheerau. Sie lassen sich Kupferstiche von allen romantischen Gegenden Deutschlands kommen; die Kostüme alter Zeiten kann man von Berlin verschreiben; Sagen und Lieder finden sich in des Knaben Wunderhorn und anderen Sammlungen. Sie setzen ein paar Dutzend junger Leute in Ihr Haus: die *Sechseinigkeit,* der neue Unbekannte, gibt die Umrisse der Romane, hie und da zeichnet und korrigiert er an einem großartigen Charakter; die vierundzwanzig oder dreißig anderen aber schreiben Gespräche, zeichnen Städte, Gegenden, Gebäude nach der Natur – ‹«¹ 1826 verfaßte Wilhelm Hauff die ironisch-satirische Skizze *Die Bücher und die Leserwelt* – Kommentar zu einer Entwicklung des Buchmarktes, die bereits sehr viel früher begonnen und in der zweiten Hälfte des 18. Jahrhunderts ihren ersten Höhepunkt erreicht hatte. »Der Anteil der ›Poesie‹ stieg in den Meßkatalogen von 3,6 Prozent im Jahre 1735 auf 14,3 Prozent im Jahre 1775 und schließlich auf 27,3 Prozent im Jahre 1800.«² 1780 wurden fast sechsmal soviel Romane verfaßt wie noch 1760, nur höchstens fünf Prozent der gesamten Romanproduktion in diesem Zeitraum ist in die Literaturgeschichten als künstlerisch hochwertig und daher beachtenswert eingegangen.³ Das wis-

1 Wilhelm Hauff, *Sämtliche Werke,* hrsg. v. Hermann Fischer, 6 Bde., Stuttgart o. J. (Cotta), Bd. 5, S. 242.

2 Gustav Sichelschmidt, *Liebe, Mord und Abenteuer. Eine Geschichte der deutschen Unterhaltungsliteratur,* Berlin 1969, S. 19.

3 Vgl. dazu Marion Beaujean, *Der Trivialroman in der zweiten Hälfte des 18. Jahrhunderts. Die Ursprünge des modernen Unterhaltungsromans,* in: *Abhandlungen zur Kunst-, Musik- und Literaturwissenschaft* 22, Bonn 1964.

senschaftliche Studium der Werke, welche die »Deutschen lasen
während ihre Klassiker schrieben« (Benjamin), hat gerade erst
begonnen: »Wir wissen über die Trivialliteratur alle noch immer nicht sehr viel.«[4] Die Gründe, die im Bereich der Literaturwissenschaft zur Vernachlässigung dieser realen Lektüre eines
breiten, noch im 19. Jahrhundert fast ausschließlich bürgerlichen Publikums geführt haben, hängen eng mit der Misere dieser Wissenschaft selber zusammen und lassen sich befriedigend
nur im Zusammenhang mit der ideologiekritischen Darstellung
ihrer Geschichte analysieren. »Der Literatur- und Kulturbe-
griff, auf den die offizielle Literaturwissenschaft sich beruft,
hat etwas rührend Altmodisches an sich: er täuscht wider alle
Erfahrung vor, daß die sog. hohe Literatur oder Belletristik
[...] noch irgendwelche Relevanz besäße.«[5] Wenn auch Erfahrung nicht letzter Maßstab von Wissenschaft sein kann –
Hegels »umso schlimmer für die Tatsachen« entgegnet jeder
eilfertigen Pauschalkritik mit dem Pathos der Veränderung –
und auch Relevanz sich nicht allein in Produktions- und Kon-
sumptionsstatistiken fassen läßt, so muß man doch konstatieren, daß die Literaturwissenschaft bisher weitgehend die gesellschaftlichen Bedürfnisse bei der Entwicklung ihrer Methoden und der Festsetzung ihrer Forschungsgegenstände vernachlässigt hat. Sie hat das Feld der Pädagogik, der Soziologie und
– nach 1945 – der Volkskunde überlassen.[6]
Bereits der Begriff »Trivialliteratur«, zusammen mit den oft
synonymisch verwendeten Begriffen Schund-, Kitsch-, Unterhaltungsliteratur oder Kolportage, enthält eine Wertung, deren Maßstab am vermeintlich Gegensätzlichen, der Hochlite-
ratur, gewonnen wurde. Die terminologische Unsicherheit – moralische Kategorien werden mit ästhetischen identifiziert, All-
gemeinbegriffe mit Individualbegriffen verwechselt – ist das

– Hans Friedrich Foltin, *Zur Erforschung der Unterhaltungs- und Trivialliteratur, insbesondere im Bereich des Romans*, in: *Studien zur Trivialliteratur*, hrsg. v. Heinz Otto Burger, Frankfurt/M. 1968.
4 Hermann Bausinger, *Wege zur Erforschung der trivialen Literatur*, in:
Studien zur Trivialliteratur, a.a.O., S. 1.
5 Michael Pehlke, *Aufstieg und Fall der Germanistik – Von der Agonie
einer bürgerlichen Wissenschaft*, in: *Ansichten einer künftigen Germanistik*,
hrsg. v. Jürgen Kolbe, München 1969, S. 38 f.
6 Vgl. Bausinger, a.a.O., S. 1 ff.

Signum von Versäumnissen, die auch diese Arbeit eher aufzeigen als aufholen kann.

Der Kitsch ist nur ein Moment jenes umfassenden Ganzen der von der offiziellen Germanistik mißachteten Kunst und Literatur, nicht aber diese selber, wie die populäre Kitsch-Kunst-Alternative suggerieren will. Die Diffamierung der massenhaft konsumierten und produzierten Literatur als Kitsch hat Methode; sie reicht von Hermann Brochs Diktum: »Der Kitsch ist das Böse im Wertsystem der Kunst«[7] bis hin zu seiner anthropologischen Konstruktion eines Kitschmenschen und läßt bereits den wahren Adressaten solcher Kritik erkennen. Kitsch wird zur »Kultur der Massen«[8] erklärt und den auf die eigenschaftslose Ware Arbeitskraft reduzierten Einzelnen hämisch als selbstverschuldetes Versagen untergeschoben. Gleichzeitig soll der Kitsch die dauernd latent vorhandene Gefahr suggerieren, die dem Bestand der Kultur drohe. »Kitsch ist nicht, wie der Bildungsglaube es möchte, bloßes Abfallprodukt der Kunst, entstanden durch treulose Akkomodation, sondern lauert in ihr auf die stets wiederkehrenden Gelegenheiten, aus der Kunst hervorzuspringen.«[9] Idealistische Kunsttheorie hat sich vor solcher Gefahr zu wappnen und in der rigorosen Trennung von Ideal und Wirklichkeit die Reinheit der Kunst zu retten versucht. Für eine Literatur, die sich offen an den Bedürfnissen eines breiten Publikums orientierte und damit einer ›schlechten‹ Wirklichkeit dienstbar wurde, war in ihr kein Platz – hatte sie doch die Wirklichkeit sich selber überlassen.

Kitsch ist weder eine latente Möglichkeit der Kunst als solcher[10] noch auch »eine latente Möglichkeit des Menschen überhaupt«[11], also keine von der Geschichte getrennte Abstraktion oder anthropologische Konstante. Als ein in Kunst und Literatur erfaßbares und aufweisbares Phänomen ist er Bestandteil der geschichtlich-gesellschaftlichen Gesamtentwicklung und nur als solcher adäquat darstellbar. Sämtliche Versuche, allein mit ästhetischen Systematisierungen (mit dem Ziel, eine »Ästhetik

7 Hermann Broch, *Einige Bemerkungen zum Problem des Kitsches,* in: Gillo Dorfles, *Der Kitsch*, Tübingen 1969, S. 62.
8 Gillo Dorfles, a.a.O., S. 121.
9 Theodor W. Adorno, *Ästhetische Theorie*, Frankfurt/M. 1970, S. 355.
10 Ludwig Giesz, *Phänomenologie des Kitsches*, München 1971, S. 23.
11 Giesz, a.a.O., S. 55.

des Kitsches« zu begründen) den Kitsch zum Gegenstand wissenschaftlicher Auseinandersetzung zu machen, müssen scheitern, denn sie vernachlässigen das »Studium des wirklichen Lebensprozesses und der Aktion der Individuen«[12], die Totalität also, in welcher auch der Kitsch als Überbauphänomen nur ein Moment bildet. Das heißt auf der anderen Seite aber nicht, daß sich der Kitsch lediglich auf den ideologischen Reflex gesellschaftlicher Totalität reduzieren ließe; da vielmehr diese selber »im Vollzug erst Resultat des praktischen Handelns ist, werden die einzelnen Überbaubereiche zu Praxisfeldern, die jeweils genuine (nicht autonome!) Ansatzpunkte zur Veränderung des Bestehenden bieten können.«[13] Die bisherige Erforschung der ›trivialen‹ Literatur[14], vor allem aber des Kitschproblems, ist selten zu mehr als einer Klassifizierung und Systematisierung des Materials gelangt, versandete sie nicht völlig wie die volksbildnerischen oder klerikalen Bemühungen in ideologischem Geschwätz von heiler Welt und bösem Schund. Die letzte große Auseinandersetzung um den Kitsch, die öffentlich und engagiert bis hin zu fanatischer Identifikation mit der eigenen, natürlich guten Sache geführt wurde – die Prozesse um Karl Mays »Schundromane« und die mit ihnen verbundene öffentliche Diskussion zu Beginn dieses Jahrhunderts[15] –, zeigt deutlich, daß sich das Problem der von der Literaturwissenschaft unterdrückten, verschwiegenen, diffamierten Literatur nicht auf den ästhetischen oder moralischen Bereich beschränken läßt, wenn auch mit Argumenten aus beiden Bereichen dergleichen Diskussionen über Wert oder Unwert der »Schundliteratur« bestritten werden. Eine ideologiekritische Studie der Karl May-Prozesse, der Akten, Plädoyers, Urteilsbegründungen, der Zeitungsartikel und Kommentare – Klaus Hoffmann bringt leider nur das Material, erspart sich aber eine solche Analyse – würde den Zusammen-

12 Karl Marx und Friedrich Engels, *Die Deutsche Ideologie,* in: Karl Marx, Friedrich Engels, *Werke (MEW),* Berlin 1969, Bd. 3, S. 27.
13 Dieter Richter, *Geschichte und Dialektik in der materialistischen Literaturtheorie,* in: *Alternative* 82, Januar 1972, S. 6.
14 Über deren Methoden, Ergebnisse und Problemstellungen referiert Hermann Bausinger in seinem Aufsatz ausführlich, s. a.a.O.
15 Vgl. Klaus Hoffmann, *Nachwort zum Faksimiledruck des Waldröschen,* in: Karl May, *Das Waldröschen oder die Verfolgung rund um die Erde,* 6 Bde., Hildesheim 1971, Bd. 6, S. 2635 ff.

hang zwischen derartigen Kampagnen und dem Kampf aufzeigen, den die Ideologen der herrschenden Klasse gegen Bedürfnisse geführt haben, die von den unteren Klassen, dem »Pöbel« oder »großen Haufen«, artikuliert wurden, deren Befriedigung aber nicht auch zweifelsfrei die Fungibilität der so Düpierten garantiert. »Träumt also Kolportage immer, so träumt sie doch letzthin Revolution, Glanz dahinter«[16] – trifft das auch nicht für alle Kolportage zu, so ist doch immerhin das Stichwort gegeben, das Kunst- und Tugendwächter allerorten zu immer neuen Windmühlenkämpfen antreten läßt: der Glanz dahinter ist rot. Die Teilung des Gesamtbereiches der unterdrückten Literatur in Kolportage und Kitsch, wie sie von Bloch durchaus polemisch gegen den herrschenden Literaturbetrieb gerichtet wurde[17], kann zwar nur modellhaft vollzogen werden, gemäß der besonders engen Verfilzung von falschem und – tendenziell – richtigem Bewußtsein innerhalb dieser Literatur, doch sie arbeitet so deren inneren Widerspruch erst heraus: den Widerspruch zwischen künstlich produzierter intellektueller Verödung[18] und »jener Transzendenz, welche die Immanenz der Kultur versperrt«.[19]

Der Kitschmensch

Die Orientierungslosigkeit der Kitschdiskussion in der Gegenwart läßt sich an den Beiträgen eines kürzlich erschienenen Sammelbandes mit dem Titel *Der Kitsch* ablesen.[20] Die Autoren versuchen, so das programmatische Vorwort des Herausgebers, eine Kritik des »vorherrschenden schlechten Geschmacks« zu geben, und zwar von einem »kulturellen Standpunkt, einer soziologischen Einstellung aus [...], die durchaus subjektiv und persönlich sind.«[21] Der Unverbindlichkeit des bürgerlichen Geschmacksbegriffs kontrastiert komisch das Vorhaben, schlechten Geschmack kritisieren zu wollen, also vom

16 Ernst Bloch, *Erbschaft dieser Zeit*, Frankfurt/M. 1962, S. 181.
17 Vgl. Ernst Bloch, a.a.O., S. 28 und Ernst Bloch, *Literarische Aufsätze*, Frankfurt/M. 1965, S. 242 ff.
18 Vgl. Karl Marx, *Das Kapital*, *MEW*, Bd. 23, S. 421.
19 Theodor W. Adorno, *Notizen zur Literatur* II, Frankfurt/M. 1961, S. 139.
20 Dorfles, a.a.O.
21 Dorfles, a.a.O., S. 11.

Standpunkte eines ›guten Geschmacks‹ – was immer das sei –
Urteile über künstlerische Werke zu fällen. Es ist nicht mehr
Funktion des Geschmacks, gesellschaftliche Harmonie zu begründen und die Bedingung für die Möglichkeit von Humanität zu schaffen – im Geschmacksurteil hatte sich noch im
18. Jahrhundert diese humane Intention zu verwirklichen –,
sondern lediglich die den entfremdeten Individuen scheinbar
wesenhaft zugehörigen Werte zu bestätigen. Das »armselige
Individuum«, wie Dorfles den »Kitschmenschen« nennt[22], pro-
duziert seine intellektuelle und emotionale Verödung selber,
und deren Manifestationen tragen den Stempel des Unechten,
Falschen, Lügenhaften und Bösen. Die Beiträge demonstrieren
ungewollt, warum die anthropologische Konstruktion, von
Hermann Broch erstmals am Beispiel des »Kitschmenschen«
vorgeführt, der erfolgreichste Ansatz und gleichzeitig das po-
pulärste Resultat der bisherigen Diskussion über das Kitsch-
problem geblieben ist.
Ludwig Giesz, der Brochs ethische Schlußfolgerungen[23] zwar
nicht nachzuvollziehen bereit ist, hat diesen anthropologischen
Ansatz ausgebaut, da er »vor allem jene Dimension treffen
[will], wo über ›Kitsch‹ entschieden wird: nämlich das menschliche *Leben und Erleben.*«[24] Giesz geht es also darum, die
»Eigenschaften des Kitsches« aus »der Erlebnisstruktur zu begreifen [...] Es gibt das kitschhafte Auge, wie es ein ›sonnen-
haftes‹ gibt. Und diese *Kitschdisposition* braucht vor nichts halt
zu machen.«[25] Gewiß gelingt es Giesz auf diesem Wege, zu einigen brauchbaren Teilergebnissen zu kommen, sofern er sich
nämlich nur auf die phänomenologische Beschreibung derjenigen Faktoren beschränkt, die für das Aneignen von Kitsch
konstitutiv sind. Seine Schlußfolgerung allerdings, daß mit
Brochs Formulierung »Kitschmensch« eine »latente Möglichkeit des Menschen überhaupt« angegeben sei[26], macht die
Fragwürdigkeit seiner Methode deutlich. Giesz, wie vor ihm
schon Broch, löst das Wesen des Kitsches in das menschliche
Wesen auf, das ihm letztlich abstrakt bleiben muß, da er es von

22 Dorfles, a.a.O., S. 154.
23 Broch, a.a.O., S. 62.
24 Ludwig Giesz, *Der Kitschmensch als Tourist*, in: Dorfles, a.a.O., S. 159.
25 Ludwig Giesz, *Phänomenologie des Kitsches*, a.a.O., S. 37.
26 Giesz, a.a.O., S. 55.

seiner gesellschaftlichen Entstehung trennt. Das Kitscherlebnis wird so zur Funktion eines abstrakten menschlichen Wesens (als latente Möglichkeit jedes Individuums) hypostasiert, und damit wird unterschlagen, daß es ein gesellschaftliches Produkt ist, abhängig von ganz bestimmten analysierbaren historischen Verhältnissen. Giesz geht konsequent sogar noch einen Schritt weiter. Nicht nur definiert er das kitschige Verhalten als eine latente, der menschlichen Gattung innewohnende allgemeine Möglichkeit, die sich unter bestimmten Bedingungen individuell aktualisiert, vielmehr ist der Kitsch produzierende oder konsumierende Mensch derjenige, »der sich [frei] als ›Kitsch-Mensch‹ ›*wählt*‹«.[27] Der Rekurs auf die existentialistische Doktrin der Selbstverwirklichung im freien Entwurf erlaubt es damit schließlich, die Individuen für die Regression verantwortlich zu machen, die ihr Bewußtsein unter den Bedingungen der kapitalistischen Gesellschaft erfahren hat. »Durch scheinbar aktive Zuwendung zu Werten, Idealen, die an sich ein freiheitliches Sprengen aller Genußimmanenz bewirken müßten, rechtfertigt sich der seiner selbst nicht ganz sichere Kitsch, täuscht eine (transzendierende) Freiheitsaktivität vor [...], d. h. das Ideale wird in sein Gegenteil pervertiert, nämlich ausgerechnet zum Genußgegenstand.«[28] Wenn Rettung einzig noch vom Ideal her erhofft wird, bedeutet das genußhafte Verhalten zu ihm tatsächlich eine Bedrohung – so weit sind, in einseitiger Erbschaft idealistischer Ästhetik, Vernunft und Sinnlichkeit auseinandergefallen, daß Genuß denn auch nur noch als »Genüßlichkeit«[29] vorstellbar ist, es sei denn, das rezipierende Bewußtsein transzendiere »über die sinnliche Gegebenheit des Kunstwerks hinaus«.[30] Ein solches Verhalten ist dann nach Giesz Kunstgenuß und muß von »dem *billigen Genuß* von (an sich ›teuren‹) Idealen und Werten« getrennt werden.[31] Giesz versucht zwar, Phänomenen auf die Spur zu kommen, die im Zuge der technischen Reproduzierbarkeit von Kunstwerken (ein Van Gogh in jeder Wohnung) gerade den Kunsttheoretikern Kopfzerbrechen bereitet haben,

27 Giesz, a.a.O., S. 55.
28 Giesz, a.a.O., S. 51.
29 Giesz, a.a.O., S. 51.
30 Giesz, a.a.O., S. 52.
31 Giesz, a.a.O., S. 52.

doch seine Ergebnisse bestätigen lediglich, was implizit von Anfang an vorausgesetzt war: die Existenz zweier Kulturen, einer höheren und einer niederen, deren anthropologische Wurzel er im Kitschmenschen erblickt. Dieser schafft sich nun nicht nur im Bereich der niederen Kultur seine Befriedigung, sondern eignet sich eben auch Kunstwerke genüßlich an. Der rohen Sinnlichkeit, die dem Kunstwerk von unten droht, soll durch Sublimierung des niederen zu einem höheren Genuß begegnet werden. »Freigabe der Sinnlichkeit wäre Freigabe des Genusses. Sie setzt das Fehlen des schlechten Gewissens voraus und eine reale Möglichkeit der Befriedigung. In der bürgerlichen Gesellschaft wirkt ihr in steigendem Maße die Notwendigkeit einer Disziplinierung unbefriedigter Massen entgegen. Es wird eine entscheidende Aufgabe der kulturellen Erziehung, den Genuß zu verinnerlichen durch Beseelung.«[32]

Richard Egenter bietet eine moraltheologische Variante der anthropologischen Reduktion des Kitschproblems.[33] Egenter begreift das Abgleiten des Schönen zum Kitsch als Folge der »erbsündlichen Unordnung«: »So wird in diesem Aion das Schönheitserleben immer in der Gefahr des Abgleitens und der Wesensverfälschung bleiben. Wer im Geiste und in der Wahrheit Gott anbetet, wer in der Liebe Christi lebt, mag die Gefahren leichter bestehen; aber sie hören nicht auf, ihm zu drohen und auch hinsichtlich des Kitsches bleibt die Mahnung des Apostels Paulus in Geltung: ›Wer zu stehen glaubt, sehe zu, daß er nicht falle‹ (1. Kor. 10, 12).«[34] Wenn Egenter auch für den religiösen Kitsch durchaus sarkastische Qualifikationen bereithält, so verdunkeln seine an der katholischen Anthropologie orientierten Ausführungen das Problem mehr, als daß sie es aufklärten. Seine These von der Erbsünde als dem Ursprung des bösen Kitsches wiederholt im ästhetischen Bereich, was bereits Feuerbach als Wesen der religiösen Entfremdung kritisiert hat.

Kitsch und Massenkultur

Die auffallende Tatsache, daß der Kitsch »die offizielle, kulturelle Tendenz« des faschistischen Deutschland und Italien

---

32 Herbert Marcuse, *Kultur und Gesellschaft* I, Frankfurt/M. 1965, S. 78.
33 Richard Egenter, *Kitsch und Christenleben*, Ettal 1950.
34 Egenter, a.a.O., S. 70 f.

darstellte,[35] führte zu quasi-soziologischen Untersuchungen, die den Kitsch zur »Kultur der Massen« erklären, mit welcher »die totalitären Regierungen versuchen, die Gunst ihrer Untertanen zu erwerben.«[36] In solchen Untersuchungen wird die Masse zu einer nicht mehr ableitbaren Größe, zur gesichtslosen Zusammenballung von Menschen auf Grund irrationaler Bindungen. Die dergleichen Arbeiten oft innewohnende menschenverachtende Tendenz tarnt sich meist als aristokratisches Kunstverständnis. Der »Massenkultur« wird die »Kultur der Elite« gegenübergestellt[37] und jene zum kitschigen Abglanz dieser erklärt. Sämtliche negativ gewerteten Erscheinungen des kulturellen Lebens sind Folgen der »Vermassung« des modernen Menschen.[38] In den Massenmedien verliert dann selbst die authentische Kunst ihre Würde, denn die Reproduktion verletzt das Prinzip der Singularität, das für die auratische Kunst konstitutiv ist, und unterwirft es ihrem nivellierenden Einfluß.[39] So haben sich gerade in den Forschungen zur Trivialliteratur wie überhaupt zu den Phänomenen der »unteren« Kultur die ideologischen Vorstellungen der frühen Massenpsychologie erhalten. Das Verhalten der Masse wird »als Symptom drohenden Untergangs der bürgerlichen Gesellschaft empfunden, die mit der Kultur überhaupt gleichgesetzt« wird.[40] Hinter der Kitsch-Kunst-Alternative[41] lauert so eine ganz andere: die untere, unermeßlich angewachsene Massenkultur droht die obere Elitekultur zu überwuchern. Die Ohnmacht dem Phänomen der Massenkultur gegenüber manifestiert sich gerade darin, daß Kitsch als Wesensqualität interpretiert wird: der Übergang von der niederen zur hohen Kultur ist nur mit Hilfe entsprechender Erziehung auf dem Wege der Sublimierung möglich.[42] Die »ständige Gefahr des Aus-

35 Dorfles, a.a.O., S. 121.
36 Dorfles, a.a.O., S. 121.
37 Dorfles, a.a.O., S. 32.
38 Vgl. H. de Man, *Vermassung und Kulturverfall*, München 1951, S. 64 ff.
39 Vgl. Dorfles, a.a.O., S. 19 ff. und Giesz, *Phänomenologie des Kitsches*, a.a.O., S. 73.
40 Klaus Horn, *Politische Psychologie: Erkenntnisinteresse, Themen und Materialien*, in: *Politikwissenschaft. Eine Einführung in ihre Probleme*, hrsg. v. G. Kress und D. Senghaas, Frankfurt/M. 1969, S. 257.
41 Vgl. Giesz, a.a.O. und Bausinger, a.a.O., S. 5 ff.
42 Vgl. die volkspädagogische Abhandlung von Erwin Ackerknecht, *Der*

bruchs des Unkultivierten«, Folge »der gewaltsamen gesellschaftlichen Erpressung« durch Kultur,[43] bestimmt so nicht nur
die bürgerliche Reaktion gegenüber den Verhaltensweisen der
Massen, sondern auch gegenüber ihrer ideologischen Artikula-
tion. Die alles durchdringende »Penetranz« (Giesz) des Kitsches erscheint den Kulturtheoretikern des Bürgertums fälsch-
licherweise wie eine Antizipation ihrer längst fälligen gesellschaftlichen De-Klassierung.

Technisches Versagen

Mit geradezu erfrischender Unbekümmertheit um anthropologische, metaphysische oder soziologische Begründungen hat sich
Karlheinz Deschner des Kitsch-Problems angenommen und den
Kitsch bündig als Produkt fehlenden technischen Könnens definiert.[44] »Kitsch ist eine künstlerische Schwäche, eine ästhetische Entgleisung, ein dekoratives Versagen. Er kann überhaupt nur auf einer gewissen Bildungsstufe erkannt werden.
Wer kein Organ für Kunst hat, kann auch keinen Kitsch erkennen. Erkenntnis des Kitsches setzt Vergleichsmöglichkeiten
und damit auch Kritikvermögen voraus.«[45] Deschners Kitsch-
begriff orientiert sich an einem Kunstbegriff, der formale Vollendung mit Kunst identifiziert[46] und formalen Mangel demnach mit Kitsch. Der Maßstab, der seiner »vergleichenden
Sprachbetrachtung«[47] zugrunde liegt, ist aus den bereits als
groß kodifizierten Sprachkunstwerken extrahiert, beruht also
auf einer normativen Sprachauffassung und nähert sich in
manchen Aspekten (was die formale Seite betrifft) der rhetorischen Literaturkritik, die auf der vitia-Lehre, der Lehre von
den Verfehlungen des rhetorischen Ideals, aufbaut. Tatsächlich

Kitsch als kultureller Übergangswert, in: *Schriftenreihe Bücherei und Bildung*, Heft 1, Bremen 1950. Für Ackerknecht ist der Kitsch nicht unkünstle-
risch – wie der Schund – sondern vorkünstlerisch; richtig eingesetzt vermag
er, als Übergangsstufe zur hohen Kultur heraufzuführen.

43 Horn, a.a.O., S. 266.
44 Karlheinz Deschner, *Kitsch, Konvention und Kunst*, München 1957,
S. 24.
45 Deschner, a.a.O., S. 24.
46 »Kein Zweifel: das Geheimnis großer Dichtung ruht vor allem in der
Sprache, weil aus ihr ihre letzte Wirklichkeit erwächst.« Deschner, a.a.O.,
S. 16.
47 Deschner, a.a.O., S. 16.

gelingt es Deschner mit seiner auf rein formale Defekte reduzierten vitia-Lehre weder, zu einer formalen Kritik des Kitsches zu kommen – denn es gibt »viel technisch Ungekonntes
[. . .], das noch diesseits der Problemebene Kitsch/Kunst steht,
während es andererseits technisch äußerst gekonnten Kitsch
gibt«, wie Ludwig Giesz zu Recht gegen Deschner einwen-
det[48] –, noch trägt er etwas zur Beantwortung der Frage nach
der Entstehung und spezifischen Funktion von Kitsch bei. So
verwundert es auch nicht, daß Deschner bei der sprachkriti-
schen Analyse von literarischen Werken, die an einem traditionellen Stilideal orientiert sind (Carossa, Hesse, Paul Kel-
ler), zu brauchbaren Ergebnissen kommt, wogegen seine Untersuchungen avantgardistischer deutscher Literatur geradezu
groteske Urteile provozieren muß: »Solch undynamische,
spannungslose, poesieleere Satzbrocken deklariert Enzensber-
ger als ›freundliches Gedicht‹. Wie bar jeder Kraft und Konzentration!«[49]

Wie die kritischen Abhandlungen Deschners, so führt auch
Walter Killys Essay *Deutscher Kitsch*[50] letztlich wieder zu
einer »Affirmation der hohen Kunst.«[51] Killy verallgemeinert
zu einer Stilistik und Poetik des Kitsches, was Karlheinz
Deschner an bestimmten einzelnen Autoren und deren Werken feststellen konnte: stilistische Einheit der verschiedenen
Kitschprodukte, Kostbarkeit der Bilder und Vergleiche, Kumu-
lation von Stimmungsreizen, Schwergewicht auf dem als »niedrig« eingestuften stofflichen Interesse[52], Beliebigkeit der
Komposition, pseudosymbolische Effekthascherei, falsche Typisierung. Killy stellt einen Kriterienkatalog auf, mit dessen
Hilfe Kitsch sich beschreiben läßt. Sein Vorgehen ist zunächst –

---

48 Giesz, *Phänomenologie des Kitsches*, a.a.O., S. 21.
49 Karlheinz Deschner, *Talente Dichter Dilettanten*, Wiesbaden 1964,
S. 286.
50 Walter Killy, *Deutscher Kitsch*, Göttingen 1962.
51 Helmut Kreuzer, *Trivialliteratur als Forschungsproblem*, in: *Deutsche
Vierteljahresschrift*, 1967, S. 16.
52 Vgl. Killy, a.a.O., S. 15. Hier wird deutlich, daß Killy seinen Kunstbegriff von der deutschen Klassik übernommen hat. Auch Schiller kennzeichnet das stoffliche Interesse als ein niedriges: »Darin also besteht das
eigentliche Kunstgeheimnis des Meisters, *daß er den Stoff durch die Form
vertilgt*; und je imposanter, anmaßender, verführerischer der Stoff an sich
selbst ist, je eigenmächtiger derselbe mit *seiner* Wirkung sich vordrängt,
oder je mehr der Betrachter geneigt ist, sich unmittelbar mit dem Stoff ein-

darin dem Deschners gleich – rein deskriptiv. Die letzten Seiten seines Essays versuchen, den Nachteil solch immanenter Betrachtungsweise wettzumachen: Killy weist – allerdings recht pauschal – auf die soziale Funktion des Kitsches[53] und auf seine Verankerung in einer »kleinbürgerlichen Halbbildung«[54] hin, womit er, wie noch zu zeigen sein wird, wesentliche soziale Konstituenten des Kitsches getroffen hat, ohne ihnen allerdings den ihnen gemäßen Platz im Rahmen seines Deutungsversuchs einzuräumen. Es bleibt allerdings das Verdienst Killys, trotz aller offen zutage liegenden Unzulänglichkeit seiner Methode, bereits 1962 den Kitsch zum Gegenstand der Literaturwissenschaft gemacht zu haben. Die Einsicht, der Kitsch lebe von »solchen permanenten Verwechslungen (zwischen Illusion und Wirklichkeit, Wahrheit und Schein), die man doch nicht so einfach mit Lüge identifizieren kann«[55], verrät den bloßen Diffamierungen gegenüber, denen Kitsch ausgesetzt ist, ein feines Gespür für die Momente, die immer wieder seine überwältigende Wirkung garantiert haben.

Etymologische Spekulationen

Die Frage, was denn nun Kitsch eigentlich sei, wurde in der bisherigen Forschung unterschiedlich und durchaus nicht befriedigend beantwortet. Schon die literaturwissenschaftliche Terminologie verrät eine bemerkenswerte Unsicherheit, denn was der eine synonymisch für Kitsch setzt, das ist für den anderen gerade ein Zeichen des Unterschieds. Kitsch und Schund, Schwulst und Vulgär- oder Trivialliteratur, Unterhaltungsliteratur und Kolportage – die Begriffe wechseln die Wörter wie in einer barocken Allegorese. Auch der Rekurs auf die Etymologie, der fragwürdigen Überzeugung entsprechend,

zulassen, desto triumphierender ist die Kunst, welche jenen zurückzwingt und über diesen die Herrschaft behauptet.« Friedrich Schiller, *Sämtliche Werke*, hrsg. v. G. Fricke u. H. G. Göpfert, 5 Bde., München 1965, Bd. 5, S. 639 f. Dieser Kunstbegriff, mit Schillers schriftstellerischer Praxis nur bedingt vermittelt, hat wesentlich dazu beigetragen, daß Ästhetik und Literaturwissenschaft fast ausschließlich die hohe Literatur als ihren Gegenstand erkannten.
53 »Mittel einer sozialen Selbstbestätigung« – Killy, a.a.O., S. 32.
54 Killy, a.a.O., S. 32.
55 Killy, a.a.O., S. 32 f.

mit dem sprachlichen Ursprung auch das Wesen einer Sache zu fassen, hilft nicht weiter. Ob man Kitsch nun vom englischen sketch ableitet: »*Kitsch* m. ›Schund‹, namentlich von Bildern, um 1870 von Münchner Kunstkreisen ausgegangen. Ferd. Avenarius 1920 *Kunstwart* 33 II 222 leitet das Wort vom englischen *sketch* ›Skizze‹ ab«[56] oder aber von »kitschen ›den Straßenschlamm mit der Kotkrücke zus.-scharren‹«[57], alle Versuche, etymologisch dem Phänomen Kitsch auf die Spur zu kommen, führen in das Gewirr rivalisierender Entstehungstheorien.[58] Ihnen allen gemeinsam ist die negative Bedeutung des Begriffs. In dem Bemühen, ihn zu fixieren, von den Phänomenen zu abstrahieren, äußert sich die Intention, das mit ihm Gemeinte zu bannen. »Gegen den Kitsch gibt es keine Antithese, keine entgegengesetzte Idee, sondern nur die Realität. Um mit ihm Schluß zu machen, ist es nötig, die Landschaft zu verändern, auf dieselbe Weise wie man die sardische Landschaft verändern muß, um die Mücke, die die Malaria verbreitet, auszurotten.«[59] Richtige Beobachtungen kitschiger Phänomene schlagen um in Affirmation, ablesbar an verräterischen Vergleichen, die an die Stelle sozialwissenschaftlicher Argumentation treten. Das Unternehmen, den Kitsch in seiner heutigen, kulturindustriell vorgefertigten Gestalt und eingeplanten manipulierenden Wirkungsweise zu begreifen, kann nur dann zum Erfolg führen, wenn der historische Prozeß, dessen Resultat Kitsch auch in seiner gegenwärtigen Erscheinung ist, neu aufgerollt wird – denn anders als die isolierten Objekte glauben machen wollen, sind sie die Produkte materieller und geistiger Tätigkeit wirklicher Menschen und damit in Geschichte auflösbar.

56 Friedrich Kluge, *Etymologisches Wörterbuch der deutschen Sprache*, bearb. v. Walter Mitzka, Berlin 1963, S. 371.
57 »Der geglättete Schlamm, das Gekitschte oder der Kitsch, lieh die Schelte des schlechten Bilds im soßigbraunen Farbton der Ateliertunke.« Kluge, a.a.O., S. 371.
58 Giesz führt noch zwei weitere an: »kitschen = neue Möbel auf alt zurichten« oder »›etwas verkitschen‹ (= etwas billig losschlagen)« – Giesz, *Phänomenologie des Kitsches*, a.a.O., S. 18.
59 Harold Rosenberg, *The Tradition of the New*, zit. nach Dorfles, a.a.O., S. 9.

2. Die Welt im kleinen

Berufs- und Privatsphäre

»Die ersten glückberauschten Tage im eigenen Nestchen sind
vorüber [...] Der junge Gatte kehrt zu seinen gewohnten Ge-
schäften zurück und mit dem entzückenden Gefühl: ›daheim ist
allezeit ein reizender Jemand, dessen einziger Gedanke und
dessen einzige Sehnsucht du bist,‹ – welches Bewußtsein ihn
jedoch nicht hindert, seine Geschäftsbriefe in gehöriger Fassung
zu schreiben, oder seinem sonstigen Berufe völlig gesammelt
nachzugehen. Ja, man erzählt sogar, daß er trotz dieses Bewußtseins auf dem Heimwege mit einem guten Freunde ein
wenig zu plaudern vermag, sogar sich Zeit nimmt, ein schönes
Pferd anzusehen und vor sich auf- und abreiten zu lassen. –
Freilich beflügelt er nachher doppelt seine Schritte und schaut
schon von weitem sehnsüchtig aus nach einem gewissen Fenster,
allwo hinter einem Gitter von Efeu und Blumen jener rei-
zende Jemand sich aufzuhalten pflegt.«[1] Nicht erst im 19. Jahrhundert bemächtigte sich der Kitsch des sozialen Gefüges, dem
er seine Entstehung verdankt: der Familie. Familie und Fa-
milienproblematik avancieren zum zentralen Gestaltungsthe-
ma, seit sich die literarische Massenproduktion im 18. Jahrhundert mehr und mehr dem Unterhaltungsbedürfnis eines
breiten bürgerlichen, mittelständischen Publikums anzupassen
begann. Machten sämtliche Romane im Zeitraum von 1700
bis etwa 1720 noch nicht mehr als ein Prozent der gesamten
Buchproduktion aus, so ist deren spätere Umstrukturierung
und thematische Verlagerung Folge einer gesellschaftlichen
Entwicklung, welche wiederum die Gestaltung der Familienbeziehungen entscheidend beeinflußt hat. »Für die Menschen
der ›bonne compagnie‹ des ancien régime waren die ge-
schmackvolle Anlage von Haus und Park, die je nach Mode
mehr elegante oder mehr intime Ausschmückung ihrer Zimmer
im Sinne der gesellschaftlichen Konvention oder etwa die Dif-
ferenzierung und Durchführung der Beziehungen zwischen

1 Elise Polko, *Unsere Pilgerfahrt von der Kinderstube bis zum eigenen
Herd,* Leipzig o. J., S. 208. – Elise Polko (1823-99), »in deren Büchern man
ohne Mühe viele Edelkitsch-Passagen aufspüren kann«, gehört zu den beliebtesten »Vertreterinnen des unterhaltenden Frauenromans im 19. Jahrhundert.« – Sichelschmidt, a.a.O., S. 152.

Mann und Frau bis in alle Einzelheiten nicht nur gern geübte Vergnügungen einzelner Menschen, sondern lebenswichtige Erfordernisse des gesellschaftlichen Verkehrs. Ihre Beherrschung war die Voraussetzung für die gesellschaftliche Achtung, für den die Stelle unseres Berufserfolges einnehmenden gesellschaftlichen Erfolg.«[2] Der bürgerliche Typus der Familie hat dagegen aufgrund seiner anderen gesellschaftlichen Funktion Verhaltens- und Organisationsweisen ausgebildet, die sich nur zeitweise, wie in den kaufmännischen Patrizierhäusern des Mittelalters, an der höfischen Gesellschaft und ihrer Lebensführung orientiert haben. »Der Kampf der Höfe gegen den städtischen Luxus, die zahlreichen Kleiderordnungen beweisen deutlich, in welcher Richtung die Wertsetzung der zu Reichtum und Macht gelangten patrizischen Schichten sich entwickelten.«[3] Die ökonomischen Erfordernisse des frühkapitalistischen Handelsstandes bildeten aber nach und nach eine Familienstruktur aus, die von höfischer Lebensführung ebenso entschieden abwich wie »von der einfachen handwerklichen Hausgemeinschaft [...], in der Küche und Werkstatt, Konsum- und Erwerbsbetrieb ein schlichtes Ineinander bildeten.«[4] An die Stelle der einheitlichen Familienhandelsgemeinschaft bzw. Familienhandwerksgemeinschaft tritt »ein räumliches und buchmäßiges Nebeneinander von Werkstatt, Kontor und Haushalt.«[5] Die innere Organisation der Familie zeigt eine asketisch-puritanische Haltung, da die subjektiven Elemente bei der Durchsetzung der neuen Produktionsweise in dieser Frühphase vor der entscheidenden Entwicklung der Produktionsmittel für Profit und Kapitalakkumulation ausschlaggebend waren. »Unter solchen Umständen werden Sparsamkeit, Ordnung und Disziplin zu Grundgeboten, von deren Einhaltung das Schicksal der aktiven Vertreter der neuen Wirtschaftsweise abhängt.«[6] Der scharfe Zwang der ökonomischen Gesetze, die

2 Norbert Elias, *Die höfische Gesellschaft*, Neuwied 1969, S. 174.
3 Karl A. Wittfogel, *Wirtschaftsgeschichtliche Grundlagen der Entwicklung der Familienautorität*, in: *Studien über Autorität und Familie. Forschungsberichte aus dem Institut für Sozialforschung*, Paris 1936, S. 514 f.
4 Ernst Manheim, *Beiträge zu einer Geschichte der autoritären Familie*, in: *Autorität und Familie*, a.a.O., S. 563.
5 Manheim, a.a.O., S. 566.
6 Wittfogel, a.a.O., S. 515. – Es sind bürgerliche Grundgebote geblieben. Knigge, der in seinem Buch *Über den Umgang mit Menschen* die Summe

von dem Vater als Familienoberhaupt an den Mitgliedern der Familie vollstreckt werden, mindert sich erst, als die Maschine den Produktionsprozeß verändert hat.

Die Wandlung der Arbeitsauffassung reflektiert diese ökonomische und gesellschaftliche Entwicklung des Bürgertums. Arbeit ist für den bürgerlichen Menschen im 17. und 18. Jahrhundert ein Wertbegriff geworden, an den er sein Selbstbewußtsein knüpfte. Daß die Arbeit von Hegel als Wesen des Menschen philosophisch gefaßt werden konnte,[7] ist zweifellos Ergebnis der gesellschaftlichen Entwicklung des Bürgertums, des tätigen dritten Standes, der in der Arbeit nicht nur eine Quelle des Reichtums und der Produktivität entdeckte, damit ein Mittel, die feudale durch die bürgerliche Gesellschaft abzulösen, sondern der gleichzeitig Arbeit als Vervollkommnung der Individualität, als Erscheinung ihres Wesens hypostasierte. Damit steht die bürgerliche Berufsfreudigkeit zur mittelalterlich-feudalen Auffassung der Arbeit als der »zum Schmerz gewordenen Strafe« für den Sündenfall[8] in krassem Gegensatz. Auch ohne genauere Erörterung der befruchtenden bzw. hemmenden Rolle, die Luthertum und Calvinismus bei der Entstehung eines bürgerlichen Arbeitsethos gespielt haben,[9] läßt sich zunächst rein deskriptiv feststellen, daß Arbeit als bürgerliche Aktivität zum Beruf avancierte, zur geregelten, organisierten, von äußeren Zwecken bestimmten Tätigkeit, von der

bürgerlicher Lebensart zieht, schreibt im Kapitel *Von dem Umgange unter Eheleuten:* »Gute Hauswirthschaft ist eines der nothwendigsten Stücke zur ehelichen Glückseligkeit. Man suche desfalls vor allen Dingen, wenn man auch im ledigen Stande einigen Hang zur Verschwendung gehabt hätte, sich davon loszumachen und sich häuslicher Sparsamkeit zu befleißigen [...]« – Adolph Freiherr Knigge, *Über den Umgang mit Menschen*, Leipzig 1878, S. 161.

7 Wie Marx zustimmend feststellt; vgl. Karl Marx, *Die Frühschriften*, hrsg. v. S. Landshut, Stuttgart 1953, S. 269.

8 Leo Kofler, *Zur Geschichte der bürgerlichen Gesellschaft*, Neuwied 1971, **S. 254.**

9 Vgl. Kofler, a.a.O., S. 273: »Dem Bürgertum kommt Luthers Auffassung zwar in manchem entgegen, etwa wenn er mit der mittelalterlichen Vorstellung von der Verwerflichkeit des Erwerbstriebes bricht und die berufliche Arbeit als menschliche Pflicht und gottgefälliges Werk erklärt. Aber von der individualistischen Handelsfreiheit des ungehemmt sich auslebenden Renaissancebürgers Italiens erweist sich bei näherem Zusehen diese Auffassung ebenso weit entfernt wie vom calvinistischen Radikalismus der subjektiven Bewährung durch beruflichen Erfolg.«

»die Haltung der Menschen und ihre Beziehung zueinander in erster Linie durchgeformt« wurde.[10] So erhält bürgerliche Öffentlichkeit unter den Bedingungen der kapitalistischen Produktionsweise ihr Gepräge vor allem aus der Sphäre von Tätigkeiten und Dependenzen, die nicht mehr auf die Hauswirtschaft beschränkt sind. »Die privatisierte wirtschaftliche Tätigkeit muß sich an einem unter öffentlicher Anleitung und Aufsicht erweiterten Warenverkehr orientieren; die ökonomischen Bedingungen, unter denen sie sich nun vollzieht, liegen außerhalb der Schranken des eigenen Haushalts; sie sind zum ersten Male von allgemeinem Interesse.«[11] Die bürgerliche Öffentlichkeit ist eine Öffentlichkeit von Privatleuten und daher von Habermas dem privaten Bereich zugeordnet, innerhalb dessen er wiederum Privatsphäre und politische Öffentlichkeit unterscheidet. Unter Privatsphäre faßt er sowohl »den Bereich des Warenverkehrs und der gesellschaftlichen Arbeit« wie auch »die Familie mit ihrer Intimsphäre.«[12] So richtig und im Zusammenhang von Habermas' Buch auch ausreichend diese Unterscheidung ist, im Zusammenhang mit den Problemen bürgerlicher Verhaltensweisen und Gewohnheiten scheint sie noch zu grob. Der Organisationstypus, den Habermas unter Familie und deren Intimsphäre versteht, hat ganz bestimmte Verhaltensweisen ausgebildet oder geformt, die zwar von dem als berufliche Sphäre umschriebenen Bereich des Warenverkehrs und der gesellschaftlichen Arbeit abhängen, aber nicht mit den in diesem Bereich ausgebildeten Verhaltensnormen zusammenfallen. »Mit der Ausdehnung der kapitalistischen Produktionsweise wandelt sich in Wechselwirkung mit tiefgehenden politischen und gedanklichen Änderungen auch die Struktur des privaten Lebens ihrer gesellschaftlichen Träger. Der Disziplinierung mit den Methoden der moralischen, religiösen und polizeilichen Einschüchterung, deren sich die Manufakturepoche zur Gefügigmachung ihrer industriellen Arbeitskräfte bediente, folgt die Disziplinierung dieser Arbeitskräfte durch die *Maschine,* die seit der industriellen Revolution dem Produktionsprozeß sein spezifisches Gesicht gibt. Der disziplinäre Druck auf

10 Elias, a.a.O., S. 174.
11 Jürgen Habermas, *Strukturwandel der Öffentlichkeit*, Neuwied 1971, S. 33.
12 Habermas, a.a.O., S. 46.

die Angehörigen der bürgerlichen Familie kann nachlassen und läßt nach.«[13] Während das Erwerbsleben von den Gesetzen des Produktions- oder Zirkulationsprozesses bestimmt wird, denen sich der beruflich Tätige bei Strafe seines Untergangs zu fügen hat, wird das Familienleben zum Residuum des Heim-Kehrenden, zum Heim, das ihm Entlastung, Entspannung, auch Genugtuung für den ihm angetanen Zwang im Erwerbsleben bietet.[14] Die Gesetze des Berufslebens, die sich nach den ökonomischen des Marktes richten, unterwerfen die Äußerungen und Verhaltensweisen der Individuen ihren Erfordernissen und schließen die mit ihren Zwecken nicht identischen aus ihrem Bereich aus, verweisen sie in den des Privatlebens, der Familie. Die Trennung des Lebens in eine Berufs- und Familiensphäre, womit letztere einer unmittelbaren sozialen Kontrolle entzogen und zum Refugium von Bedürfnissen wird, die in der Berufssphäre keinen Platz haben, hat Folgen für die künstlerischen Äußerungen der bürgerlichen Gesellschaft nach sich gezogen, die noch längst nicht genügend beachtet wurden. »Die Menschen dieser [der höfischen] Gesellschaft standen nicht zehn oder zwölf Stunden am Tage unmittelbar im Lichte und unter der Kontrolle der Öffentlichkeit, um sich dann in eine mehr private Sphäre zurückzuziehen, in der das Verhalten allenfalls durch die Rücksicht auf die öffentliche Berufstätigkeit, im übrigen aber weniger durch eine fast alles erfassende Gesellschaft und Geselligkeit und mehr durch das unpersönliche Gesetzbuch und durch das, was von dem primär auf Berufserfolg und Berufsarbeit hin geprägten Gewissen in die Privatzeit einmündete, geformt wurde.«[15]

Häusliche Glückseligkeit

Mit der familiären Privatsphäre ist so im Bürgertum von seinen Anfängen an (zunächst tendenziell, später real) ein Raum

13 Wittfogel, a.a.O., S. 518.
14 Erstaunlicherweise schenkt Wolf Lepenies, der die Fluchträume des deutschen Bürgertums sonst nahezu vollständig erfaßt, der Familiensphäre keine Beachtung, obwohl doch gerade die besondere literarische Gestaltung der von ihm analysierten ›Heimstatt‹ Natur ohne deren nur scheinbaren Gegenpol Haus und Familie kaum verständlich wird. Vgl. Wolf Lepenies, *Melancholie und Gesellschaft*, Frankfurt/M. 1969.
15 Elias, a.a.O., S. 175.

entstanden, der vor allem Entlastungsfunktion haben soll und daher sorgfältig nach außen abgeschirmt wird. Der Frau fällt die Rolle der Bewahrerin dieses Raumes zu, sie haftet für seine Unversehrtheit, für sein Funktionieren und widmet sich ganz der Aufgabe, Haus und Heim zu einer Schutz- und Trutzburg gegen die Widerwärtigkeiten der äußeren Welt auszubauen.[16] »Der gemeinsame Zug aller puritanischen Moral des 17. und 18. Jahrhunderts ist der strenge Dualismus von Haus und Welt.«[17] Zwar wird auch die häusliche Kleinwelt von einer der Frau übergeordneten Autorität, vom Familienvater bestimmt, der das Einkommen der Familie sichert und damit über ihr materielles Schicksal entscheidet, doch deren kulturelle Möblierung bleibt weitgehend der Bürgersfrau überlassen. Bewußt gestaltet sie die häusliche Enklave im Gegensatz zur Totalität der Gesellschaft, die den Gesetzen kapitalistischer Ökonomie ausgeliefert ist, und schafft einen Bereich der Intimität, in dem unmittelbare, persönliche Beziehungen das Miteinander der Familienangehörigen bestimmen, nicht aber – oder nur mittelbar über die Autorität des Vaters – die Gesetze des Marktes. Wenn der Mann von seinen Berufsarbeiten nach Hause kommt, so erwartet ihn »dann sehnsuchtsvoll die treue Gattin, die indeß ihrem Hauswesen vorgestanden. Sie empfängt ihn liebreich und freundlich; die Abendstunden gehen unter frohen Gesprächen, bei Verabredungen, die das Wohl ihrer Familie zum Gegenstande haben, im häuslichen Cirkel vorüber, und man wird sich einander nie überdrüssig.«[18] Die Beschränkung auf häusliche Aktivität geht bei der vorbildlichen Bürgersfrau sogar so weit, daß sie auch nicht versucht, »die Grenzen des Hauses durch selbstgewählten geselligen

16 Dem Mann wird als Beruf die Sphäre der Produktion und Zirkulation zugeordnet, während die Frau mit der Reproduktion des Lebens (Geburt, Kindererziehung) und der körperlichen Energien des Mannes (Küche, Haushaltung) beauftragt wird. Dieser Funktion entspricht ihre Erziehung. »Es ist die liebenswürdige Araminte von Jugend auf von ihrer Mutter, einer sehr verständigen Matrone und eines berühmten Geistlichen Tochter, zuförderst zum Christentum, nebst diesem aber auch zu allerhand Haushaltungs-Geschäfften, so wol in der Küche, als anderer löblichen Hand-Arbeit, angehalten worden, wobey sie absonderlich mehr auf nützliche als kunst- und köstliche so geheissene Arbeit gesehen.« – *Der Patriot*, 1. Jahr, Neue und Verbesserte Ausgabe, Hamburg 1728, S. 70.
17 Manheim, a.a.O., S. 573.
18 Knigge, a.a.O., S. 150.

Umgang, durch Bildungseifer und Bücherlesen zu transzendieren.« »Sie empfindet die Grenzen des Heimes nicht als Schranke, sondern als räumlichen Schutz gegen die Außenwelt.«[19] Das Lob des Hauses, wie es das ganze 19. Jahrhundert hindurch forttönen wird – vorzüglich in der massenhaft verbreiteten Literatur, für die Haus und Häuslichkeit auch heute noch unverzichtbare Bestandteile ihres Themenreservoirs und damit Mittel zur Gefühlsstimulierung sind – findet hier seine ökonomische und gesellschaftliche Begründung. Erst die Abtrennung der Haushaltsgemeinschaft von der Erwerbsgemeinschaft schuf die Voraussetzungen einer streng häuslichen Kultur, einer bürgerlichen Haus- und Familienideologie, die vom Puritanismus bestimmt war. »Die puritanische Familie des Bürgertums wurde in strengerer oder abgemilderter Form zum legitimen und gesellschaftlich vorbildlichen Typus.«[20] Das Ideal dieser Familie und des häuslichen Kreises, den sie beschrieb, bestimmt sogar kulturelle Äußerungen, die eher den Erwerbsbereich glorifizieren sollen. Einer der deutschen Bearbeiter des Robinson-Stoffes, J. K. Wezel, schmückt Defoes Schilderung des glücklich schmausenden Insulaners auf bezeichnende Weise aus: »Wenn Robinson sich mit noch süßern Vorstellungen vergnügen wollte, so betrachtete er sich als den Vater einer großen Familie; den Hund als einen trauten Freund, die Katzen waren ein paar Schmarotzer, die mit gekrümmtem Buckel und knurrend ihm seine Gnade abschmeichelten, oder unverschämt mit der Pfote forderten, wenn sie zu lange aussenblieb; und die Ziegen drängten sich, so oft er unter sie trat, mit kindlicher Liebe und Vertraulichkeit um ihn herum, und erwarteten von ihm Futter, Vergnügen und Wohlseyn; der Papagey war sein Gesellschafter: – und nichts fehlte dem Familiengemälde, als eine gute Hausfrau.«[21] 1795 erscheint in Leipzig eine weitere

19 Manheim, a.a.O., S. 573.
20 Manheim, a.a.O., S. 174.
21 *Robinson Krusoe*. Neu bearbeitet. Mit einer Vorrede von J. K. Wezel, Leipzig 1778. Zit. nach: *Bibliothek der Robinsone,* hrsg. v. J. C. L. Haken, 5 Bde., Berlin 1805, Bd. 2, S. 17. – Ausführlich untersucht Hans Mayer das den Robinsonaden, vor allem ihren deutschen Variationen eigene Spannungsverhältnis von Innenwelt und Außenwelt, Exil und Asyl am Beispiel der *Insel Felsenburg* von J. G. Schnabel. – Vgl. Hans Mayer, *Von Lessing bis Thomas Mann. Wandlungen der bürgerlichen Literatur in Deutschland,* Pfullingen 1959, S. 35 ff.

Bearbeitung des Robinson-Stoffes von Wezel mit dem Titel *Robinsons Kolonie, oder die Welt im Kleinen*. Die »Familiarisierung des Exotischen«,[22] von Ludwig Giesz als das herrschende Prinzip des modernen Tourismus erkannt, beginnt mit der Apotheose der Familie und ihres häuslichen Wirkungskreises in der bürgerlichen Literatur. Die Feststellung Friedrich Sengles: »Der Kult von Haus und Familie entspricht ganz allgemein der Seßhaftigkeit des Restaurationsmenschen«[23], muß also insofern korrigiert werden, als nicht erst die Restaurationsepoche Haus und Familie als den eigentlichen menschlichen Wirkungsraum begriffen hat, wenn für sie auch der Bereich des Privaten mehr als zuvor zum Fluchtraum des in seiner politischen Emanzipation gehemmten Bürgers wird[24] und sich damit der Antagonismus von Haus und Welt verschärft. Dieser selber aber ist unter den Bedingungen der bürgerlichen Gesellschaft entstanden, die damit eine Mentalität produzierte, wie sie sich in ihrer Literatur und in deren Leitbildern niederschlug. Die ängstliche Abwehr äußeren Einflusses und die freiwillige Isolation in einer »Welt im kleinen« diente ja nicht nur der Verschleierung des Drucks und autoritären Zwangs, dem sich die Familienmitglieder unterwerfen mußten, wollten sie nicht Vergeltungsmaßnahmen des Familienoberhauptes provozieren, sondern sie sollten gleichzeitig die Bedingungen schaffen, unter denen sich Humanität und ›brüderliche‹ Gemeinsamkeit herstellen ließen. »Im Gegensatz zum öffentlichen Leben hat jedoch der Mensch in der Familie, wo die Beziehungen nicht durch den Markt vermittelt sind und sich die Einzelnen nicht als Konkurrenten gegenüberstehen, stets auch die Möglichkeit besessen, nicht bloß als Funktion, sondern als Mensch zu wirken [...] Die Entfaltung und das Glück des andern wird in dieser Einheit gewollt. Dadurch entsteht der Gegensatz zwischen ihr und der feindlichen Wirklichkeit [...]«[25] Parallel zur Umdeutung des bürgerlichen Glückseligkeitsbegriffs, der schon im 17. Jahrhundert nicht mehr wie noch für die lutherische Orthodoxie am Jenseits orientiert, sondern

22 Giesz, *Der Kitschmensch*, in: Dorfles, a.a.O., S. 170.
23 Friedrich Sengle, *Biedermeierzeit*, Stuttgart 1971, Bd. 1, S. 62.
24 Vgl. Thomas Metscher, *Zum Strukturwandel von Autorität und Familie*, in: *Das Argument* 22, 4. Jg. 1962, S. 30.
25 Max Horkheimer, *Theoretische Entwürfe über Autorität und Familie. Allgemeiner Teil*, in: *Autorität und Familie*, a.a.O., S. 63 f.

zur Zielvorstellung des diesseitigen Lebens in Staat und Gesellschaft geworden war,[26] vollzieht sich im Laufe des 18. Jahrhunderts ein nochmaliger Bedeutungswandel des Begriffs. Immer noch geht es um das diesseitige Glück, doch wird es nicht mehr gesellschaftlich realisiert, sondern im Privatbereich als »häusliche Glückseligkeit«.[27] Die Sorge um die private Glückseligkeit ersetzt die um das öffentliche Wohl, das herzustellen immer weniger aussichtsreich erscheint. Die Abkapselung des Privatbereichs von den öffentlichen Angelegenheiten und Erfordernissen hat zur Folge, daß alles, was dennoch als Fremdes in diesen familiären Raum Eingang fand, assimiliert werden mußte, und nur das Assimilierbare fand auch eine Heimstatt. Vom Innenraum des bürgerlichen Lebens geht ein Gestaltungszwang aus, der das Bewußtsein der Individuen ebenfalls verhäuslicht. Ist zunächst vor allem die Frau Opfer einer solchen Ideologisierung, so kann sich auch der Mann diesem Einfluß auf die Dauer nicht entziehen; er wird in dem Augenblick schließlich zum beherrschenden, als die Enttäuschung an der äußeren Wirklichkeit und die Resignation auf Grund verlorener oder vorenthaltener politischer Machtausübung den Ausbau von Fluchträumen begünstigt.

In dem Zeitraum von 1734 bis 1759 entwickelte sich, wie Marianne Spiegel festgestellt hat,[28] der moralische Tendenzroman allmählich zu dem am weitesten verbreiteten Romantyp. Mehr als der Abenteuerroman kommt er dem Bestreben der häuslichen Kultur entgegen, die Probleme der richtigen Lebensführung im Familienrahmen zu lösen. Wie die Moralischen Wochenschriften sind diese Romane nicht nur angenehme Lehrbücher der Moral, die der Propagierung und Durchsetzung bürgerlicher Lebensnormen dienen (damit Mittel der sozialen Selbstbestätigung), sondern sie ermöglichen gleichzeitig *angenehmen Zeitvertreib.* Wenn auch der Roman von den Kunst- und Literaturtheoretikern der Zeit mit Ausnahme Blankenburgs kaum beachtet wurde,[29] »so hatte doch die Praxis, die

26 Vgl. Arnold Hirsch, *Bürgertum und Barock im deutschen Roman,* Köln 1957, S. 47 ff.
27 Knigge, a.a.O., S. 154.
28 Marianne Spiegel, *Der Roman und sein Publikum im früheren 18. Jahrhundert 1700-1769,* Bonn 1967, S. 24 ff.
29 »Der Roman wird verneint – aber das Bedürfnis nach ihm kann nicht verneint werden; seine Wirkung spottet seiner Geltung.« – Martin Sommer-

Romanproduktion, sich inzwischen gerade im Gefolge und im Dienst der Aufklärung mächtig entwickelt und glänzend bewährt.«[30] Die »häuslich gesellige Moral der bürgerlichen Mittelschichten«[31] wird auf unterhaltsame Weise dargestellt und vereinheitlicht. Die Domestizierung ergreift – wie am extremen Fall von Wezels Robinsonbearbeitung ablesbar ist – selbst die phantastisch-exotischen Vorstellungsbereiche. Wenn Johann Heinrich Merck angesichts der Stoffe und Sujets der zeitgenössischen Romane vom »epischen Hausrat« spricht,[32] so verrät sich in solchem Sprachgebrauch schon die Sphäre, welcher der Roman zugeordnet wird. Nicht zufällig ist ja, daß sich die »geistig-literarischen Kämpfe des 18. Jahrhunderts [...] vorzugsweise auf dem Gebiete des Dramas abgespielt« haben.[33] Die auf Öffentlichkeit angewiesene und Öffentlichkeit – nach Meinung seiner Theoretiker – auch stiftende Funktion des Theaters war viel eher geeignet, die Bühne für die ideologische Auseinandersetzung zwischen Adel und Bürgertum abzugeben als der Roman, der sich zunächst einmal den Anforderungen des familiären Lebens anpassen mußte, wollte er überhaupt in den häuslichen Raum eindringen, ehe er vor allem im 19. Jahrhundert das Forum werden konnte, auf dem die öffentlichen, gesamtgesellschaftlichen Probleme diskutiert wurden. Folgerichtig formuliert ein Rezensent 1753 in den *Mecklenburgischen gelehrten Nachrichten,* was er von einem Roman erwartet: »Man findet durchgehends rührende Beyspiele der Erkenntlichkeit, der Liebe und des Gehorsams gegen die Eltern, der Verbindlichkeit und des Eifers gegen Freunde, der willigen Versöhnlichkeit, des Erbarmens gegen Nothleidende, der Zärtlichkeit in der ehelichen Verbindung, der Sorgfalt für die Jugend, und der vernünftigen Häuslichkeit.«[34] Selbst die in den

feld, *Romantheorie und Romantypus der deutschen Aufklärung,* Darmstadt 1965, S. 11.
30 Sommerfeld, a.a.O., S. 15.
31 Manheim, a.a.O., S. 573. – Die Funktion der moralischen Wochenschriften bei der »Verlegung des Vergnügens in die bescheideneren Freuden der Häuslichkeit« kann gar nicht hoch genug eingeschätzt werden. Wolfgang Martens, *Die Botschaft der Tugend. Die Aufklärung im Spiegel der deutschen moralischen Wochenschriften,* Stuttgart 1968, S. 270.
32 Zit. nach: Sommerfeld, a.a.O., S. 18.
33 Sommerfeld, a.a.O., S. 4.
34 *Mecklenburgische gelehrte Nachrichten,* Rostock 1753, S. 238. Zit. nach: Spiegel, a.a.O., S. 71.

bürgerlichen Bildungskanon aufgenommenen Romane: die Entwicklungsromane der Klassik, die realistischen des 19. Jahrhunderts haben sich von dem Prinzip der »Welt im kleinen« nie völlig gelöst – bis hin zu dem Dublin des James Joyce, dem Berlin Döblins, der Lüneburger Heide Arno Schmidts oder dem Danzig des Günter Grass; Kafkas Romane und Erzählungen könnte man geradezu als den Haßgesang auf die kleine häuslich familiäre Welt (mit der Vaterautorität in der Mitte) interpretieren.

Je undurchschaubarer die gesellschaftliche Totalität für das Individuum wird, um so größere Bedeutung kommt den klar geordneten, übersichtlichen Bereichen seines Lebens zu, und um so gewichtiger wird die Literatur, die es in dem Bewußtsein bestärkt, allen sozialen Veränderungen zum Trotz bleibe sein Heim die heile Welt, das objektive Fundament seiner Menschlichkeit. »Wenn wir das wunderlich zerfahrene Leben eines unverheirateten Mannes, soweit es uns eben möglich ist, durchschauen, so sollte man denken, ein unendliches Wohlgefühl müsse über das Herz des Mannes kommen, wenn er ein ›Heim‹ errungen, wenn er ein Nestchen für sein Vögelchen gebaut, und wenn er nun zu jeder Stunde ein Wesen um sich weiß, das – wenn er will – jeden Gedanken, jede Empfindung mit ihm teilt und immer nur Liebe und ein frohes Gesicht für ihn hat.«[35] Der Familien- und Frauenroman des 19. Jahrhunderts tritt das Erbe der frühbürgerlichen Heimkultur an. Die »Einschrumpfung der Einzelnen zu bloßen Repräsentanten einer ökonomischen Funktion«[36] und die damit verbundene Isolation bei gleichzeitiger Integration verstärkt die Sehnsucht nach einer gesicherten Welt. In den Versen der Julie Schrader erfährt sie ihre rührend-naive Apotheose: »In meinen Versen lebt die Welt,/die niemals auseinander fällt./Es ist die beste Welt von allen,/für mich erbaut zum Wohlgefallen./Drin lebe ich und will ich stehen:/Die and're mag zum Teufel gehen!«[37] Je undurchsichtiger die äußere, um so klarer und simpler muß die innere Welt sein; auf deren Maßstab werden alle Probleme und gesellschaftlichen Konflikte reduziert, die so handgreifliche Qualität bekommen sollen. Was immer wieder als die

35 Polko, a.a.O., S. 223.
36 Horkheimer, a.a.O., S. 65.
37 Julie Schrader, *Gedichte*, hrsg. v. B. W. Wessling, München 1971, S. 10.

Verlogenheit und Falschheit des Kitsches gegeißelt wird: Verniedlichung, klischeehafte Typisierung, Simplifizierung und Zwangsharmonisierung entspringt nicht nur dem Wunsch, der Realität zu entfliehen, sondern ebensosehr dem – wiewohl inadäquaten – Bemühen, Realität zu verarbeiten. Die Techniken dieser Verarbeitung sind nicht an ihrem Gegenstand, der kapitalistischen Gesellschaft und dem kapitalistischen Produktionsprozeß, gewonnen, sondern entstammen dem Reservoir frühbürgerlicher Familienideologie, die auf ihre wesentlichen Elemente reduziert wurde. Das Heim als Nest mit all seinen Eigenschaften der Geborgenheit, des ›Behaustseins‹ ist die Mitte, von der aus die übrige Welt sich scheinbar strukturiert und die sie als ihren Kern anerkennt. »Das Gebiet der Frau [...] ist das scheinbar enge und einförmige des innern häuslichen Lebens, die Domäne des Mannes ist die weite Welt da draußen, die Wissenschaft, die Rechtsordnung, der Staat. Aber wer sieht es nicht täglich vor Augen, daß jener beschränkte Wirkungskreis der Frau alle starken und reinen Gefühle der Menschenbrust, daß er die tiefsten Genüsse, die schwersten Opfer und die wunderbarsten Leistungen in sich schließt. In unscheinbar unablässiger Arbeit reiht hier die Hausfrau That an That, deren sittlicher Gehalt alle Leistungen des Mannes hinter sich zurückläßt, und legt hier den Grund zu all dem glänzenden Wirken, mit welchem dereinst der Sohn die Welt erfüllen und beherrschen wird.«[38] Der realen Entwertung der Institution Familie, die für die Entwicklung des Einzelnen eine immer geringere Rolle spielt, nachdem sie bereits als Grundlage der wirtschaftlichen Existenz an Bedeutung verloren hat, folgt kompensatorisch die Entwertung der »Welt da draußen«. Deren verzerrte Gestalt steht drohend hinter all den literarischen und künstlerischen Manifestationen gesellschaftlicher Ohnmacht als familiärer Macht. Im Genuß des Kitsches, der ständig die Welt im kleinen reproduziert, ertränken die Einzelnen ihre Angst. Sie tauchen ein in die Schilderung familiärer Gemeinsamkeit, die ihnen die Erfüllung ihrer unartikulierten Sehnsüchte wenigstens zeitweise scheinhaft gewährt. Während sie lesen, ergreifen sie die »abgeschafften Dinge« (Benjamin) und formen sie zu jenen Ornamenten, die Bloch »Hieroglyphen des

---

38 Polko, a.a.O., S. 232.

XIX. Jahrhunderts« genannt hat[39]: Reaktionsbildungen, die ihre elementaren psychischen Bedürfnisse befriedigen sollen. »Die Traumstatistik würde jenseits der Lieblichkeit der anekdotischen Landschaft in die Dürre eines Schlachtfeldes vorstoßen.«[40] Die längst zu abgelegten Requisiten erstarrten Bilder der Familienwelt kehren in dauernder Wiederholung zwanghaft wieder. Sie bilden, was lebenswert ist, vor, ohne doch auch die Möglichkeit zum realen Vollzug aufzeigen zu können. So schaffen sie das Bedürfnis zur Scheinbefriedigung immer neu und erhalten sich den Markt, von dessen Dürre abzulenken ihre Aufgabe ist. »Denn während die bürgerlichen Existenzformen verbissen konserviert werden, ist ihre ökonomische Voraussetzung entfallen.«[41] Der Kitsch konserviert die überlebten bürgerlichen Existenzformen – vor allem die der Familie und der heimatlichen Welt – so, als sei deren Versprechen bereits eingelöst und jederzeit abrufbar. Das zum Ideal erhobene Schrebergartendasein (die Schrebergärtenbewegung beginnt Anfang des 19. Jahrhunderts) stellt nur eine weitere Variante bürgerlicher Fluchtbewegung in die Familie dar: der Kleingarten ist das in die Natur verlegte Haus, die Natur als Heim mit ihrem scheinbar Unabhängigkeit und Freiheit garantierenden Nutzungsraum.

Bürgerliche Affektregulierung

Die Familie beherrscht damit auch den Affekt*haushalt* des bürgerlichen Menschen, ja sie ist weitgehend mit ihm identisch. Mit »dem irrationalen Moment der natürlichen Verwandtschaft, das nie ganz ins Prinzip der Autorität aufgelöst werden konnte«[42], war die Möglichkeit gegeben, die eigenen emotionalen Bedürfnisse zu befriedigen, ohne daß existenzbedrohende Sanktionen zu befürchten waren; die Absperrung von Haus und Familie gegen gesellschaftliche Zwänge schaffte die Bedingungen, unter denen diese Möglichkeit aktualisiert

39 Ernst Bloch, *Hieroglyphen des XIX. Jahrhunderts,* in: *Erbschaft dieser Zeit,* a.a.O., S. 381 ff.
40 Walter Benjamin, *Traumkitsch,* in: *Angelus Novus. Ausgewählte Schriften II,* Frankfurt/M. 1966, S. 158.
41 Theodor W. Adorno, *Minima Moralia,* Frankfurt/M. 1964, S. 34.
42 Metscher, a.a.O., S. 31.

werden konnte. Je mehr »im Zuge einer zunehmenden Kommerzialisierung, einer zunehmenden Industrialisierung und schließlich einer zunehmenden staatlichen Integrierung [...] der gesellschaftliche Druck zur Herausbildung stabilerer, gleichmäßigerer, umfassenderer und differenzierterer Selbstkontrollen des einzelnen Menschen sich in Schüben merklich erhöhte«[43], je mehr sich außerdem der Bürger im Deutschland des 18. Jahrhunderts »von der Welt abwendet, weil diese dem Adel ›gehört‹«[44], eine um so größere Bedeutung für die Befriedigung seiner affektiven Bedürfnisse erlangen die außerhalb der Gesellschaft geschaffenen Refugien.

Für die Menschen in der höfischen Gesellschaft entschied sich Erfolg oder Mißerfolg ihres Verhaltens nicht in einer Berufssphäre und wirkte sich dann auch im Privatleben aus, »sondern für ihre Stellung in der Gesellschaft konnte ihr Verhalten zu jeder Zeit und an allen Tagen entscheidend sein, konnte gesellschaftlichen Erfolg oder Mißerfolg bedeuten. Und in diesem Sinne erstreckten sich also mit der sozialen Kontrolle auch die Formungstendenzen der Gesellschaft auf alle Sphären des menschlichen Verhaltens gleich unmittelbar.«[45] Elias betont die ungeheure Bedeutung der vom Bürgertum vollzogenen Trennung des gesellschaftlichen Lebens in einen Berufs- und einen Privatbereich »für das Gepräge der späteren Menschen und für die Verarbeitung des Erbes, das ihnen aus den vorangehenden Jahrhunderten zufiel.«[46] Die differenzierte Beobachtung der eigenen Psyche folgt sowohl den allgemeinen bürgerlichen Verinnerlichungstendenzen, wie sie auch der Notwendigkeit psychischer Selbstkontrolle im Berufsleben entspricht. Man konzentriert sich auf die Regungen des eigenen Gemütes, der eigenen Seele, und versucht, sie nuanciert festzuhalten, um den Anforderungen der Gesellschaft im Berufsleben nachzukommen, da »unkontrollierte emotionale Handlungsweisen für die derart Handelnden selbst immer gefährlicher werden«.[47] So erzwingt das Berufsleben eine »hohe

43 Elias, a.a.O., S. 334.
44 Lepenies, a.a.O., S. 99.
45 Elias, a.a.O., S. 176.
46 Elias, a.a.O., S. 174.
47 Elias, a.a.O., S. 335. – Die Beobachtung eigenen und fremden Verhaltens entschied schon in der höfisch-absolutistischen Gesellschaft über Funktion und Rang in der Hierarchie des Hofes. In der bürgerlichen Literatur

Routinisierung der Affekte«[48], wogegen das von den gesellschaftlichen Formierungstendenzen nicht direkt betroffene Privatleben größere Verhaltensfreiheiten gestattet, in denen nun
die im politischen Bereich deutlich verweigerte emotionale
Selbstlegitimation gesucht wird. »Die Effektivität, die han-
delnd nicht zu erreichen ist, wird auf die selbsterzeugten Affekte verlegt.«[49]
Wenn Hermann Broch in der persönlichen Affektbefriedigung
»die stärkste Quelle des Kitsches« sieht,[50] so hat er damit ein
wesentliches Merkmal bürgerlicher Literatur insgesamt angegeben, welches sich nur besonders deutlich in der traditionell als
niedrig oder trivial eingestuften Literatur nachweisen läßt.
Dabei unterscheidet sich die im abgeschlossenen häuslich-fami-
liären Heim genossene Affektbefriedigung wesentlich von der
kollektiv-gesellschaftlich erreichten der Antike oder der hö-
fisch-öffentlich vollzogenen der feudalen Gesellschaft. Werther-
rezeption und Wertherkult – weniger der anarchische Gefühls-
individualismus Werthers selber – offenbaren besonders deutlich den Charakter bürgerlicher Affektabfuhr. Die gemütsbe-
wegende Kraft der Affekte wird nicht eingesetzt, um Konven-
tionen und Schranken in der Realität zu brechen, sondern her-
abgedämpft auf ein ungefährliches, genießbares Maß. »Die
Vereinigung und Versöhnung der Liebenden im Elysium wird
nachgetragen, um die ›grimme Pein‹ von Werthers Erdenda-

wird die daraus folgende Verhaltensweise als Servilität und Falschheit gegeißelt: »Unter vilen andern Künsten habe ich, nach langer Erfahrung,
nichts so ersprießlich gefunden, als diejenigen Vorstellungen, so bey Hofe
durchgehends gebräuchlich sind. Ich pflege allemahl des Herrn Gesicht, Mi-
nen, Leibeswendungen und gantze Person, sehr genau in Acht zu nehmen,
und alles, was ich daran bemercke, in ordentliche Regeln zu verfassen, darüber ich nachgehends den jungen Hof-Leuten Collegia halte, und sie in weniger Zeit soweit bringe, daß sie ihrem Herren dermaßen vollkommen alles
nachmachen, daß man keinen Unterschied wahrnehmen kann. Ich habe öf-
ters die Wirckung meiner Kunst mit dem größten Vergnügen angesehen.
Kaum, daß der Herr zu lächeln anfing, so lachten alle meine Schüler: sobald
derselbe aber eine verdrießliche Stirne zog, konnte ich ebenso viele Falten
in den Gesichtern meiner Lehrlinge sehen.« – *Der Patriot*, a.a.O., S. 481. –
Die bürgerlichen Theoretiker erkennen noch nicht, daß auch der Bürger zur
Kontrolle seines Verhaltens und zur Anpassung an fremde Zwänge genötigt
sein wird.
48 Elias, a.a.O., S. 174.
49 Lepenies, a.a.O., S. 101.
50 Broch, a.a.O., S. 72.

sein aufzuwiegen. Sein radikaler Gefühlspantheismus wird herabgestimmt auf preziöse Lieblichkeit [...], die Exzesse seiner Leidenschaften in Klageliedern verklärt und gemildert.«[51] Die lösende Kraft derartiger Gefühlsstimulierung macht die Reflexion der eigenen gesellschaftlichen Lage überflüssig und fördert die Fixierung aufs Privatleben. »Die moralisierende Kritik [...] machte Werthers Seelengeschichte zum öffentlichen Streitobjekt. Die Verteidigung und Kultivierung des Werthergefühls vollzieht sich dagegen im Rückzug auf private Bereiche [...]«[52] Die dem privaten Rezeptionsraum einzig angemessene Affektlage aber ist weder die heroisch-pathetische oder entsetzende der Tragödien und Trauerspiele, der Haupt- und Staatsaktionen, noch die rebellisch-pathetische der Stürmer und Dränger, sondern die anmutende, Vergnügen und sanfte Gefühlsschwärmerei gewährende Emotion, wie sie nach der rhetorischen Affektenlehre durch die Darstellung des Charakters, durch das Ethos hervorgebracht wird. Gewiß läßt sich der Affekthaushalt des deutschen Bürgertums im 18. und 19. Jahrhundert insgesamt nicht auf diese mittlere Affektlage reduzieren, doch tritt sie mehr und mehr im 18. Jahrhundert, gefördert durch die puritanische Moral, in den Vordergrund. Wo immer vom Zweck des Romans gesprochen wird, bestimmt man ihn als Belehrung und Unterhaltung, selten nur in Analogie zur dramatischen Wirkungsabsicht als Darstellung und Erregung von Leidenschaften.[53] Die noch durchaus traditionell in der rhetorischen Überlieferung stehende *Theorie der schönen Wissenschaften* Eschenburgs definiert als doppelten Zweck des Romans: »zu gefallen und zu unterrichten.«[54] Dem Roman werden das *docere* und das *delectare* zugeordnet und damit

51 Klaus Scherpe, *Werther und Wertherwirkung. Zum Syndrom bürgerlicher Gesellschaftsordnung im 18. Jahrhundert*, Bad Homburg v. d. H. 1970, S. 95.

52 Scherpe, a.a.O., S. 100.

53 Eine Ausnahme macht Moses Mendelssohn, der vom Romandichter verlangt: »Eine fruchtbare und unerschöpfliche Dichtungskraft, Kenntnis des menschlichen Herzens, die sich nicht sowohl bei allgemeinen moralischen Betrachtungen verweilt, als in das Eigentümliche eines jeden Charakters eindringt; die große Gabe zu erzählen, und die noch größere zu dialogieren; die echte Sprache der Leidenschaften, welche in dem Herzen des Lesers ein sympathetisches Feuer anzündet...« – Zit. nach: Sommerfeld, a.a.O., S. 17.

54 Johann Joachim Eschenburg, *Theorie der schönen Wissenschaften*, 1783, S. 338.

nicht die hohe Stilart, sondern eine niedrige Schreibart.[55] Gerade die schrankenlos subjektivistische Emotionalität Werthers schreckte ja die Zeitgenossen und provozierte ihre Kritik wie auch die dämpfenden Bearbeitungen des Themas. Entscheidend für die Entwicklung der Romanproduktion, die von den Theoretikern zunächst nur mit Mißtrauen betrachtet wurde, erscheint seine Tauglichkeit dafür, das durch die Entstehung eines weitgehend entlasteten Privatbereichs bedingte Bedürfnis nach Unterhaltung und zeitvertreibender Belehrung zu befriedigen. Unter den dem Roman zur Verfügung stehenden Möglichkeiten, ein breites Publikum zu unterhalten, nimmt der Kitsch einen besonderen Rang ein. Er vertreibt ja nicht nur die Zeit auf eine angenehme Weise, sondern er schafft erst den Stimmungsraum, in dem es sich wohlsein läßt. »Der Privatmann, der im Kontor der Realität Rechnung trägt, verlangt vom interieur in seinen Illusionen unterhalten zu werden.«[56] Die von Benjamin treffend charakterisierte intellektuelle und emotionale Einstellung des bürgerlichen Privatmenschen kommt auch dem literarischen Kitsch entgegen, der auf die Bereitschaft des Lesers angewiesen ist, sich einstimmen zu lassen: nichts zerstört so sehr seine Wirkung wie eine ihm nicht angemessene soziale Umgebung, der er ja buchstäblich auf den Leib geschrieben ist – der Grund für die dem Kitsch oft nachgerühmte humoristische Wirkung. »In den Gedichten [des Dorfschulmeisters Samuel Friedrich Sauter] entdeckte ich einen bisher ungehobenen Schatz einer eigenartigen Poesie von ungewöhnlich komischer Kraft. Die Gedichte waren meist ganz ernst gemeint und nicht auf Erregung der Lachmuskeln berechnet; aber gerade weil sie diese unbeabsichtigte Wirkung hatten, wirkten sie doppelt lustig, und darin lag der Humor.«[57] Kitsch rechnet auf die Distanzlosigkeit des Gefühls – die Renaissance des schlesischen Schwans Friederike Kempner oder der Julie Schrader im Zeichen des Humors[58] zeugt da-

55 So etwa von Gottsched. – Vgl. Sommerfeld, a.a.O., S. 6.
56 Walter Benjamin, *Paris, die Hauptstadt des XIX. Jahrhunderts*, in: *Illuminationen. Ausgewählte Schriften*, Frankfurt/M. 1961, S. 193.
57 A. Kußmaul, *Jugenderinnerungen eines alten Arztes*, Stuttgart 1860. Zit. nach: Ernst Scheyer, *Biedermeier in der Literatur- und Kunstgeschichte*, Würzburg 1960, S. 6.
58 »Sie schrieben ihre Gefühle auf, so wie diese ihren Geist und Körper

von, wie historische, soziale oder erkenntnisbedingte Distanz Kitschwirkung verhindert oder gar verkehrt. Will der Autor eine derartige Verkehrung seiner Intentionen verhindern, genügt die reine Sprache des Herzens allein nicht. Er bedient sich geschickt zentraler, für die bürgerliche Ideologie konstitutiver Topoi, um so die nötige Einstimmung zu erreichen. Erst wenn die Familie ihre ideologische und für die psychische Entwicklung des Individuums immer noch reale Bedeutung verloren hat, hört auch ihre kitschige Wirkung auf.

3. Die schöne Seele des Kitsches

Sentimentalität

Die augenscheinliche Tatsache, daß die traditionell als Kitsch eingestuften literarischen Werke sich bei Natur- und Personenschilderungen einer Sprache bedienen, die im Wirkungsschema der Rhetorik dem sanft-milden Affekt vorbehalten bleibt, ist nicht zufällig. Sie setzt eine allgemeine Übereinstimmung voraus, in der sich die affektiven Bedürfnisse einer Gesellschaft (oder einer Klasse dieser Gesellschaft) artikulieren. Vergnügen und Unterhaltung, Reiz und Rührung treten seit 1700 als Wirkungsintentionen einer immer breiter werdenden Romanproduktion in den Vordergrund[1] und verdrängen schließlich im 19. Jahrhundert ganz das mit der *delectatio*-Wirkung ehemals eng verknüpfte Moment der Belehrung, wie es etwa von den Moralischen Wochenschriften propagiert wurde. An die Stelle der auf direkte Nutzanwendung gemünzten lehrhaften Elemente, dem argumentativen *docere* der Rhetorik entsprechend, tritt mehr und mehr die Darstellung des rührenden Lebens. Dieser Vorgang entspricht einer Entwicklung, welche die aufklärerische Intention selber umkehrte. »Dieses ist auch der Endzweck meiner kostbaren Bemühungen und das einzige, worauf alle meine weitläuffige Anstalt abzielet. Die gantze Frucht meines Lebens, meines Nachsinnens, meiner Reisen, und meines Brief-Wechsels, ja alle meine Kräffte, gedencke ich dahin anzuwenden, daß die bei meinen Mit-Bürgern, insonder-

durchpulsten.« – Berndt W. Wessling, *Vorwort* zu Julie Schrader, *Gedichte*, a.a.O., S. 10. – Eine Formulierung, die selber unfreiwillig komisch wirkt.
1 Vgl. Spiegel, a.a.O.

heit den Teutschen, und unter denen bei unsern Hamburgern, eingewurtzelte Irrthümer, Mißbräuche und üble Gewohnheiten, wo nicht ausgeräutet, wenigstens nach ihrer lächerlichen oder gefährlichen Wirckung vor Augen gestellet werden mögen. Zu deren Bestreitung mache ich mich hiemit auf, und biete euch, meine Leser, einen unermüdeten getreuen Beystand dagegen an. Die Aufführung der Menschen zu untersuchen, und in gewissen Grentzen einzuschränken, ist zwar ein Unternehmen, das so vile Behutsamkeit, als Erfahrung und Einsicht, erfordert; je häuffiger aber die Schwierigkeiten hiebey sind, und je weniger der Mensch sich selber bekannt sein will, desto notwendiger ist es zu seiner Wohlfahrt, ihm beständig sein Bildnis vorzuhalten, seine Schwachheiten zu zeigen, und zur Hebung derselben ihm bequeme Mittel vorzuschlagen.«[2] Was im Anfang gegen die feudale Gesellschaft durchgesetzt werden mußte und immer auch Kritik an ihr war: bürgerliche Verhaltensweisen, deren Propagierung als aufklärerische, emanzipatorische Aufgabe im Dienste der Allgemeinheit verstanden wurde, verkehrt sich zum Ausdruck und gleichzeitig zum Mittel der erzwungenen Verinnerlichung autoritativer Tugendforderungen. In der Darstellung genießt der Bürger seine Selbstdisziplinierung, die Verinnerlichung seiner Triebregungen als häuslich-familiäres Glück. Was ihn aus seiner selbstverschuldeten Unmündigkeit herausführen sollte, wird zum Ausdruck neuer Unselbständigkeit. Diese selber ist nicht Folge von Aufklärung, wie es auch die Literatur nicht ist, die den emotionalen Bedürfnissen eines immer breiter werdenden literarischen Publikums entspricht und die ja durchaus nicht auf die literarische Massenproduktion begrenzt ist.

Die unterschiedslos beklagte Sentimentalität des Kitsches ist Ausdruck des bürgerlichen Verlangens nach Sättigung der emotionalen Bedürfnisse, gleichzeitig aber Zeichen eines von gesellschaftlicher Durchformung weitgehend unberührt scheinenden Bereiches. Dem Außenstehenden kommt die sentimentale Reaktion oder Darstellung vor als ein im Vergleich zu dem Anlaß oder den Motiven unangemessen großer Gefühls- und Empfindungsaufwand. Das schwärmerische Moment, das Sentimentalität immer enthält (nicht mit ihr identisch ist), weist

2 Vgl. *Der Patriot*, a.a.O., S. 7 f.

aber auf ein Reservoir von ungenutzter Vitalität und Emotionalität: d. h. was der Außenstehende als Anlaß für Sentimentalität feststellt, ist nur vorgeschoben, die wirklichen Motive bleiben verborgen, gerade dem Sentimentalen selber, der im aufwendigen Gefühlserlebnis gesellschaftliche Unterlegenheit und Affektverbot lustvoll kompensiert. Die Gefühlslage des bürgerlichen Menschen im 18. Jahrhundert, Folge einer langen politischen Ohnmacht auf der einen[3] und der Trennung von Privat- und Berufsleben auf der anderen Seite, war die vollkommene Voraussetzung für ein Bildungsideal, dem es vor allem auf die Formung und Weiterentwicklung der geistig-seelischen Kräfte ankommt, auf die Bildung des ›inneren Menschen‹ also, der sich eigentlich erst durch Distanzierung von allem Äußeren verwirklichen kann. »Je schwacher der Glaube an das himmlische Jenseits wird, um so stärker die Verehrung des seelischen Jenseits.«[4] Beides wußte noch die reformatorische Erziehung zu verbinden; deren Zielsetzung: die Rettung und Erneuerung des Menschen von *innen* heraus, bereitete vor allem in Deutschland die resignativen Verinnerlichungstendenzen des Bürgertums vor.

Die Reformation hatte »den Offenbarungsakt in jede einzelne Seele verlegt und ihr damit jene Glaubensverantwortung auferlegt, die ehedem für sie von der Kirche getragen worden [war].«[5] Im »Gegensatz zu den Parolen des aufsteigenden Bürgertums in Frankreich und England«[6] gewinnt das »Innenleben« für das deutsche Bürgertum eine besondere Bedeutung. Der pietistische Protest, anfangs gegen die Produktion und Handel hemmende Feudalordnung und die Erstarrung des Luthertums gerichtet, manifestierte sich nicht in politischem und sozialem Handeln, sondern in dessen Denunzierung als unwesentlich und in dem Rückzug aus der Gesellschaft. Rationale Kommunikation wird durch Gefühlskommunikation ersetzt: »Als das Ziel der Mitteilung wird nicht der Verstand des Hörers, sondern seine Seele genannt [...] Die Verbindung soll von Herz zu Herz hergestellt werden ohne die Zwischen-

3 Vgl. Norbert Elias, *Über den Prozeß der Zivilisation*, 2 Bde., München 1969, Bd. 1, S. 32 ff.
4 Marcuse, a.a.O., S. 78 f.
5 Broch, a.a.O., S. 54.
6 Elias, a.a.O., S. 32.

instanz der Vernunft.«[7] In säkularisierter Form erreicht die pietistisch angestrebte Kultivierung des individuellen Gefühlslebens in der Empfindsamkeit ihren Höhepunkt; deren konsequenter Ausdruck sind Gefühlsseligkeit und Sentimentalität, wie sie die breite literarische Produktion der Zeit beherrschen.[8] Die Verfeinerung des Gefühls, die differenzierte Beobachtung der eigenen Gefühlsregungen (die Empfindsamkeit also) schuf erst die Voraussetzung dafür, daß Affekte selbst erzeugt werden konnten und so stets zur Verfügung des Einzelnen standen. Die komplizierte Tastatur der Gemütsbewegungen zu spielen und an ihnen sich zu berauschen vermag nur derjenige, der mit ihnen umzugehen gelernt hat. Auch Kant übergeht diesen engen Zusammenhang, wenn er Empfindsamkeit und Empfindelei rigoros trennt: »*Empfindsamkeit* [...] ist ein *Vermögen* und eine *Stärke*, den Zustand sowohl der Lust als Unlust zuzulassen, oder auch vom Gemüt abzuhalten, und hat also eine Wahl. Dagegen ist *Empfindelei* eine *Schwäche*, durch Teilnehmung an anderer ihrem Zustande, die gleichsam auf dem Organ des Empfindelnden nach Belieben spielen können, sich auch wider Willen affizieren zu lassen.«[9] Im historischen Zusammenhang der bürgerlichen Entwicklung im 18. und 19. Jahrhundert läßt sich diese idealtypische Trennung nicht aufrechterhalten. »[...] die Lust am Weinen ist sowohl der Widerschein verlorener Herrschaft (oder der noch gar nicht erlangten) als auch die Dokumentation eines von innen andrängenden Affektes, dessen man sich, wie jedermann – und das ist entscheidend – nicht erwehren kann.«[10] Viel zu wenig wurde bisher die Rolle der Rhetorik bei der Entstehung dieser spezifisch bürgerlichen Affektlage berücksichtigt. Zwar beruht die rhetorische Affektenlehre ihrer Intention nach auf einer Kollektivpsychologie (emotionale Beeinflussung des Pu-

7 Manfred Windfuhr, *Die barocke Bildlichkeit und ihre Kritiker*, Stuttgart 1966, S. 440.
8 Nicht also, wie Blackall meint, eine Entartungserscheinung: »Verfeinerung des Gefühls ist Empfindsamkeit, *sentimentalism,* Schwelgen in Gefühl ist Sentimentalität, *sentimentality.* Erstere entartete zu letzterer und wurde oft mit ihr verwechselt.« – Eric A. Blackall, *Die Entwicklung des Deutschen zur Literatursprache. 1700-1775*, Stuttgart 1966, S. 306.
9 Immanuel Kant, *Anthropologie in pragmatischer Hinsicht,* § 59; in: Kant, *Werke,* 10 Bde., hrsg. v. W. Weischedel, Darmstadt 1968, Bd. 10, S. 558.
10 Lepenies, a.a.O., S. 102.

blikums), doch mit ihrer Lehre von der Erzeugung der Gemütsbewegungen im Redner selber enthält sie bereits entscheidende
Momente einer Individualpsychologie, die genau zu dem Zeit-
punkt wirksam werden konnten, als die empirische Erforschung des Subjekts gesellschaftlich notwendig wurde. »Da im
Publikum starke Affekte nur erzeugt werden können, wenn
der Redner selbst von den Affekten innerlich erfaßt ist, muß
der Redner also [...] die Erregung starker Gemütsbewegungen in der eigenen Seele wie ein vollkommener Schauspieler
beherrschen (Quint. 6, 2, 27-36) [...] Die Erzeugung von
Phantasiebildern beim Redner ist eine durch Übung zu pfle-
gende Gabe des *ingenium* (Quint. 6, 2, 36). Die programmge-
mäße innere Erregung lernt der Schüler bereits an fiktiven
Stoffen.«[11] Im 18. und immer mehr dann im 19. Jahrhundert
bildet sich als machtvoller gesellschaftlicher Auftrag an die
Literatur heraus, die fiktiven Stoffe zur Erzeugung der gewünschten Affekte bereitzustellen. Die Literatur entspricht
diesem Auftrag, indem sie Untersuchung und Darstellung der
Affekte verbindet, bis sie schließlich über ein Arsenal von Mitteln und Methoden verfügt, den jeweilig gewünschten Affekt
zu erzeugen. Das gewollt Kunstlose und Natürliche der pieti-
stischen Seelensprache wie ihrer literarisch-empfindsamen
Adaptionen kann daher die rhetorische Wirkungsabsicht nicht
verleugnen, die ja nicht allein auf rationale Überzeugung ab-
zielt, sondern ebenso die emotionale Beeinflussung anstrebt.[12]
Die aufklärerische Kultur der Vernunft – die vor allem die
rationalen Aspekte der Rhetorik betont – und die pietistisch-
sentimentale Kultur der Empfindung stehen damit in einem engen dialektischen Zusammenhang: erstere spiegelt die öffentlich-
politischen Intentionen des sich emanzipierenden Bürgertums
wider, letztere entspricht den privaten Bedürfnissen, die erst
durch die ökonomisch-gesellschaftliche Entwicklung entstanden, und – speziell in Deutschland – der politischen Enttäu-

11 Heinrich Lausberg, *Handbuch der literarischen Rhetorik*, München 1960,
S. 144.
12 »So stützt sich die Kunst der Rede auf drei zur Überredung taugliche
Mittel, indem wir zuerst die Wahrheit dessen, was wir verteidigen, erweisen, dann die Zuneigung der Zuhörer gewinnen, endlich ihre Gemüter in
die Stimmung, die jedesmal der Gegenstand der Rede verlangt, versetzen
sollen.« – M. Tullius Cicero, *Vom Redner. De oratore*, übers., eingeleitet u.
erläutert v. R. Kühner, München o. J., S. 168.

schung des Bürgertums. Ohne Schwierigkeiten konnte die Seelensprache des Pietismus aus dem religiösen in einen weltlichen
Bereich übertragen werden, stellte sie doch den Versuch dar,
sämtliche gesellschaftlichen Vermittlungsinstanzen zu umge-
hen, um das nach innen gekehrte private Individuum zu erreichen. »Alles, was den momentanen und freien Ausdruck
beeinträchtigt und auf eine distanzierte und objektivierte
Sprechweise hinzielt, wird daher abgelehnt.«[13] Die derart ge-
forderte Spontaneität im sprachlichen Audruck – nach pietistischer Überzeugung Manifestation göttlicher Inspiration – vermag sich zwar von der normativen Regelrhetorik zu lösen,
Natürlichkeit ist jedoch nur selten das Ergebnis solcher An-
strengung. Die Sprachauffassung des Pietismus und der Empfindsamkeit basiert auf der fehlenden Einsicht in die gesellschaftliche Vermitteltheit jeder individuellen Äußerung: als sei
das Spontane auch das distanzlose Unvermittelte und Natürliche. Windfuhrs Feststellung: »Die Pietisten können sich die
Innenwelt nicht anders vorstellen als mit den Maßen und Ge-
genständen der Außenwelt«[14] ist Ausdruck dieses Dilemmas,
für das Walter Benjamin die präzise Metapher vom »möblier-
ten Menschen«[15] parat hatte. Gerade ja der unreflektierte
Wunsch, ungekünstelt zu sein, identifiziert das unmittelbar
Vorfindbare, doch historisch Gewordene, mit dem Echten und
Wahren, ohne der Elemente des Falschen, jeder historischen
Erfahrung qua Ideologie immanent, auch nur gewahr zu werden. Bilder aus »Arbeitswelt und Ehe- und Familiensphäre«[16]
sollen das Unbeschreibbare beschreiben, Metaphern wie »Er-
bauung« und »Erweckung« einen Vorgang nachvollziehen, der
doch angeblich rein emotional begründet ist. Schillers Klage
»Spricht die Seele, so spricht, ach, schon die Seele nicht mehr«
begleitet unausgesprochen sämtliche sprachlichen Artikulationen
pietistischer Herkunft. Die Inadäquanz von Innen- und
Außenwelt, literarisches Thema des Jahrhunderts, läßt die
Forderung des von Herz-zu-Herz-Redens zur abstrakten For-
mel erstarren, die bis ins späte 19. Jahrhundert hinein immer
wieder wie eine magische Beschwörung in der Literatur auf-

13 Windfuhr, a.a.O., S. 440.
14 Windfuhr, a.a.O., S. 451.
15 Benjamin, *Traumkitsch*, a.a.O., S. 160.
16 Windfuhr, a.a.O., S. 451.

taucht: »In der Notwendigkeit einer so baldigen Auflage der vorliegenden ›losen Blätter‹ habe ich die Bestätigung jenes alten lieben Wortes gefunden: ›Was vom Herzen kommt, geht wieder zum Herzen.‹ – Man hat diesem kleinen Buche gleichsam jenen warmen Herzschlag angefühlt [sic!], den man jedem Worte einer Frau anfühlen müßte. Denn unsere Welt ist eben nur die Welt des Herzens, in ihr allein sind wir glücklich und wahrhaft zu Hause, sie ist, wenn auch nicht unser unbestrittenes, so doch unser eigentliches Reich.«[17] Direkte emotionale Wirkung verspricht man sich von der Familiarisierung und Sentimentalisierung der aus der historischen, gesellschaftlichen Wirklichkeit entlehnten Bilder – eine Stilisierung, die jede Natürlichkeitsforderung ihres ideologischen Charakters überführt und sich in der Kultivierung des mittleren, *delectatio* erregenden Stils manifestiert. Die »Umwandlung des barocken Affekts in die gefühlshafte Emphase«[18], von der Windfuhr spricht, ist die Konsequenz eines derartigen, nicht auf Erregung der Leidenschaften, der starken Affekte, auch nicht auf nüchterne Argumentation, sondern auf Erregung der sanften, milden Affekte zielenden Ausdruckswillens. Gewinnt doch nach rhetorischer Lehre der Redner die Zuneigung seines Publikums, indem er eine gelassene Gemütsemotion im Zuhörer erzeugt, seiner Rede Sanftheit, seinem Stil Anmut verleiht. »Zum Wohlwollen werden die Gemüter bestimmt durch die Würde des Menschen, durch seine Taten und durch den guten Ruf seines Lebenswandels [...] Doch förderlich ist dem Redner auch eine sanfte Stimme, die Miene, der Ausdruck der Bescheidenheit, freundliche Worte [...] Von Leutseligkeit, edler Gesinnung, Sanftmut, Pflichtgefühl, Dankbarkeit, einer von Habsucht freien [...] Denkungsart Merkmale an den Tag legen ist sehr nützlich, und alle Eigenschaften eines rechtschaffenen, anspruchslosen, von Heftigkeit, Hartnäckigkeit, Streitsucht, Bitterkeit freien Charakters sind in hohem Grade dazu geeignet, Wohlwollen zu gewinnen [...] Denn nicht immer ist eine kraftvolle Rede erforderlich, sondern oft eine ruhige, sanft und gelinde, die vorzüglich den Beteiligten zur Empfehlung dient.«[19] Klaus Dockhorn hat ausführlich die terminologische

17 Polko, a.a.O., S. VII.
18 Windfuhr, a.a.O., S. 455.
19 Cicero, a.a.O., S. 189.

Vielfalt ausgebreitet, die in der rhetorischen Tradition mit dem Ethos als der »geneigt machenden Emotion«[20] verbunden ist. So bestimme Quintilian das Ethos »als das Schmeichelnd-Menschliche, Liebenswert-Angenehme, Ruhig-Gelassene, läßt es aus den menschlich-elementaren und gewöhnlichen Situationen fließen und im Raum der charakteristischen Beziehungen der Geselligkeit und menschlichen Zuneigungen sich bewegen.«[21] Durch die Bindung des *delectare* (conciliare) an Charakter hat die rhetorische Charakterdarstellung, wie Dockhorn schreibt, »von ihrem Gegenstande her, dem menschlichen Charakter, dem man in seiner bloßen Natürlichkeit und gewöhnten ›Gewöhnlichkeit‹ [...] als ›naturae et mores et omnis vitae consuetudo‹ eine Geneigtheit zu Wohlwollen und Gutmütigkeit zuschreibt, eine erfreuende, ergötzende, anmutende, gelassene (im Sinne von ›belassen‹, im Menschsein belassen), ›menschliche‹ Seelenbewegung zur Folge [...]«[22]

Liebe ist eine Himmelsmacht
Der Idolatrie von Herz, Gefühl und Empfindung – Kennzeichen des Kitsches bis hin zur Heftchenliteratur des Bastei-Verlages – entspricht die Preisgabe von Affekten, die zur Verinnerlichung untauglich waren. Gefühl heißt nicht Leidenschaft, heftige emotionale Erregung, sondern die bereits dem Regulierungszwang unterworfenen, verfeinerten, gedämpften Empfindungen, die mit Begriffen wie sanft, angenehm, gefällig, süß und zärtlich umschrieben werden. Nicht der *erhabene Charakter* und dessen pathetisches Leiden, immer noch Signum einer wenn auch »tragischen« Auseinandersetzung mit den Widerständen der Gesellschaft, sondern die *schöne Seele* entspricht als Persönlichkeitskonzeption dieser privaten Gefühlslage des bürgerlichen Menschen. »In die Kultur der Seele sind – in falscher Form – diejenigen Kräfte und Bedürfnisse eingegangen, welche im alltäglichen Dasein keine Stätte finden konnten.«[23] Gegen die zivilisatorischen Zwänge, die aus der gesell-

20 Klaus Dockhorn, *Macht und Wirkung der Rhetorik,* Bad Homburg v. d. H. 1968, S. 52.
21 Dockhorn, a.a.O., S. 65.
22 Dockhorn, a.a.O., S. 56.
23 Marcuse, a.a.O., S. 82. – Über den Zusammenhang des rhetorischen delectare mit dem Persönlichkeitsideal der schönen Seele vgl. meine Unter-

schaftlich notwendigen Berechenbarkeit sämtlicher menschlichen Beziehungen folgten, glaubte der enttäuschte Bürger mit der Ästhetisierung des privaten Bereichs das Zaubermittel gefunden zu haben, das, wenn nicht seine physische, so doch seine psychische Existenz unverletzbar machte. »Heiter und frei wird das Auge strahlen, und Empfindung wird in demselben glänzen. Von der Sanftmut des Herzens wird der Mund eine Grazie erhalten, die keine Verstellung erkünsteln kann. Keine Spannung wird in den Mienen, kein Zwang in den willkürlichen Bewegungen zu bemerken sein, denn die Seele weiß von keinem.«[24] Blackall hat die Epitheta solcher Verfeinerung der Seele zusammengestellt; neben kühl, sanft, rein und lieblich sind es vor allem »artig, froh, fröhlich, vergnügt, verliebt, anmutsvoll, zart, schamhaft, zärtlich, mild, leise, hold, heiter, still, heimlich, gelinde.«[25] Sie alle kehren im Kitsch in topischer Regelmäßigkeit wieder, ob anläßlich der Beschreibung von Personen, Landschaften oder Situationen. Die schöne Seele strahlt aus Lebewesen wie Dingen, die von ihr beseelt wurden; aus ihr spricht, in sublimierter Form zwar, die gesellschaftlich verlangte Affektregulierung, indem auch die Leidenschaften besänftigt und auf die maßvolle Empfindung heruntergeschraubt werden. Nur scheinbar gewährt sie demnach Erholung von den immer differenzierter und mächtiger werdenden Herrschafts- und Selbstzwängen – Beweis dafür, daß Gesellschaft und ökonomischer Zwang selbst dort sich noch auswirken, wo man sich von ihren Fesseln ledig glaubt. Dieser prekäre Widerspruch konstituiert Erholung als Freizeitideal, er ist mit den Bedingungen der bürgerlichen Gesellschaft selber schon gegeben und nicht erst Produkt des 20. Jahrhunderts.[26] Die Unfähigkeit, den privaten und den öffentlichen Bereich sinnvoll aufeinander zu beziehen, hält das Bedürfnis nach einer

suchung über *Schillers Rhetorik. Idealistische Wirkungsästhetik und rhetorische Tradition*, Tübingen 1971, S. 53 ff. Dort auch der Nachweis, daß sich in der Kultur der schönen Seele Formen der höfischen Kultur erhalten haben.

24 Schiller, a.a.O., Bd. 5, S. 469.

25 Blackall, a.a.O., S. 302.

26 ›Amüsement ist die Verlängerung der Arbeit unterm Spätkapitalismus« – formulieren Horkheimer/Adorno präzise die Deformierung, welche Unterhaltung und Entlastung unter der »Gewalt der Kulturindustrie« erfahren haben. – Max Horkheimer und Theodor W. Adorno, *Dialektik der Aufklärung*, Amsterdam 1944, S. 163.

Literatur (deren Funktion in der Gegenwart auch von den übrigen Massenmedien übernommen wurde) wach, die solche Vermittlung als real möglich darstellt. Gesellschaftliche Konflikte, soweit sie der Kitsch thematisiert, werden in privater Harmonisierung aufgelöst: der reiche Gutsbesitzer heiratet das arme Kindermädchen, der verarmte Adlige verbindet sich mit der begüterten Bankierstochter, die berufliche Unbill des tätigen Mannes vergilt ihm zu Hause die seelenvolle Frau. Wenn das arme Mädchen sein Glück zunächst auch nicht glauben mag und in dieser Ungläubigkeit gesellschaftliche Widersprüche ahnbar werden, so wird sie doch bald eines besseren belehrt: in der Harmonie zweier Seelen lösen sich selbst die antagonistischen Widersprüche auf. Daß diese selber immer nur empfunden werden, schlägt sich in der Überzeugung nieder, sie seien auch mit der ›richtigen‹ Empfindung aufhebbar. In Hedwig Courths-Mahlers Roman *Die Testamentsklausel* flieht die mit weltlichen Gütern durchaus nicht gesegnete Professorentochter vor den Werbungen Armin von Leydens – nicht wegen des ›gesellschaftlichen‹ Unterschiedes, sondern weil sie sich von Armin nicht geliebt glaubt. »Wenn die kleinen Ladenmädchen heute abend von einem fremden Herrn angesprochen werden, halten sie ihn für einen der berühmten Millionäre aus der Illustrierten«[27] – so kommentiert Siegfried Kracauer ein entsprechendes Filmmotiv. Vorzüglich vertritt im Kitsch die ›echte‹ Liebe diese ›echte‹ Empfindung und macht den Roman in diesen Fällen wieder zu dem, als was er zu Beginn seiner Entwicklung fast ausschließlich gegolten hatte: zur Liebesgeschichte.

In den Irrungen und Wirrungen des Lebens ist die Liebe der einzige Rettungsanker, sie garantiert, was von der Gesellschaft verweigert wird: die Befriedigung der persönlichen Existenz durch eine enge soziale Beziehung. Aus der erzwungenen Separierung führt allein noch die Liebe heraus, nur die ehrbare natürlich, die Ehe und Familie nach sich zieht und so ein dauerhaftes Refugium zu werden verspricht. »Monsieur Martin, ich habe keine Eltern mehr, und mein Bruder bekümmert sich um mich nicht. Ich bin fast nur auf mich angewiesen und sehne mich doch nach Jemand, der gut zu mir ist [...] Ich lebte ein-

27 Siegfried Kracauer, *Das Ornament der Masse*, Frankfurt/M. 1963, S. 291.

sam, bis Sie kamen und mir sagten, daß Sie gern an mich dächten. Ich habe mir dann vorgestellt, wie schön es sein würde, wenn Sie mir Vater, Mutter und Bruder sein wollten. Ich würde glücklich sein [...] Ich fürchte mich vor dem Unglücke des Lebens; aber an der Seite eines geliebten Mannes würde mich alles Leid und alle Sorge angstlos lassen.«[28] Liebe ist eine Himmelsmacht, der einzige Schutz vor einer individualistischen Gesellschaft, deren Existenzform: Vereinzelung, auch hinter allen literarischen Liebesszenen droht. Offener und unverstellter als die Romane, die in Literaturgeschichten überdauerten, spricht der Kitsch die Sehnsüchte aus, denen der Liebesroman seine unveränderte Popularität verdankt. »In die Idee der Liebe wurde die Sehnsucht nach der Ständigkeit irdischen Glücks, nach dem Segen der Unbedingtheit, nach der Überwindung des Endes aufgenommen.«[29] Vom Abglanz solcher Utopie zehrt auch noch der Kitsch. Die Anziehungskraft seiner Liebesbilder, so tränenselig wie unrealistisch, wäre ohne dies Utopische, das Liebe in der bürgerlichen Gesellschaft adeln läßt, nicht vorstellbar. Wie vollkommen auch immer die Liebesszene im späten 19. und vor allem dann im 20. Jahrhundert zum genormten Industrieprodukt wird, immer ist noch ein Rest von Hoffnung darin eingeschlossen. So verstümmelt sind die Individuen noch nicht, daß nicht eine Ahnung ihres Zustandes wenigstens imaginäre Abhilfe verlangte.

Die Ehe hat »ihre spezifische Utopie und einen Nimbus darin, der mit dem Morgen der Liebe nicht zusammenfällt, daher keineswegs mit ihm vergeht. Diese Utopie entspringt eben der Bewährung der Liebes-Imago, und immer ist ihre Poesie eine der Prosa, allerdings der hintergrundreichsten: des Hauses. Das Haus ist selber ein Symbol, und zwar bei aller Geschlossenheit ein offenes; es hat als Hintergrund die Zielhoffnung des Heimatsymbols, das sich durch die meisten Wunschträume durcherhält und am Ende aller steht.«[30] Der kitschige Wunschtraum vom menschlichen Glück, die Liebesgeschichte aus der Traumfabrik ist noch mit allen Requisiten dieses hohen Hintergrundes ausgestattet. Nur dadurch kann ja der Schein einer Befrie-

28 Karl May, *Die Liebe des Ulanen*, Hildesheim 1972, 5 Bde., Bd. 3, S. 1052.
29 Marcuse, a.a.O., S. 79.
30 Ernst Bloch, *Das Prinzip Hoffnung*, Frankfurt/M. 1959, S. 379.

digung aufrechterhalten werden, der das Unglück des Lebens nicht antastet, ihm aber wenigstens in ›glücklichen‹ Momenten das furchteinflößende Aussehen nimmt. Die vom Liebesroman glorifizierten Ideale wie Treue, Reinheit, Keuschheit,[31] die der Liebe im Roman erst ihre Aura geben, garantieren ihrerseits die vom Bürger vollzogene Trennung von Liebe und Sexualität wie die Sexualunterdrückung der Frau. Die Liebesgloriole umgibt den intimen Bereich, in dem sich Sexualität und Herrschaft[32] begegnen. Die bisherigen Untersuchungen vernachlässigen sämtlich die enge Verbindung, die Utopie und Unterdrückung im Liebesroman eingegangen sind.[33] Das gänzlich Abstrakte, noch dazu mit Kleinbürgervorstellungen und -wünschen Überfremdete und dadurch Verfälschte *dieser* Liebesutopie läßt kaum noch Momente ihres Widerspruchs gegen die Realität sichtbar werden; zumindest werden sie nur mehr verschwommen wahrgenommen. Die repressive Sexualmoral, die der Liebesroman laut verkündet, bleibt allemal Sieger im Herzen der Bezirzten.[34]

Die Wirkung des Kitsches

»Der Kitsch nämlich strebt eine möglichst totale Wirkung an und löst zu diesem Zwecke nicht nur die Gattungen auf, sondern alles, was ein ordnender Kunstsinn zu unterscheiden sucht.«[35] Durchweg sind sich die Autoren darin einig, den Kitsch schon allein deswegen zu verurteilen, weil er eine ganz bestimmte Wirkung bei seinem Publikum anstrebt und sie mit Hilfe ausgeklügelter Effekte zu erreichen sucht. Derartige Qualifikationen machen deutlich, wie sehr das Bewußtsein von der Literatur als einer wirkungsbezogenen *ars*, der Kunsttheorie des aufsteigenden Bürgertums noch weitgehend imma-

31 Die erst seit Mitte des 20. Jahrhunderts von einem größeren Publikum konsumierten pornographischen Romane gehören nicht in diesen Zusammenhang und verdienten unter dem Aspekt des Kitsches eine gesonderte Untersuchung.
32 Vgl. dazu Reimut Reiche, *Sexualität und Klassenkampf*, Frankfurt/M. 1968, sowie *Das Argument* 22, 23, 24, 35 und 67.
33 Vgl. z. B. Dorothee Bayer, *Der triviale Familien- und Liebesroman im 20. Jahrhundert*, Tübingen 1963.
34 Vgl. zur Funktion der Liebe in der affirmativen Kultur: Marcuse, a.a.O., S. 78 ff.
35 Killy, a.a.O., S. 16.

nent, geschwunden ist. In der Auseinandersetzung mit dem Adel spielte die Literatur als Waffe der Kritik noch eine beherrschende Rolle, die erst preisgegeben wurde, nachdem ihr gesellschaftliches Wirkungsfeld selber resignierend von seinen ehemaligen Akteuren verlassen worden war. Einer sich versperrenden Wirklichkeit setzte die bürgerliche Ästhetik polemisch die autonome Sphäre der Kunst entgegen. Je mehr sich die kapitalistische Produktionsweise vervollkommnete, um so mehr verschärfte sich der Gegensatz zwischen gemeiner Wirklichkeit und reiner Kunst: deren Reinheit konstituierte sich in der Abwehr äußerer Zwecke und Interessen, damit in der Abwehr des allgemeinen Nützlichkeits- und Brauchbarkeitsverhältnisses, in das die kapitalistische Produktion sämtliche Tätigkeiten, Verhaltensweisen und Kommunikationsformen gezwungen hatte. Dem Versuch der idealistischen Ästhetik, die Schönheit rein formal zu definieren (Kant) und die wahre Wirkung des Kunstwerks als »absichtslos und unschuldig« zu bestimmen (Hegel), entsprechen der Verfall der Rhetorik wie rhetorischer Kunstäußerung überhaupt und ihre Denunzierung als Täuschung und Verstellung, als eine bloß technische und erlernbare Kunstfertigkeit, die kurzfristigen Zwecken dient, sich die »Schwächen der Menschen« zunutze macht und daher »gar keiner Achtung würdig« ist.[36] Das Ästhetische wird isoliert von jeder anderen Form gesellschaftlicher Aktivität und jede Vermischung der beiden scheinbar voneinander unabhängigen Sphären in der literarischen Produktion der Zeit durch Nichtachtung und Verbannung aus dem Bereich freier Kunst geahndet.

Das aufklärerische Interesse, Begründung der Wirkungsabsicht bürgerlicher Literatur bei ihrer Entstehung, schwindet in dem Maße, in dem das Bürgertum die Chance, seinen Emanzipationswillen politisch zu realisieren, vergehen sieht. Die Rhetorik als Theorie einer »von Moralität zeugenden, ästhetisch anspruchsvollen, situationsbezogenen und auf Wirkung bedachten Äußerung, die allgemeines Interesse beanspruchen kann«,[37] wird damit in dem Augenblick überflüssig, wo Kunst

36 Immanuel Kant, *Kritik der Urteilskraft*, hrsg. v. K. Vorländer, Hamburg 1959, S. 185.
37 Walter Jens, *Rhetorik*, in: *Reallexikon der deutschen Literaturgeschichte*, hrsg. v. Merker-Stammler, Bd. 3, ²1971, S. 432.

und Literatur zum hochgelegenen, Gesellschaft transzendierenden Fluchtraum der bürgerlichen Intelligenz und breiter Kreise des bürgerlichen Mittelstandes werden. Als Konsequenz ergibt sich die scharfe Trennung zwischen einer Literatur, die den ja weiterhin existierenden und immer zwanghafter werdenden Bedürfnissen eines Massenpublikums nach Unterhaltung, Ablenkung und Affektabfuhr entspricht, und einer »Hoch-Literatur«, die ihre politische Wirkungslosigkeit zum Ideal erklärt und so als Gewinn und Mittel zur Selbstbestätigung umdeutet. Die Folgen sind letztlich identisch: die eine stabilisiert die gesellschaftlichen Verhältnisse, indem sie sich von ihnen abwendet, die andere, indem sie sich ihnen bestätigend zuwendet.[38] Rhetorik, dem Kunstverständnis des deutschen Bürgertums bereits Ende des 18. Jahrhunderts widersprechend, geht ein in die literarische Massenproduktion, deren Absichten sie von ihrem theoretischen und praktischen Interesse her entspricht – richtete sich dieses doch vorzüglich auf die Bedingungen von Wirkung, auf den Zusammenhang von Produzent, Werk und Publikum. Beeinflußbarkeit des Publikums und deren Voraussetzungen standen im Mittelpunkt rhetorischer Theorie, sie rücken unter Preisgabe der ›dialektischen‹ Weise der Überzeugungsherstellung (docere) ins Zentrum der breiten Literaturproduktion seit Mitte des 18. Jahrhunderts.

Deren Existenz hängt davon ab, daß ihre Produkte florieren und sich auf dem immer größer und unübersichtlicher werdenden Markt behaupten. Dauernde Variation bereits erprobter wirkungsvoller Motive und Handlungskonstellationen oder deren Wiederholung bis in die sprachliche Formulierung hinein; Verwendung topischer Bilder und Vergleiche, rhythmischer Konstruktionen und lautmalender Wörter oder Wortverbindungen zum Zwecke emotionaler Beeinflussung; klare, übersichtliche Charakterdarstellung; fein kalkulierte Spannungsbögen; Darstellung eines Haupthelden und dessen dauernde Reproduktion, hat er beim Publikum Erfolg – an

---

38 Die Unterschiede sind zweifellos noch gravierend genug. In der hohen Literatur und ihrer Theorie werden »die großen aktuellen Probleme der bürgerlichen Entwicklung auf der höchsten Höhe der Literaturentwicklung in einer großzügig aufrichtigen Weise ausgesprochen« – Georg Lukács, *Faust und Faustus. Ausgewählte Schriften*, Bd. 2, Hamburg 1968, S. 80. – und bleiben damit kritischer Reflexion, wenn auch auf höchst subtil vermittelte Weise, unterworfen.

hand nur eines exemplarischen Romans wäre es möglich, eine Rhetorik dieser verachteten Literatur zu schreiben, die oft bis ins Detail mit der überlieferten Schulrhetorik übereinstimmen würde. »Der Kitsch ist eine Kunst, die festgesetzten Regeln folgt, und das gerade in einer Zeit, in der alle künstlerischen Regeln von jedem Künstler in Frage gestellt werden.«[39] Mit der Darstellung und Systematisierung dieser Regeln wäre aber nichts gewonnen; sie erklären nicht die spezifische Wirkung des Kitsches, die zuletzt auf einem gesellschaftlichen Wirkungszusammenhang beruht und seine ideologische Funktion ausmacht. Gewiß sind diese Regeln weder abstrakt gesetzt noch auch mechanisch von der Schulrhetorik übernommen; weil sie sich zur Ablenkung von gesellschaftlichen Konflikten und damit zu deren Verschleierung tauglich erwiesen haben, werden sie immer wieder reproduziert oder dem Stand des gesellschaftlichen Bewußtseins angepaßt. »[...] die Mittel des Effektes sind immer ›erprobt‹, sie lassen sich kaum vermehren«, kritisierte Hermann Broch[40] – als sei allein die Tatsache der auf Wirkung berechneten schriftstellerischen Technik von Übel. Entscheidend bleibt die ideologische Mitteilung, die zwar nicht von der Form, in der sie geschieht, getrennt werden kann, aber auch durch deren Kritik allein nicht erledigt wird. Vor dem »objektiven Geist der Manipulation« (Adorno) rettet nicht die Regellosigkeit oder der Verzicht auf Wirkung. Eine Kritik des Kitsches, die sich damit begnügt, dessen Technik des Effekts als reaktionär zu diffamieren, ohne ihn im Zusammenhang gesamtgesellschaftlicher Verblendung zu analysieren, bleibt ihrem Gegenstand gegenüber ohnmächtig. Der Kitsch will in bestimmter Weise auf ein tatsächlich vorfindbares Bewußtsein wirken und empirisch feststellbare Bedürfnisse befriedigen – gerade dadurch hält er seine Konsumenten von der Erkenntnis ihrer objektiven Interessen und von der Erfahrung ab, daß ihre Bedürfnisse Produkte einer bestimmten sozialen Organisation sind. Die *affirmative* Wirkungsintention des Kitsches entscheidet über seine gesellschaftliche Funktion.

39 Rosenberg, a.a.O., S. 9.
40 Broch, a.a.O., S. 70.

4. Die Verschönerung der Welt

Normenverfehlungen

Poetik und vor allem Rhetorik, die »als Lehrgegenstand sehr viel detaillierter ausgearbeitet worden ist als die Poetik«,[1] haben durch die ihnen gemeinsame theoretische Reflexion der Entstehung eines literarischen Werkes, seiner Verfertigung und technischen Vervollkommnung auch die Grundlagen für eine literarische Kritik geschaffen, die so lange gültig blieben, bis im 18. Jahrhundert die Einheit von Rhetorik und Dichtkunst zerbrach, weil »die Poetik ihren normativen Charakter verlor.«[2] »Das künstlerische Schaffen, das sowohl für den höfischen Klassizismus als auch für die Aufklärung eine eindeutig definierbare, auf erklärbaren und erlernbaren Geschmacksregeln beruhende geistige Tätigkeit war, erscheint jetzt als ein geheimnisvoller Prozeß, der von so unergründlichen Quellen wie göttlicher Eingebung, blinder Intuition, unberechenbarer Stimmung hergeleitet wird. Für den Klassizismus und die Aufklärung war das Genie eine durch Vernunft, Theorie, Geschichte, Tradition und Konvention gebundene höhere Intelligenz, für die Vorromantik und den Sturm und Drang wird es zur Personifikation eines Ideals, für welches vor allem das Fehlen dieser Bindungen bezeichnend ist.«[3] Adorno bemerkt mit Recht, daß der Geniebegriff, »als er im späteren 18. Jahrhundert in Schwang kam, noch keineswegs charismatisch [war]; nach der Idee jener Periode sollte jeder Genie sein können, wofern er unkonventionell als Natur sich äußerte.«[4] Als er konzipiert wurde, richtete sich der Geniebegriff kritisch gegen die überkommenen, als Fesseln empfundenen Normen und Werte; im Konflikt mit ihnen konstituierte sich das bürgerliche Individuum als Person. Erst die Erfahrung realer Unfreiheit schuf das »Genie als Branche«[5], den »Hüter einer geheimnisvollen Weisheit«, den »Gesetzgeber einer eigenen eigengesetzlichen Welt«.[6] Gegen die strengen Gesetzmäßigkeiten der öko-

1 Lausberg, a.a.O., S. 44.
2 Jens, a.a.O., S. 442.
3 Arnold Hauser, *Sozialgeschichte der Kunst und Literatur*, München 1967, S. 636.
4 Adorno, *Ästhetische Theorie*, a.a.O., S. 256.
5 Adorno, a.a.O., S. 256.
6 Hauser, a.a.O., S. 636.

nomischen Beziehungen und deren »naturgesetzliche« Objektivität setzt das Genie die Freiheit seines Handelns und Wollens, die allerdings nur in der ästhetischen Dimension erscheint, in einer »Sphäre also, die bislang von den täglichen Verrichtungen des Lebens weit entfernt war.«[7] In dem Maße, wie die ästhetische Norm dem Willen zur freien individuellen Selbstverwirklichung in der künstlerischen Produktivität weicht, verfällt auch die ursprünglich rhetorische vitia-Lehre, die Lehre von den Verfehlungen der künstlerischen Norm, die ehemals in den poetischen Lehr- und Handbüchern breiten Raum eingenommen hatte.

»Ein Menschenhaupt mit Pferdes Hals und Nacken: denkt euch, so schüfe es die Laune eines Malers; dann trüge er buntes Gefieder auf, liehe aus allen Arten die Glieder zusammen; zu unterst wär's ein häßlich grauer Fisch, und war doch oben als ein schönes Weib begonnen. Denkt euch, ihr Freunde wärt zur Schau geladen: würdet ihr euch des Lachens erwehren? Im Ernst, ihr Lieben vom Hause Piso, solchem Gemälde sprechend ähnlich wird ein Schriftwerk aussehen, das wie ein Kranker im Fiebertraum unwirkliche Einzelglieder reiht, wo dann nicht Kopf, nicht Fuß zur Einheit, zur Gestalt sich fügen will. ›Doch war ja Malern wie Dichtern immer schon das denkbar Kühnste verstattet.‹ Ganz recht; und diese Freiheit erbitten wir, vergönnen wir uns wechselseitig; doch nicht die Freiheit, Zahmes mit Wildem zu gesellen, Schlangen mit Vögeln zu paaren und Lämmer mit Tigern.«[8] In dieser oft zitierten bildkräftigen Warnung wird der Zusammenhang von rhetorischer Lehre und neuzeitlichen Kunstäußerungen sinnfällig, wie ihn Gustav René Hocke für den Manierismus bis ins Detail nachgewiesen hat.[9] Die Beschreibung und Darstellung von Kunst-

7 Herbert Marcuse, *Ideen zu einer kritischen Theorie der Gesellschaft*, Frankfurt/M. 1969, S. 171.
8 Horaz, *Sämtliche Werke*. Lat. u. dtsch., hrsg. v. H. Färber, München 1967, S. 231.
9 Gustav René Hocke, *Manierismus in der Literatur*, Hamburg 1963. – Hockes Bezeichnung »Pararhetorik« für jene manieristische Technik, gerade die in der attizistischen Rhetorik verpönten vitia zu stilistischen Tugenden zu erklären, scheint mir allerdings unglücklich, da es sich dabei lediglich um eine Umwertung von Norm und Fehler handelt – die übrigens in der Poetik durch die licentia poetica immer gedeckt war (vgl. etwa Cicero, a.a.O., S. 68) – nicht aber um eine neue oder doch wenigstens andere rhetorische Konzeption.

fehlern – oft sehr detailliert ausgeführt – hat für die rhetorische Theorie große Bedeutung, weil bereits wenige Fehler
die gesamte Wirkung einer Rede zunichtemachen können. Die
verschiedenen Möglichkeiten der Verfehlung des rhetorischen
Ideals reduzieren sich auf zwei mögliche Fehlerquellen, wobei
auch diese noch voneinander abhängen: Unstimmigkeit innerhalb des Werkes (vitium des inneren aptum) und Unstimmigkeit nach außen, zu den sozialen Umständen der Rede (vitium
des äußeren aptum). Da die Rede aber durch ihren Außen-
bezug, ihre Wirkungsintentionalität auf Öffentlichkeit hin definiert wird, ist die Verletzung des inneren auch immer Folge
einer Störung des äußeren *aptum* und signalisiert ein gestörtes
Verhältnis zwischen Redendem, dem Verfasser der Rede, und
seiner sozialen Bezugssphäre. Auf der Rhetorik fußende Literaturkritik beruft sich zwar auf die überlieferten Gesetze der
antiken Stil- und Werktheorie, sie ist aber dem *übergeordneten
Maßstab des sozialen Auftrags* verpflichtet – ein Zusammenhang, der meist bei der übereiligen Kritik der angeblich rein
formal-scholastisch vorgehenden rhetorischen Literaturkritik
übersehen wird.

Erstaunlich bleibt, daß die Rhetorik die vitia-Lehre nur im
Bereich des hohen, pathetischen, des erhabenen Stils als
Schwulst-Doktrin ausgeführt hat, wogegen Verfehlungen im
Bereich des lehrhaften[10] wie auch in dem des mittleren, *delectatio* erregenden Stils lediglich im Falle nicht erlaubter Grenz-
überschreitung einer Stilebene zur anderen, damit Fehler gegen
die Zuordnung von Stillage und rednerischer Aufgabe bzw.
Redegegenstand, gefaßt wird, nicht aber als Exaltation der jeweiligen sprachlichen Realisierung der Wirkungsintention selber. »Überhaupt scheint der Schwulst zu den am schwersten
vermeidbaren Fehlern zu gehören. Naturgemäß nämlich werden alle irgendwie zum Schwulst fortgerissen, die sich um
Größe bemühen aus Angst vor dem Tadel, kraftlos und trok-
ken zu sein; sie vertrauen dem Satz: ›Großes Verfehlen ist ein
immerhin edles Versagen.‹«[11]

Schwulst, obwohl technisches Versagen aufgrund sozialer Wi-

---

10 Das docere wird sowieso der Dialektik zugeordnet, die daher auch die
Fehler – als Fehlurteile etwa – zu behandeln hat.
11 Pseudo-Longinos, *Vom Erhabenen*. Griech. u. dtsch., hrsg. u. übers. v.
R. Brandt, Darmstadt 1966, S. 33.

dersprüche, deren der Redner nicht Herr zu werden vermag (Vermittlungslosigkeit von Rede und sozialen Umständen), umfaßt so nur einen begrenzten Teil möglicher Normenverfehlungen. Der Schluß liegt nahe, daß diese Beschränkung von den tatsächlich vorgekommenen Verfehlungen diktiert, nicht aber aus ihnen ein einzelner Komplex ausgewählt wurde. Es bestand keine Notwendigkeit, neben der Schwulstdoktrin eine weitere Lehre auszuarbeiten, um grundsätzlich anderer Fehler kritisch Herr zu werden.

Auch nach dem Ende der Rhetorik als *regina artium* und normengebende ästhetische Theorie lebt die Lehre vom *aptum* in der Form-Inhalt-Diskussion weiter, die allerdings die Norm des äußeren *aptum* einer subtilen Erörterung innerer Stimmigkeit opferte. Deren Bann traf nun freilich diejenigen Werke, die die Deutschen lasen, während ihre Klassiker schrieben, die also augenscheinlich gerade die Forderung nach sozialer Angemessenheit erfüllten und eine immanente Poetik zu entwickeln begannen, die der zeitgenössischen Ideologie der Regelfreiheit widersprach. Deutlicher als in der kanonisierten Literatur des deutschen Bildungsbürgertums, das selber nur zu einem kleinen Teil seinen eigenen literarischen Ansprüchen entsprach, spiegelt sich damit in der literarischen Massenproduktion[12] eine gesellschaftliche Entwicklung von den freibeuterischen Anfängen des Kapitalismus hin zu einer neuen Regelhaftigkeit, Wirtschaftlichkeit, die sich einem großen Markt angemessen erweist, »wo Zeit Geld ist, und wo eine gewisse Höhe der kommerziellen Moralität (kaufmännische Sittlichkeit) sich entwickelt, nicht aus Tugendschwärmerei, sondern einfach, um Zeit und Mühe nicht nutzlos zu verlieren.«[13]

Humanistisches Ethos und das Kitsch-Schöne

»[. . .] in der Shakespeare Zeit wird die Rhetorik als bloße Technik des Überzeugens und Belehrens von einer spezifischen Technik des Unterhaltens unterschieden, die sich rhetorischer

12 Unter diesem Aspekt betrachtet, gewinnen auch die Bemühungen der Weimarer Klassiker um die neuen »ästhetischen Gesetzestafeln« (Hans Mayer (Hrsg.), *Meisterwerke deutscher Literaturkritik*, Berlin 1954, Bd. 1, *Einleitung*, S. 26) eine überraschend andere, »zeitgemäßere« Dimension.
13 Friedrich Engels, *Die Lage der arbeitenden Klasse in England*, Stuttgart 1921, S. VIII.

Figuren zwar bedienen kann, aber in einem ganz anderen, viel weniger zweckhaften Sinn. ›Unterhalten‹ [...], allgemein wird noch – traditioneller Diktion folgend – ›delectare‹ gesagt.«[14] Auf die Funktion des *delectare,* das die mittlere Position im triadischen Wirkungsschema der Rhetorik einnimmt, bei der Ausbildung einer den Bedürfnissen eines großen bürgerlichen Publikums entsprechenden Literaturproduktion wurde bereits hingewiesen, ebenso darauf, daß das Streben nach *delectare* – ganz im Gegensatz zu Hockes Ausführungen – den Versuch bedeutet, in ganz zweckhaftem Sinne Wirkung auszuüben. Entscheidend kommt nun noch hinzu, daß die Rhetorik von ihrer Unterscheidung der beiden Möglichkeiten, Überzeugung auf emotionalem Wege herzustellen, »die Ausgangspunkte für die ästhetische Scheidung des Erhabenen und Schönen, von Würde und Anmut« lieferte.[15] Ethos als Mittel und Gegenstand emotionaler Glaubwürdigkeit gebiert das Schöne, das »primär den Sinn des Menschlich-Charakteristischen [hat], das [...] als Gemein-Menschliches und Familiär-Nahes, eben als ›Anmutendes‹ wahrgenommen wird.«[16] In der klassischen idealistischen Ästhetik wird die Konstituierung des Schönen weitgehend dieser rhetorischen Konzeption folgend durchgeführt – von Kant/Schiller bis Hegel läßt sich der Prozeß gegenseitiger Durchdringung von rhetorischer Theorie und ›unrhetorischer‹ Ästhetik verfolgen. Dockhorn hat in diesem Zusammenhang auf die Bindung des Ethos an das *humanum* hingewiesen, das seine »Bedeutung aus dem Gegensatz zur ›elatio animi‹, der mit dem Pathos verbundenen Erhabenheit nimmt, also grundsätzlich den Sinn des ›Menschlichen‹ aus seinem Gegensatz zum Heroisch-Übermenschlichen [...] bestimmt.«[17] Im ästhetisch-ethischen Ideal der schönen Seele ist diese humanistische Bedeutung des Schönen aufgehoben. »In der ästhetischen Welt ist jedes Naturwesen ein freier Bürger, der mit dem Edelsten gleiche Rechte hat, und *nicht einmal um des Ganzen willen* darf *gezwungen* werden, sondern zu allem schlechterdings *konsentieren* muß.«[18] Die ästhetische Welt vertritt, was

14 Hocke, a.a.O., S. 133.
15 Dockhorn, a.a.O., S. 68.
16 Dockhorn, a.a.O., S. 68.
17 Dockhorn, a.a.O., S. 66.
18 Schiller, a.a.O., Bd. 5, S. 421.

in der gesellschaftlichen Wirklichkeit keinen Raum hat; ihre Realitätsferne, Ausdruck bürgerlichen Eskapismus und zugleich gegen das Bestehende gerichteter kritisch-utopischer Wunschvorstellungen, birgt für das Schöne die Gefahr, zum völlig beliebigen Mittel der *Verschönerung* verkehrt zu werden. Manifestierte sich für die klassische Rhetorik das Schöne im Ethos als Darstellung des menschlichen Charakters in der Weise, daß die einwandfreie Charakterbildung des Redners in Erscheinung treten sollte, damit in der Realität selber sich seine menschliche Vollkommenheit in Form politisch-gesellschaftlicher Aktivität zeige, so wird von den bürgerlichen Theoretikern des 18. Jahrhunderts das aktive Moment aus dem Schönen entfernt und ihm in der Darstellung nur imaginäre Existenz zugesprochen. Dieser Verzicht bedeutet Verlust der Nachprüfbarkeit: ob denn überhaupt die schöne Darstellung eines Menschen oder Gegenstandes seiner sozialen Funktion nach berechtigt sei oder nicht. Eine vitia-Doktrin für die mittlere, schöne und daher *delectatio* erregende Sprechweise würde damit letztlich wieder auf den Maßstab des äußeren *aptum* zurückführen, gerade die Unstimmigkeit zwischen ihr und den sozialen Umständen ist für die Erscheinung des Schönen konstitutiv, eine Unstimmigkeit, die daher auch nicht aktiv auf ihre eigene Aufhebung hin tendiert, sondern mit der Darstellung von Menschlichkeit als einer schönen diese selber schon erreicht glaubt.

Das Kitsch-Schöne ist nur ein besonders augenfälliger Teilbereich der allgemein ästhetischen Problematik, die mit dem Begriff des Schönen in der bürgerlichen Gesellschaft verbunden ist. Doch selbst im Kitsch-Schönen noch zeigt sich der Abglanz des Humanen – gerade darin, daß »hier das Nur-Schöne überwiegt. Ein Glück wird gleichsam ans andere gereiht, und der Erzähler unterschlägt, daß dazwischen wohl immer wieder Stunden oder Tage der Angst und der Ungeduld, des Schmerzes und der Hoffnungslosigkeit lagen.«[19] Walter Killys Resümee, daß man auch dem kitschigen Wunsch »einen reinen Beweggrund nicht wird absprechen können«,[20] gibt auch für das

19 Dorothee Bayer, *Falsche Innerlichkeit. Zum Familien- und Liebesroman*, in: *Trivialliteratur*, hrsg. v. G. Schmidt-Henkel, H. Enders, F. Knilli, W. Maier, Berlin 1964, S. 228.
20 Killy, a.a.O., S. 33.

»Nur-Schöne« eine angemessenere Beurteilung, als sie die immer leicht zur Verfügung stehende Realismusforderung bedeutet. Das Unrealistische des Kitsches ist sein geringster Fehler, den er schließlich mit vielen Meisterwerken teilt. Es sind vielmehr Beliebigkeit und Austauschbarkeit, die das Kitsch-Schöne seit es dem Unterhaltungsbedürfnis breiter bürgerlicher Schichten folgend entstanden ist, zum korrumpierenden Gestaltungsmittel machen. Hatte die idealistische Ästhetik das Schöne in den gesellschaftstranzendenten Bereich des Ideals verlagert, so wird es vom Kitsch wieder in die Gesellschaft zurückgeholt – nicht um ästhetische Erkenntnis in gesellschaftliche Praxis umzusetzen (was einem Auf-die-Füße-Stellen der Ästhetik entspräche), sondern um die gesellschaftlichen Konflikte und Widersprüche im schönen, zur Harmonie umgebrochenen Schein ihrer selber verschwinden zu lassen. Alles hat nur Wert, sofern es zur Verschönerung tauglich ist – und damit ist alles gleich wertvoll. Es gibt wohl kaum einen Bereich menschlichen und gesellschaftlichen Lebens, der nicht zur Verwandlung im Kitsch-Schönen tauglich wäre. Geburt und Tod, Krieg und Revolution, Krankheit und Verbrechen, von ihrem Stoffbereich her nicht gerade Motive des Schönen, können ebenso schön vorgestellt werden wie die gewiß für den Kitsch bedeutenderen Sujets Liebe, Heirat, Freundschaft und harmonisches Familienglück. Im Kitsch-Schönen realisiert sich ästhetisch das Prinzip der Warengesellschaft. Obwohl der Kitsch bemüht ist, die Gegenstände und Verhältnisse ihres Warencharakters zu entkleiden, indem er sie verschönert und so von Zweck, Nutzen und Gebrauch entfernt, bleibt er an ihren reinen Tauschwert gefesselt: dessen Apotheose eröffnet den Raum, in dem der Privatmensch sich zerstreuen kann.

Schöner leben

Der Wunsch, den Lebensraum zu verschönern, dessen Gestaltung in den eigenen Händen liegt, wächst um so mehr, je weniger die gesellschaftliche Wirklichkeit den individuellen Formungstendenzen zugänglich ist. Die Parole ›Schöner leben‹ verdrängt gegen Ende des 18. Jahrhunderts in Deutschland die politische Forderung, besser, gerechter, demokratischer zu leben und an der Macht beteiligt zu werden. Das deutsche Bürgertum richtet sich unter Verhältnissen, die es ablehnt, aber dennoch nicht durchbrechen kann, so wohnlich wie möglich ein. In seinen Erinnerungen *Aus der Knabenzeit* schildert Karl Gutzkow sehr plastisch das bürgerliche Wohnideal gegen Ende des 18. Jahrhunderts: »Welch ein Reiz liegt in der traulichen Geselligkeit eines gebildeten Hauses! Kein Patschuli oder Moschus und doch ein eigener Duft, keine strahlenden Lüsters und doch ein heller Glanz! Die Ordnung und die Pflege verbreiten überall eine Wärme und Behaglichkeit, die neben den äußeren Sinnen auch das Gemüt ergreift. Die kleinen Arbeitstische der Frauen am Fenster, die Nähkörbchen mit den kleinen Zwirn-rollen, mit den englischen Nadelpapieren, den buntlackierten Sternchen zum Aufwickeln der Seide, die Fingerhüte, die Sche-ren, das aufgeschlagene Nähkissen des Tischchens, nebenan das Piano mit den Noten, Hyazinthen in Treibgläsern am Fenster, ein Vogel in schönem Messingbauer, ein Teppich im Zimmer, der jedes Auftreten abmildert, an den Wänden Kupferstiche, die Beseitigung alles nur vorübergehend Notwendigen auf ent-fernte Räume, die Begegnungen der Familie unter sich voll Maß und Ehrerbietung, kein Schreien, kein Rennen und Lau-fen, die Besuche mit Sammlung empfangen, abends der runde, von der Lampe erhellte Tisch, das siedende Teewasser, die Ordnung des Gebens und Nehmens, das Bedürfnis der geisti-gen Mitteilung [...], im Zusammenklang aller dieser Akkorde liegt eine Harmonie, ein sittliches Etwas, das jeden Menschen ergreift, bildet und veredelt.«[21] Dieses Wohnideal behielt das ganze 19. Jahrhundert über Geltung, propagiert, verbreitet und damit auch tradiert wird es in der Literatur der Zeit, und zwar quer durch alle Qualitätsstufen hindurch. Die massenhaft produzierenden Autoren und Autorinnen, die sogenannten Un-terhaltungsschriftsteller, nehmen sich der bürgerlichen Wohn-kultur mit besonderem Eifer an. Elise Polkos »Pilgerfahrt« ist ja eine durch die Wohnung, nicht durch die Welt hin an einen fernen Ort: »Unsere *eigentliche* Welt ist und bleibt die Kin-derstube wenigstens ganz gewiß. Wir Frauen wechseln im Grunde ja nur den Raum – ziehen langsam aus einem Zimmer ins andere, um uns im glücklichsten Falle doch immer nur – in

21 Zit. nach: Hermann Mitgau, *Gemeinsames Leben. 1770 bis 1870 in Braunschweigischen Familienpapieren*, Hannover 1948, S. 289 f.

einer Kinderstube wiederzufinden als: gesegnete Mütter.«²²
Das Zimmer der Elise Polko und jenes, das Gutzkow als das
seiner Eltern schildert, ähneln einander zum Verwechseln.
»Nach dem Abendessen zieht man sich in sein Zimmer zurück,
allwo schon ein kleiner, niedlicher Tisch aufgestellt wurde, mit
einem großen Korb voll Wollknäueln und einem Arbeitskäst-
chen [...] Wie selig ist nun das ungestörte Beieinanderbleiben,
– wie reizend das halbblaue Geplauder [...]«²³ Mache deinem
Mann, empfiehlt die um das Ehewohl ihrer Leserinnen höchst
besorgte Schriftstellerin, »sein kleines Haus zum geschmückten
Tempel der Behaglichkeit.«²⁴
Die Verschönerung der Welt geht in der bürgerlichen Kultur
des 18. und 19. Jahrhunderts vom eigenen ›kleinen‹ Haus aus
und erfaßt zunächst die ja noch den eigenen Formungsmöglich-
keiten offenstehende Umgebung des Hauses, den Garten. »Um
endlich der kümmerlichen Natur, wenigstens in nächster Nähe,
mehr Reize abzunötigen, hatte der Hausherr sein einsames Ge-
höft mit einem weiten Park umschlossen [...] Dort hatte er –
meine Mutter zu überraschen – auf künstlichem Hügel eine
steinerne Urne errichtet, mit der Inschrift ›Maria‹. Junge Tan-
nen standen darum herum. Da saß die Mutter oft mit mir in
schöner Jahreszeit, sich der Aussicht auf weite Wiesen und fernen Wald erfreuend.«²⁵ Die Flucht des deutschen Bürgertums
in die Natur und die damit verbundene Einsamkeitsidolatrie
hat Lepenies in seinem Buch *Melancholie und Gesellschaft* ein-
gehend analysiert. Doch nicht in die wilde, unbeherrschte, die
dynamisch-erhabene Natur Kants zieht sich das bürgerliche Individuum zurück, sondern in einen domestizierten Natur-
raum, in eine Landschaft, die in die Sphäre häuslich-familiärer
Erfahrung übersetzt wurde. In seiner 1775 erschienenen Wer-
therparodie pointiert Friedrich Nicolai genau diese im Wertherkult gepflegte Naturerfahrung: »Er [Werther] kann wieder, im hohen Grase am fallenden Bache liegen, und näher an
der Erde, zwischen Halmen und tausend mannichfaltigen
Gräschen, die unzählichen, unergründlichen Gestalten, all der

22 Polko, a.a.O., S. 59.
23 Polko, a.a.O., S. 217.
24 Polko, a.a.O., S. 223.
25 Wilhelm von Kügelgen, *Jugenderinnerungen eines alten Mannes,* hrsg.
v. Adolf Stern, Leipzig o. J., S. 4 f.

Würmchen, der Mückchen, näher an seinem Herzen fühlen [...]«[26] Übereinstimmung mit der Natur bedeutet Verlängerung der häuslichen Behaglichkeit über die Grenzen des Hauses, ja selbst des Landes hinweg. »Ich bog dann sogleich ab, und dies geschah so häufig und in so verschiedenen Richtungen, daß ich am Ende [...] durchaus nicht mehr wußte, nach welcher Gegend ich mich auf den Abend zu wenden haben würde [...] und nach zwanzig bald getroffenen, bald wieder verworfenen Wahlen eines Schlupfwinkels ersah ich mir endlich ein dichtes sehr dunkles Tannengebüsch, in welchem zwei Birken standen, die aus einem Stamme herausgewachsen und ineinander verschlungen waren. Diese Birken gaben mir die erste sanfte Empfindung wieder. Ich dachte an meine gute Frau; ich meinte, unter diesen Birken könne mir kein Leid widerfahren, und wählte sie wohlgemut zu meiner Wohnung für heute.«[27] Trotz der vergleichsweise nüchternen Erzählweise der biographischen Aufzeichnungen Kotzebues, erstmals 1801 in Berlin erschienen, vergißt der Leser beinahe, wie Wolfgang Promies kommentiert, »über der innigen Ausmalung der diversen Kalamitäten«, daß sich Kotzebue im sibirischen Exil befindet.[28] Die Natur erscheint im Sonntagsstaat, und zwar um so lieblicher herausgeputzt, je näher man dem Zentrum häuslicher Naturschilderung kommt: dem Familien- und Heimatroman.

Der Verschönerungszwang, der vom Hause ausgeht, um wieder zu ihm hinzuführen, ergreift sämtliche Bereiche menschlichen und ›natürlichen‹ Lebens, Geschichte wie Gegenwart unterschiedslos. Die ganze Welt wird in häusliches Leben verwandelt und so zum Anlaß einer erfreuenden, ergötzenden, gelassen-sanften Gemütsemotion, deren Charakter Friedrich Schiller in seiner Besprechung des Gartenkalenders auf das Jahr 1795 eindringlich affirmativ schildert: »Ländliche Simplizität und versunkene städtische Herrlichkeit, die zwei äußersten Zustände der Gesellschaft, grenzen auf eine rührende Art aneinander, und das ernste Gefühl der Vergänglichkeit verliert sich wunderbar schön in dem Gefühl des siegenden Le-

26 Friedrich Nicolai, *Freuden des jungen Werthers. Leiden und Freuden Werthers des Mannes,* Berlin 1775, S. 58.
27 August von Kotzebue, *Das merkwürdigste Jahr meines Lebens,* hrsg. v. W. Promies, München 1965, S. 68.
28 Wolfgang Promies, *Nachwort* zu Kotzebue, a.a.O., S. 296.

bens. Diese glückliche Mischung gießt durch die ganze Landschaft einen tiefen elegischen Ton aus, der den empfindenden Betrachter zwischen Ruhe und Bewegung, Nachdenken und Genuß schwankend erhält und noch lange nachhallet, wenn schon alles verschwunden ist.«[29] Der Wunsch, verschönern zu wollen, was einen umgibt, ist ja nicht als solcher bereits verwerflich.[30] Er drückt das legitime Interesse nach einer dem Menschen würdigen Umwelt aus, in der die Fülle seiner Anlagen nicht verkümmert, sondern verwirklicht werden kann. Dies humanistische Interesse, wie es aus Schillers *Ästhetischen Schriften* spricht, liegt auch noch dem kitschigen Verschönerungswillen der massenhaft verbreiteten Literatur zugrunde. Der Vorwurf, Kitsch modele die Welt lügnerisch und gleißnerisch nach seinem – falschen – Bild, mißachtet jenes legitime Bedürfnis nach einer Realität nicht wie sie ist, sondern wie sie sein sollte, und die der Kitsch aus alten Versatzstücken und überlieferten Requisiten zusammensetzt. Nicht Schlechtigkeit spricht ja aus der kitschigen Verschönerung, sondern das Unvermögen, aus der Realität selber Schönheit zu begründen, Realität also nicht als fixe geronnene Gewordenheit zu begreifen, der man allenfalls einen schönen Umhang überwerfen kann, damit das Leben erträglicher werde, sondern als veränderbare Totalität im Prozeß, aus dem Schönheit sich noch nicht herausgewickelt hat, sich aber herauswickeln könnte. Das Verfahren des Kitsches, eine schöne Welt sozusagen synthetisch zu gewinnen, aus vorfabrizierten Teilen zusammenzusetzen und deren Risse und Brüche mit dem Mantel der Gefühle zu überdecken, überfliegt gerade die in der Wirklichkeit selber liegenden Möglichkeiten oder schlägt sie differenzlos dem Falschen zu. Dies Überfliegen ist jedoch nicht identisch mit jenem, welches Ernst Bloch einem Teil der Kunst bescheinigt, und das »mit der wirklichen Bewegung nicht grundsätzlich unvermittelbar bleiben muß. In der Gestaltung hat das Überfliegen die Kunst für sich, wenn auch mit viel Schein, viel bedenklicher Flucht nach einem geradezu absichtlich unwahren Traum-Schein.«[31] Vielmehr errichtet der Kitsch *vor* dem »Wegege-

---

29 Schiller, a.a.O., Bd. 5, S. 889.
30 »Sobald sich die Liebe zum Putz in dem Wilden äußert, so fängt auch schon seine Kultur an.« – Schiller, a.a.O., Bd. 5, S. 1022.
31 Bloch, *Prinzip Hoffnung*, a.a.O., S. 256.

flecht von dialektischen Prozessen«[32], welche Wirklichkeit erst konstituieren, eine in sich geschlossene Fassade, hinter der – angeblich – nichts mehr steht. Er reproduziert damit den Schein, nach dem Wirklichkeit immer ein Ensemble geronnener Fakten ist, nicht zum schönen Leben hin veränderbar, sondern nur zur Verschönerung tauglich.

Kitsch und Kolportage

Es gibt keinen Generalnenner für sämtliche kitschigen Erscheinungsweisen in der Literatur, die sich ja nicht einmal, wie manche Literaturkritiker glauben, auf einen, den ›niedrigsten‹ Bereich künstlerischer Produktivität beschränken lassen. Der Kitsch läßt sich als Knotenpunkt der Haupttendenzen bürgerlicher Kultur beschreiben: gewaltsam werden deren widerstreitende Kräfte zu einer möglichst totalen schönen Bildwirkung zusammengebunden. Die notwendige Allgemeinheit des Resümees darf aber nicht die spezifischen Unterschiede unkenntlich machen, die den Kitsch aus dem Gesamtbereich der von den historischen Wissenschaften traditionell als trivial, banal oder niedrig eingestuften Kultur herausheben, und die im Laufe dieser Arbeit immer stärker hervorgetreten sind. Nochmals soll daher betont werden: Was die Forschung mit Trivial- und Unterhaltungsliteratur oder Kolportage bezeichnet, ist mit Kitsch nicht identisch. Erstmals hat Ernst Bloch schon zu Beginn dieses Jahrhunderts auf diesen Unterschied innerhalb der mißachteten Literatur selber aufmerksam gemacht und als einen Unterschied zwischen Kitsch und Kolportage systematisiert. In der Vor-Schein-Ästhetik Blochs[33] gewinnt damit der aus der Distributionssphäre des Literaturmarktes genommene Begriff Kolportage eine neue Bedeutung: » Jahrmarkt wie Kolportage bewahren derart entscheidende Kategorien verzerrt, die das bürgerlich gebildete Wesen längst verloren hat; sie bewahren vor allem Seinwollen wie das fehlende Leben, wie buntes Glück. Selten ist ›Barbarei‹ dem Juste milieu [...] so wenig günstig. *Kolportage* aber, zu der jede Jahrmarktsstraße zurückkehrt, ist als Lektüre, was der Marktzauber zum Teil op-

32 Bloch, a.a.O., S. 256.
33 Vgl. dazu meinen Aufsatz: *Schein und Vor-Schein in der Kunst – Zur Ästhetik Ernst Blochs,* in: *Neue Deutsche Hefte,* Nr. 121, Heft 1, 1969.

tisch war. Sie ist, in ihren Spannungen und Lösungen, orientalischer Irrgarten, entflohene indische Haremsprinzessin zugleich.«[34] »Und die Gegend, worin Kolportage ihre eigentlich literarischen Enklaven hat, ist nicht die kleinbürgerliche Wachliteratur [...], sondern durchaus die Gegend Poe (nach Seite ihres Choks), die Gegend Sealsfield, Conrad, Stevenson (nach Seite ihrer Ausfahrt und Abenteuer). Wobei sogar diesen Großmeistern fehlt, was lediglich die Literatur der Enterbten (auf dem Marsch)haben kann: nämlich Rettungsstil, ja, um das größte Beispiel Kolportage zu erinnern: Fidelio-Stil. Träumt also Kolportage immer, so träumt sie doch letzthin Revolution, Glanz dahinter [...]«[35] Die Kolportage im Sinne Blochs ist also nicht mit der Ware jener 43 000 Kolporteure identisch, die vor dem Ersten Weltkrieg jährlich etwa 20 Millionen Leser in Deutschland bedienten.[36] Nur ein vergleichsweise kleiner Teil der Romane von Liebe, Mord und Abenteuer gehört hierher – zu seinen Grundbüchern zählen noch heute, allen anderen voran, die »reißenden Märchen« (Bloch) Karl Mays.

34 Bloch, *Erbschaft dieser Zeit*, a.a.O., S. 177.
35 Bloch, a.a.O., S. 181.
36 Vgl. Karl Markus Michel, *Zur Naturgeschichte der Bildung*, in: *Trivialliteratur*, a.a.O., S. 15.

II. Im Irrgarten der Kolportage

> ... es wird im Abenteuer-Wald
> gar köstlich werden diese Jagd
> *Chrétien de Troyes*

1. Rekonstruktion des Abenteuers

Der heroische Kampf um die Ehre

Überblickt man die lange Tradition der Abenteuererzählung, die vom Heldenepos bis zum höfischen Roman reicht und dann in der bürgerlichen Literatur fortgesetzt wird, so fallen bei näherem Zusehen bisher viel zuwenig beachtete oder gar übersehene Unterschiede in der Abenteuerauffassung der feudalen und der bürgerlichen Gesellschaft auf. Volker Klotz z. B. sieht zwischen antiken, mittelalterlichen und bürgerlichen Abenteuerromanen keine Unterschiede – wie die Helden auch immer heißen mögen, sie »machen sich auf den Weg, um Abenteuer zu bestehen.«[1] In der Allgemeinheit dieser Aussage verschwinden die Momente, die Sinn und Bedeutung des Abenteuers in der jeweiligen Gesellschaftsordnung und ihrer Literatur auf unterschiedliche Weise definieren. »Wenn Heldendichtung ein zentrales Prinzip hat, so ist es dies, daß der große Mensch eine harte Prüfung zu bestehen hat, um seinen Wert zu beweisen. Und diese Prüfung ist fast notwendigerweise eine Gewalttat in irgendeiner Form, die nicht nur Mut, Ausdauer und Unternehmungsgeist erfordert, sondern den Helden auch, weil er sein Leben dabei aufs Spiel setzen muß, zu zeigen zwingt, wie weit er in seinem Streben nach Ehre zu gehen bereit ist.«[2] Bevor Odysseus sich den Freiern entdeckt, formuliert er deutlich den Sinn des nun folgenden Kampfes: »Jetzo wähl ich ein Ziel, das noch kein Schütze getroffen, / Ob ich's treffen kann und Apollon mir Ehre verleihet.«[3] Die ideologische Begründung des Abenteuers liefert der Ehrenkult des Hel-

---

[1] Volker Klotz, *Durch die Wüste und so weiter*, in: *Trivialliteratur*, a.a.O., S. 33.
[2] C. M. Bowra, *Heldendichtung. Eine vergleichende Phänomenologie der heroischen Poesie aller Völker und Zeiten*, Stuttgart 1964, S. 51.
[3] Homer, *Odyssee* XXII, 6 f.

den; Ehre einzulegen, Ehren zu erlangen oder eine verlorene Ehre wiederherzustellen, reitet er aus, kämpft er mit Menschen und Tieren. »Ehre ist der Mittelpunkt des heldischen Seins«,[4] nicht aber im Sinne der abstrakten Bestimmung seines Wesens, sondern als Ausweis der Zugehörigkeit zur Herrenklasse.[5] Die Ehre nimmt daher in der feudalen Wertehierarchie einen bevorzugten Rang ein; sie zu verlieren, bedeutete den Ausschluß aus der herrschenden Klasse. Bis zur Entstehung der berufsbürgerlichen Gesellschaft, die den Begriff der Ehre ihren »Bedingungen entsprechend transformiert und mit neuen Gehalten gefüllt« hat[6], bleiben gesellschaftliche Bedeutung und Gehalt des feudalen Ehrenkultus im wesentlichen identisch. »Die heroischen Tugenden, namentlich die Verachtung der Gefahr, des Leides und des Todes, die unbedingte Wahrung der Treue, die Sucht nach Ruhm und Ehre, wurden schon in der frühen feudalen Zeit hochgeschätzt; die ritterliche Sittenlehre hat das Heldenideal dieser Epoche nur gemildert und mit neuen emotionalen Zügen ausgestattet, dem Prinzip nach aber beibehalten.«[7] Das Abenteuer als Bewährungsprobe – dies Motiv kennzeichnet auch später den bürgerlichen Abenteuerroman; im Heldenepos wie im höfischen Ritterroman steht es aber nicht für eine allgemein-menschliche Ertüchtigung, sondern dient der Bestätigung der gesellschaftlichen Rangfolge: »Merken wir uns, daß *Erec* selbst in diese Gemeinschaft [der Tafelrunde König Artus'] zurückgekehrt ist, dort jedoch infolge seiner Tat nunmehr nach *Gauvain,* dem vollkommenen Ritter, den ersten Platz einnimmt.«[8] Schon in den Heldenepen und Ritterromanen allerdings verselbständigen sich Momente der abenteuerlichen Erzählung, die nicht unmittelbar der gesellschaftlichen Ordnung kommensurabel sind, zu deren Bestätigung sie beitragen sollen. Die breit ausgemalten Schlachtenschilderungen, die märchenhaften Szenerien des Abenteuers, die mannigfaltig variierten Wagnisse und Gefahrensituationen, die Amplifika-

4 Bowra, a.a.O., S. 66.
5 »Die Preis- und Heldenlieder, auf die das Epos zurückgeht, waren die reinste Standesdichtung, die eine Herrenklasse je hervorgebracht hat.« Hauser, a.a.O., S. 164 f.
6 Elias, *Höfische Gesellschaft,* a.a.O., S. 145.
7 Hauser, a.a.O., S. 216.
8 Reto Bezzola, *Liebe und Abenteuer im höfischen Roman,* Hamburg 1961, S. 130.

tion der Ereignisse und Taten lassen zwar die Verdienste des Helden in einem um so strahlenderen Licht erscheinen, erlangen aber oft einen Selbstwert, dem der gesellschaftliche Zweck äußerlich scheint. Die Dichter »lieben die Sensationen der Schlacht und wissen, daß auch ihr Publikum sie lieben und seinen Spaß an den technischen Details haben wird.«[9] Diese *ästhetische Wirkungsintention* teilt der Sänger des Heldenepos mit dem bürgerlichen Autor von Abenteuerromanen, sie ist auch Hauptursache der phänomenologischen Ähnlicket der Schilderungen und damit des Mißverständnisses der Interpreten, die von formaler Gleichartigkeit auf inhaltliche Identität schließen.

Der Bürger als Abenteurer

Robinson, der dritte Sohn der Familie Crusoe, ist aus der Art geschlagen. Sein brennender Wunsch, zur See zu gehen, stößt auf den hartnäckigen Widerstand des seßhaft-ehrbaren Vaters, eines vermögenden Kaufmannes. »Er fragte mich, was anders als bloße Abenteuerlust mich denn bewege, Vaterhaus und Heimat zu verlassen, wo ich doch ein gutes Fortkommen haben und mir durch Fleiß und Ausdauer ein hübsches Vermögen und ein ruhiges behagliches Leben schaffen könnte. Er sagte, es sei nur etwas für glücklose Gesellen oder für ehrgeizige und vornehme Glücksritter, auf Abenteuer auszuziehen, um durch Wagnis aufzusteigen oder durch Unternehmungen ungewöhnlicher Art berühmt zu werden; dergleichen aber übersteige mich oder sei unter meiner Würde; ich gehöre in den Mittelstand [...] und das, so wisse er aus langer Erfahrung, sei der beste Stand auf Erden, die beste Grundlage für menschliches Glück [...]«[10] Für die Eltern Crusoe bedeutet die Suche nach Abenteuern ein durchaus unbürgerliches Verhalten, das sie mit der *aventiure*-Ideologie der fahrenden Ritterschaft identifizieren und nicht mehr als gültiges Richtmaß für ihr eigenes Handeln und Leben anerkennen. »Der Junge könnte so glücklich werden, wenn er daheim bliebe; wenn er aber in die Fremde geht, wird er der unglücklichste Mensch auf Erden.«[11] Die

9 Bowra, a.a.O., S. 51.
10 Daniel Defoe, *Robinson Crusoe*, übers. v. B. Cramer-Nauhaus u. mit einem Nachwort von Robert Weimann, Leipzig 1969, S. 8.
11 Defoe, a.a.O., S. 12.

Argumentation der Eltern entspricht der bereits saturierten Lebensweise des mittelständischen Bürgers im nachrevolutionären England, »das die große bürgerliche Umwälzung des 17. Jahrhunderts vollendet hat und voll Fleiß seinem blühenden Handel und Wandel nachgeht.«[12] »England war schließlich das ›Krämerland‹ und der Kaufmann viel eher als der Industrielle sein typischer Bürger.«[13] Die ökonomische Vormachtstellung des Handelskapitals in England bestimmte die gesellschaftliche Ordnung auch insofern, als damit der Antagonismus zwischen der bürgerlich-beschaulichen Lebensweise des Handwerkers, Bauern und Manufakturarbeiters und ›Krämers‹ und der freibeuterisch gefahrvollen Lebensweise des selber reisenden Handelsmannes, gar Seemannes verschärft wurde. »Im Jahr 1700 ging rund ein Zehntel aller festen Kapitalinvestitionen (den Besitz an Grund und Boden nicht gerechnet) in den Schiffbau und in die Schiffahrt; die 100 000 Seeleute stellten fast die größte Gruppe der außerhalb der Landwirtschaft beschäftigten Arbeiter.«[14] Robinson Crusoe nun ist nicht der Vertreter des seßhaften Bürgertums, wenn er auch die Episode als Plantagenbesitzer durchaus erfolgreich übersteht, sondern der Prototyp des Kolonisators und Endeckers zum Zwecke der Weiterentwicklung des Handelskapitalismus, er setzt »seine gesellschaftliche Bestimmung auch trotz aller widerlichen Bedingungen« durch.[15] So zwecklos und irrational seine Reiselust zu Anfang des Romans auch scheint, als so nützlich erweist sie sich für seine Bildung zum tatkräftigen Bürger und kolonisierenden Entdecker: die Vernunft des ökonomischen Systems, des Handelskapitalismus, so ließe sich überspitzt sagen, bedient sich seiner Abenteuerlust zu ihrem Zwecke. Gewiß ist es aber nicht allein dieser instrumentelle Charakter des Abenteuers in der Erzählung Robinson Crusoes, der ihre Wirkung bis heute garantiert. Das Abenteuer enthält einen Überschuß über die Rationalität der Zwecke, denen es vordergründig allein dienstbar scheint, und die mahnenden Worte von Robinsons Eltern, ihre Angst, der Sohn könne unglücklich werden, wenn er sich von

12 Weimann, *Nachwort* zu Defoe, a.a.O., S. 390.
13 Eric J. Hobsbawm, *Industrie und Empire. Britische Wirtschaftsgeschichte seit 1750*, 2 Bde., Frankfurt/M. 1970, Bd. 1, S. 24.
14 Hobsbawm, a.a.O., S. 23.
15 Weimann, a.a.O., S. 394.

seiner törichten Leidenschaft, in die Ferne zu schweifen, hinreißen läßt, sind Ausdruck eines Mißtrauens gegenüber dem abenteuerlichen Dasein überhaupt. Nach ihrer Auffassung bestätigt das Abenteuer nicht mehr als Bewährungsprobe die gesellschaftliche Würde einer Person, sondern macht sie gerade fragwürdig. Auf dieser Einschätzung beruht die ambivalente Beurteilung des Abenteuers und seiner Literatur, wie sie sich von der Kritik an den Ritterromanen bis zu der großen Auseinandersetzung um Karl May immer wieder finden läßt. So schreibt der Herausgeber der ab 1810 erschienenen *Bibliothek der Abentheurer*, J. C. L. Haken, in der Vorrede zum ersten Band (*Der Abenteuerliche Simplicissimus* enthaltend): »Bloße Seltsamkeit und Abentheuerlichkeit der Begebenheiten kann und wird jedoch der Maaßstab nicht seyn, wornach der Ehrenplatz oder das Armsünderstühlchen sich bestimmt, welche allen diesen Abentheurern hier angewiesen werden sollen [...] Ganz besonders [...] wird der Herausgeber es darauf anlegen, diese Auszüge einen treuen Spiegel der Meinungen, Vorurtheile, Sitten, Gewohnheiten und gesellschaftlichen Verhältnisse desjenigen Zeitalters seyn zu lassen, aus welchem er seine Geschichtshelden an das heutige Tageslicht hervorzieht. Leicht möglich dann auch, [...] daß der Leser, welcher hier bloße Unterhaltung gesucht, das Buch zugleich um Einiges belehrter aus der Hand legte.«[16] Der aufklärerischen Doktrin folgend entschuldigt der Feund Schleiermachers das *delectare* mit dem *prodesse*, die »Saltomortale's der Phantasie« mit dem Fortschritt der »Menschenkenntniß im Allgemeinen.«[17]

Derartige Entschuldigungen nehmen schon den entscheidenden Einwand vorweg, den später Hegel gegen die »romantische« Abenteuerlichkeit vorbringen sollte. »Es ist [...] eine Grundbestimmung der romantischen Kunst, daß die Geistigkeit, das Gemüt als in sich reflektiert ein Ganzes ausmacht und sich deshalb auf das Äußere nicht als auf seine von ihm durchdrungene Realität, sondern als auf ein von ihm abgetrenntes bloß Äußerliches bezieht, das sich geistentlassen für sich forttreibt, verwickelt und als eine endlos fortfließende, sich ändernde, verwirrende Zufälligkeit herumwirft. Dem in sich fest geschlos-

16 Johann C. L. Haken, *Vorrede* zu: *Bibliothek der Abentheurer*, Band 1, Magdeburg 1810, S. IV ff.
17 Haken, a.a.O., S. VI.

senen Gemüt nun ist es ebenso gleichgültig, an welche Umstände es sich wende, als es zufällig ist, welche sich ihm darbieten. Denn bei seinem Handeln kommt es ihm weniger darauf an, ein in sich selbst begründetes und durch sich selbst fort bestehendes Werk zu vollbringen, als vielmehr nur überhaupt sich geltend zu machen und Taten zu tun.«[18] Zufälligkeit ist der Charakter des Abenteuers. Robinson rechtfertigt sein Verlassen der blühenden Pflanzung mit seiner »törichten Abenteuerlust«[19], und was ihm nun widerfährt, Sturm, Schiffbruch und Rettung auf der Insel, schließlich die Ereignisse auf der Insel selber, ist nicht Folge einer notwendigen Verknüpfung, einer gesetzmäßigen Ordnung der Dinge, sondern widerspricht gerade »jener Lebensform, die mir die Natur im Verein mit der göttlichen Vorsehung beschieden und zur Pflicht gemacht hatte.«[20] Gewiß rechtfertigt Robinson aus wiedergewonnener pietistischer Frömmigkeit heraus später sein Unglück, und was ihm zunächst als Kette widerwärtiger Zufälle erschien, wird dann im Lichte der gleichen göttlichen Vorsehung zur ihm bestimmten Prüfung umgedeutet. Doch der Plan Gottes ist auch für ihn nur schwer einsehbar, bei der Erscheinung und Bestimmung des einzelnen Abenteuers aber nur noch sehr vermittelt wirksam. »Es ist hiermit das vorhanden, was in anderer Beziehung kann die Entgötterung der Natur genannt werden [...] dieselbe Entgötterung [trifft] auch den handelnden Charakter, der deshalb mit seinen selber zufälligen Zwecken in eine zufällige Welt hinaustritt, mit welcher er sich nicht zu einem in sich kongruenten Ganzen in eins setzt.«[21] Gott und göttliche Vorsehung spielen im Abenteuerroman die Rolle des Deus ex machina, der immer dann zitiert wird, wenn es gilt, die Zufälligkeit der Kollisionen und Ereignisse durch eine höhere Notwendigkeit zu begründen – im Verhältnis zum Abenteuer selber stellen sie nur äußeren Zierat, nachträgliche Retusche dar.

So ist die Inkongruenz von Handelnden und Umwelt Bedingung des Abenteuers. Wird alles, was einem widerfährt, als

18 G. W. F. Hegel, *Ästhetik*, hrsg. v. F. Bassenge, 2 Bde., Frankfurt/M. o. J., Bd. 1, S. 561.
19 Defoe, a.a.O., S. 49.
20 Defoe, a.a.O., S. 49.
21 Hegel, a.a.O., S. 562 f.

letztlich das Eigene erfahren, so muß das Erlebnis des Abenteuers ausbleiben. Die Jagd, vielgebrauchtes abenteuerliches Motiv, kann sich daher für den Primitiven nicht zum Abenteuer entwickeln. In seinen Tänzen und rituellen Spielen kultiviert er die Identifikation von Jäger und Tier. »Das Verhalten des Jägers wird nicht nur abgestimmt auf das Verhalten des Gegenspielers Tier. Der Jäger ›verwandelt‹ sich vielmehr in das Tier, um die tierische Bewegungslogik an sich selber zu erfahren [...]«²² Für Abenteuer ist innerhalb dieser Verwandlung wie in deren Ernstfall, dem Kampf zwischen Mensch und Tier, kein Raum – die Jagd des Löwen auf die Antilope wird erst demjenigen.zum Abenteuer, der sie als fremdes Geschehen von außen beobachtet.

Hegel sieht die Abenteuerlichkeit der romantischen Kunst als Zeichen für den Zerfallsprozeß der künstlerischen Form an. Dieser kritische Blick erweist sich geradezu als die Bedingung seiner scharfsinnigen Analyse aller Momente, die das Abenteuer in der bürgerlichen Gesellschaft konstituieren. In einer selber ungesicherten Welt mit ungeordneten gesellschaftlichen Verhältnissen war das Abenteuer Bestandteil der »Zufälligkeit des äußerlichen Daseins«, dem der fahrende Ritter seine »chimärischen Zwecke« entgegensetzte. An die Stelle der Zufälligkeit trat die »sichere Ordnung der bürgerlichen Gesellschaft und des Staats«, und die Helden des modernen Abenteuers »stehen als Individuen mit ihren subjektiven Zwecken der Liebe, Ehre, Ehrsucht oder mit ihren Idealen der Weltverbesserung dieser bestehenden Ordnung und Prosa der Wirklichkeit gegenüber, die ihnen von allen Seiten Schwierigkeiten in den Weg legt.«²³ Die Zufälligkeit des Abenteuers steht im Widerspruch zur zweckhaften Ordnung der bürgerlichen Gesellschaft. Deren Schranken erkennt der Abenteurer nicht an, vielmehr bedeuten sie ihm nur die Aufforderung, sie zu überschreiten und seine »subjektiven Wünsche und Forderungen« im Kampf mit der »für ihn ganz ungehörigen Welt«²⁴ zu realisieren. Für Hegel ist der Abenteurer eine Art Don Quichote,

22 Günther K. Lehmann, *Phantasie und künstlerische Arbeit*, Berlin u. Weimar 1966, S. 26 f.
23 Hegel, a.a.O., S. 567.
24 Hegel, a.a.O., S. 567.

der »ein Loch in diese Ordnung der Dinge«[25] hineinzustoßen versucht, obwohl diese Ordnung ein objektiver Tatbestand ist, deren Druck sich das einzelne Subjekt nicht entziehen kann. »Diese Kämpfe nun aber sind in der modernen Welt nichts weiteres als die Lehrjahre, die Erziehung des Individuums an der vorhandenen Wirklichkeit, und erhalten dadurch ihren wahren Sinn. Denn das Ende solcher Lehrjahre besteht darin, daß sich das Subjekt die Hörner abläuft, mit seinem Wünschen und Meinen sich in die bestehenden Verhältnisse und die Vernünftigkeit derselben hineinbildet, in die Verkettung der Welt eintritt und in ihr sich einen angemessenen Standpunkt erwirbt.«[26] Nur scheinbar also widerspricht das Abenteuer der vernünftigen Ordnung der Dinge, in Wahrheit bereitet es das Individuum auf seine prosaischen Aufgaben und Verpflichtungen vor – am Ende steht der »Katzenjammer« aus Arbeit und Ehe. Die Rechtfertigung der vorhandenen Welt als der einzig vernünftigen läßt dem Abenteuer keinen anderen Raum als den der Schule fürs ordentliche bürgerliche Leben. Hegel hat damit eine wesentliche Funktion des Abenteuers – auch des schreibend oder lesend rekonstruierten Abenteuers – beschrieben, doch indem er den Widerspruch zwischen Abenteuer und bürgerlicher Ordnung in die Einheit der vernünftigen Wirklichkeit auflöste (nicht aber dialektisch aufhob, was den Stachel des Abenteuers festgehalten hätte), ließ er sämtliche über das Vorhandene hinausweisenden Impulse der Abenteuerlichkeit vor dem Kommandowort des Weltgeistes zuschanden werden.

So paßt denn auch Robinson Crusoe, der Prototyp des bürgerlichen Abenteurers, nicht in das Schema, das Hegel ihm konstruierte. Zwar betont Robinson in seinen Reflexionen immer wieder die Torheit seines »Lebens voller Zufälle und Abenteuer«[27] und zollt damit den bürgerlichen Realitätsprinzipien seinen Tribut; doch diese Erkenntnis hält ihn nicht davon ab, bürgerlichen Besitz und Wohlstand wieder in Frage zu stellen. »Man sollte meinen, daß ich nun, da endlich das Glück mir lächelte, weit entfernt gewesen sei, mich neuen Gefahren auszusetzen [...] doch ich war nun einmal so gewöhnt an ein

25 Hegel, a.a.O., S. 567.
26 Hegel, a.a.O., S. 567 f.
27 Defoe, a.a.O., S. 377.

Wanderleben [...] und ich verspürte große Lust, noch einmal auf Reisen zu gehen [...]«[28] Immer noch nicht hat sich das Subjekt die Hörner abgestoßen. Als Robinson 28 Jahre später nach England zurückkehrt, ist er »für alle Welt ein Fremder, geradeso, als hätte mich dort nie jemand gekannt.«[29] Das überstandene große Abenteuer seines Reise- und Inseldaseins hat ihn gerade nicht an die Vernünftigkeit der bestehenden Verhältnisse angepaßt, sondern ihn noch weiter davon entfernt: Denn, so überlegt er, »ich sah die Welt in ihrem Treiben, der eine Teil mühte sich um Brot, der andere war in Ausschweifungen und leeren Vergnügungen verschwenderisch; beide waren gleichermaßen elend, denn ihr Streben blieb immer wieder unerfüllt [...]«[30] Das Abenteuer hat seinen Helden für ein geordnetes Leben ›verdorben‹, er wurde nicht ›korrigiert‹. »Robinson ist keine biographische Schablone seines Autors, [...] sein Handeln wird gleichermaßen diktiert auch von Impulsen, die über das Kaufmännische hinausweisen.«[31]

Freiheit und Ordnung

Das Abenteuer ist keine Vorschule des Lebens, die auf die ernsthaften Kurse der Gesellschaft vorbereiten soll: die Grammatik des Gewohnten steht nicht auf seinem Lehrplan. Es schärft das Bewußtsein des Widerspruchs und nährt die Sehnsucht nach einer Freiheit, die aus den geordneten Verhältnissen des bürgerlichen Lebens ausgeklammert ist. Diese Ordnung ist mit den Bedingungen der bürgerlichen Gesellschaft schon gegeben, die »alle Verhältnisse unter das *eine* abstrakte Geld- und Schacherverhältnis praktisch subsumiert«,[32] so daß der bürgerliche Privatmensch »die anderen Menschen als Mittel betrachtet, sich selbst zum Mittel herabwürdigt und zum Spielball fremder Mächte wird«[33]; so daß die bürgerliche Ordnung durch einen gewissen Ausgleich einander widerstreitender

28 Defoe, a.a.O., S. 377.
29 Defoe, a.a.O., S. 344.
30 Defoe, a.a.O., S. 397.
31 Weimann, a.a.O., S. 396.
32 Karl Marx, Friedrich Engels, *Deutsche Ideologie*, a.a.O., S. 394.
33 Karl Marx: *Zur Judenfrage*, in: K. Marx, *Frühschriften*, Leipzig 1932, Bd. 1, S. 237.

Kräfte gekennzeichnet ist: die persönlichen Freiheiten finden ihre engen Schranken in den Gesetzen, die der »öffentlichen Sicherheit« dienen, wie schon Marx in seiner Kritik an der Konstitution feststellte: »in der allgemeinen Phrase die Freiheit, in der Randglosse die Aufhebung der Freiheit.«[34] Zwar betonte noch der liberalistische Kapitalismus im eigenen Konkurrenz- und Wettbewerbsinteresse das Prinzip der Freiheit und Ungebundenheit auch als gesellschaftliches, doch eben nur soweit diese Freiheit nicht die Entfaltung der neuen kapitalistischen Produktionsweise wieder behinderte. »Die in steigendem Maß vor sich gehende Entfesselung des freien Wettbewerbs bedurfte [. . .] auch nach seinen eigenen Vorkämpfern und Verteidigern gewisser Hemmungen. Privat- und Kriminalrecht stehen dafür ein, daß dieses Kräftespiel ein, freilich labiles, Gleichgewicht erlangt und ein relativ konstantes Funktionieren der Gesellschaft gewährleisten kann. Dazu kommen die Gewohnheiten und Sitten, die ebenfalls die Konkurrenz in bestimmten Formen halten und beschränken.«[35] Allerdings entspricht dieser Widerspruch nicht dem Antagonismus von Freiheit und Ordnung: auch die wirtschaftlichen Prozesse, die innerhalb des freien Wettbewerbs abrollen, gehorchen einer immanenten Rationalität, der sich der Kapitalist – bei Strafe des Konkurses – zu unterwerfen hat. »In der Konkurrenz sowohl der einzelnen Kapitalisten untereinander wie in der Konkurrenz auf dem Weltmarkt sind es die gegebenen und vorausgesetzten Größen von Arbeitslohn, Zins, Rente, die in die Rechnung als konstante und regulierende Größen eingehen [. . .]«[36] Sitzt man der Ideologie des freien Unternehmertums auf, so ließe sich der Abenteurer als sein Repräsentant interpretieren; dem widersprechen Erscheinung und Bedeutung des Abenteuers in der bürgerlichen Gesellschaft. Bürgerliche Ordnung und ökonomische Gesetzmäßigkeit bilden, trotz Ungleichzeitigkeit mancher Sitten und Gewohnheiten, eine organisierte Einheit, gegen die sich der Abenteurer wendet. Zwar spricht aus seinen Handlungen, seiner Ideologie, der Art und

34 Karl Marx, *Der achtzehnte Brumaire des Louis Bonaparte*, MEW Bd. 8, S. 127.
35 Max Horkheimer, *Egoismus und Freiheitsbewegung*, in: M. Horkheimer, *Kritische Theorie*, 2 Bde., Frankfurt/M. 1968, Bd. 2, S. 7 f.
36 Marx, *Das Kapital*, Bd. 3, a.a.O., S. 881.

Weise, *wie* er das Abenteuer besteht, deutlich die bürgerliche Herkunft,[37] seine Suche nach Abenteuern, die Ausfahrt, der weite Ritt sind Zeichen seines Austritts aus der bürgerlichen Gesellschaft. Gegen das Gewohnte und Organisierte setzt er das Fremde und Zufällige, die Gleichförmigkeit und Öde des bürgerlichen Daseins tauscht er gegen Spannungsreichtum und Abwechslung jenseits ihrer.

Geniereisen

Die Ausweitung der Märkte, die Entfaltung der Produktivkräfte und die damit zusammenhängenden größeren Anforderungen an die bisherigen Verkehrswege und -mittel führen im Laufe des 18. Jahrhunderts zur Vervollkommnung der traditionellen Reisemöglichkeiten und zur Verbesserung des Verkehrsnetzes. Die in ganz Europa seit Ende des 17. und Anfang des 18. Jahrhunderts zu beobachtende Reiselust einer wachsenden Zahl meist bürgerlicher Menschen ist Folge dieser ökonomisch notwendig gewordenen verbesserten Reisebedingungen und entspricht gleichzeitig den wirtschaftlichen Bedürfnissen nach einer systematischen wissenschaftlichen Erforschung der Natur. Entfaltung des modernen Kapitalismus, Aufschwung der Naturwissenschaften und Entdeckungs- wie Forschungsreisen bilden einen engen Bedingungszusammenhang, der dem einzelnen Reisenden allerdings oftmals nicht deutlich war. Schon der frühe Handelskapitalismus hatte das Reisen als ökonomische Notwendigkeit geboren, doch die Entdeckung neuer Handelsmärkte bedeutete wegen fehlender ökonomischer Motivation nicht auch gleichzeitig Erforschung der Länder und ihrer Bodenschätze, wissenschaftliche Untersuchung der Flora und Fauna einer unbekannten Natur – im unrealistischen Charakter des Seefahrermärchens spiegelt sich diese dem reinen Zwischenhandel dienende Reiseform. Erst »wenn die Erde zur *Werkstatt* gewählt wird, die Erde, nicht bloß als eine Kugel

37 »Robinson ist, in einem Wort, der tatkräftige Bürger [...] er handelt auch entschlossen und gewinnreich. Er hat wenig Sinn für die Schönheit der tropischen Natur, wohl aber für ihre Produktivität [...] Er ist ein Muster an ökonomischer Tatkraft und Voraussicht [...] Seine Insel ist unbewohnt, aber Robinson begründet auf ihr das Privateigentum [...]« – Weimann, a.a.O., S. 395.

mit Bergen und Thälern, mit eisbedeckten Meeren und grünenden Inseln, sondern die Erde von Menschen bewohnt, deren vielgestaltige Naturbedingtheit nur der unbefangenste und dennoch aufmerksamste Sinn zu erfassen vermag, dann wirkt der Schauplatz jenes Schaffens anregend, lehrend, das Forschen befruchtend und lenkend, die Errungenschaft erwärmend und sittlich veredelnd nach auf die fernsten Geschlechter.«[38] Gegen diese naturwissenschaftliche Auffassung der Welt als Werkstatt und der Reise als einer zweckgerichteten, mit den ökonomischen Interessen der Bourgeoisie identischen Tätigkeit richtete sich das Programm der Geniereise. »Wenn einer zu Fuß, ohne recht zu wissen warum und wohin in die Welt lief, so hieß dies eine Geniereise, und wenn einer etwas Verkehrtes ohne Zweck und Nutzen unternahm, ein ›Geniestreich‹.«[39] Das derart prägnant formulierte Reiseprogramm, das eben keines ist, hat unter den Reisenden des 19. Jahrhunderts begeisterte Anhänger und in Eichendorffs Novellen und Gedichten die vielleicht überzeugendste Form gefunden. Doch auch das Mißtrauen gegen dieses ›romantische‹ Reiseglück beginnt früh. »Lieber Wilhelm, ich habe allerlei nachgedacht, über die Begier im Menschen, sich auszubreiten, neue Entdeckungen zu machen, herumzuschweifen [...] Es ist wunderbar: wie ich hierher kam und vom Hügel in das schöne Tal schaute, wie es mich ringsumher anzog. – Dort das Wäldchen! – Ach könntest du dich in seine Schatten mischen! – Dort die Spitze des Berges! – Ach könntest du von da die weite Gegend überschauen! [...] Ich eilte hin, und kehrte zurück, und hatte nicht gefunden, was ich hoffte.«[40] Später wird Schopenhauer seine Skepsis gegen ein Reisen aus purer Langeweile formulieren[41] und empfehlen: »Allenfalls

38 Jac. Moleschott, *Georg Forster, der Naturforscher des Volks*, Halle o. J. (1861), S. 9.
39 Goethe, *Sämtliche Werke. Jubiläumsausgabe*, Stuttgart u. Berlin o. J. (1902), Bd. 15, S. 106.
40 Goethe, *Die Leiden des Jungen Werther*, in: *Goethes Werke. Hamburger Ausgabe,* Hamburg 1960, Bd. 6, S. 28 f.
41 »Das *Nomadenleben,* welches die unterste Stufe der Civilisation bezeichnet, findet sich auf der höchsten im allgemein gewordenen *Touristenleben* wieder ein. Das erste ward von der *Noth,* das zweite von der *Langeweile* herbeigeführt.« – Arthur Schopenhauer, *Sämtliche Werke,* hrsg. v. Arthur Hübscher, 7 Bde., Wiesbaden 1949-50, Bd. 5: *Parerga und Paralipomena*; Bd. 2, S. 349. Anm.

kann jedoch ein denkender, oder dichtender Kopf mit seinem Zeitalter schon zufrieden seyn, wenn es ihm nur vergönnt, in seinem Winkel ungestört zu denken und zu dichten; und mit seinem Glück, wenn es ihm einen Winkel schenkt, in welchem er denken und dichten kann, ohne sich um die andern kümmern zu müssen.«[42]

Im Reisemotiv des Abenteuerromans ist dieses Ineinander von Flucht und Expedition aufgehoben. Robinson Crusoe und seine Nachfolger bis hin zu den Helden Karl Mays fahren aus, weil ihnen das Zuhause nur Schranke und Gefängnis bedeutet; sie fliehen vor der Langeweile eines gleichförmigen Lebens und versuchen sich als Baumeister eines neuen. Der Ausbruch aus Überschwang, der dem frühbürgerlichen, revolutionären Elan entspricht, und die Sucht nach Neuem, Fremdem und Exotischem, die aus verzweifelter Langeweile und politischer Resignation folgt, gehen eine schwer zu unterscheidende Verbindung ein. Wenn die Schriftsteller in der abenteuerlichen Reiseerzählung das abwechslungsreiche Vagabundenglück ihrer Helden verherrlichen und damit sich selber und ihrem Publikum den Fluchtweg in bunte Traumwelten bereiten, so ist der eigentliche Gegenstand ihrer Verherrlichung der Widerstand gegen Langeweile und Resignation. Ihre Täuschung aber besteht darin, daß sie private Wunschbilder zur Korrektur einer als schlecht erfahrenen Wirklichkeit empfehlen und so die imaginierte Reise zur Funktion der Langeweile wird, die sie bekämpfen wollen. An der verdinglichten Gegenposition etwa Schopenhauers wird jedoch deutlich, daß die Wunschbilder der Reise- und Abenteuerromane einen »imaginativen Überschuß« besitzen,[43] der im Leseerlebnis allein nicht aufgeht und der bereits den Bildern der Geniereise ihre an-, ja aufregende Faszination verlieh.

42 Schopenhauer, a.a.O., S. 85. – Bis hin zu Gottfried Benns berühmtem Gedicht »Reisen« reicht diese Tradition konservativer Reisebetrachtung, die selber dem Phänomen aufsitzt, das sie kritisiert, indem sie es zur einzig möglichen Form der Welt-Erfahrung erklärt: »Ach, vergeblich das Fahren!/ Spät erst erfahren Sie sich:/bleiben und stille bewahren/das sich umgrenzende Ich.« – Gottfried Benn, *Gesammelte Werke,* hrsg. v. Dieter Wellershoff, 8 Bde., Wiesbaden 1960, Bd. 1, S. 327.
43 Vgl. dazu Ernst Bloch, *Philosophische Aufsätze zur objektiven Phantasie,* Frankfurt/M. 1969, S. 133 ff.

Der melancholische Abenteurer

Wie der Abenteurer – obgleich Ausbrecher aus der Gesellschaft – ihr in seinem Denken, Fühlen und Handeln verpflichtet bleibt, so ist auch seine Suche nach Abenteuern, die Ausfahrt selber durchaus zwiespältig.[44] Die frühen Pioniere, Abenteurer oft auch im abschätzigen Sinne dieses Wortes, handelten, reisten und entdeckten in einem klaren ökonomischen Auftrag. »Und wenn im 16. und zum Teil noch im 17. Jahrhundert die plötzliche Ausdehnung des Handels und die Schöpfung eines neuen Weltmarktes einen überwiegenden Einfluß auf den Untergang der alten und den Aufschwung der kapitalistischen Produktionsweise ausübten, so geschah dies umgekehrt auf Basis der einmal geschaffnen kapitalistischen Produktionsweise. Der Weltmarkt bildete selbst die Basis dieser Produktionsweise. Andererseits, die derselben immanente Notwendigkeit, auf stets größerer Stufenleiter zu produzieren, treibt zur beständigen Ausdehnung des Weltmarktes [...].«[45] Der Abenteurer ist damit objektiv der Agent der Gesellschaft, der er zu entkommen hoffte. Der gesellschaftliche Auftrag, der hinter seiner individuellen Abenteuerlust steht, lautet, die Fremde als Fremde zu liquidieren; die ökonomischen Zwecke der Kolonisation, Rohstoffausbeutung und Weltmarktausweitung laufen seinen subjektiven Zwecken zuwider. Er vernichtet den Raum, der ihm die Bedingungen des Abenteuers bietet, indem er mit ihm vertraut wird und so das Fremde zum Bekannten macht. Der diesem Antagonismus entspringende Konflikt ist das geheime Thema der Abenteuerromane Coopers. Lederstrumpf verläßt die (Siedler-)Familie Effingham, weil er es müde ist, »in Lichtungen zu leben, wo der Hammer von Sonnenaufgang bis zum Sonnenuntergang in meinen Ohren tönt [...] Ich habe keine behagliche Stunde mehr gehabt, seit Ihr Vater seine Ansiedler hierher führte [...] eure Wege sind nicht meine Wege [...]

---

44 »Die Produktion des vereinzelten Einzelnen außerhalb der Gesellschaft – eine Rarität, die einem durch Zufall in die Wildnis verschlagenen Zivilisierten wohl vorkommen kann, der in sich dynamisch schon die Gesellschaftskräfte besitzt – ist ein ebensolches Unding als Sprachentwicklung ohne *zusammen* lebende und zusammen sprechende Individuen.« – Karl Marx, *Grundrisse der Kritik der politischen Ökonomie (Rohentwurf)*, Berlin/DDR, 1953, S. 6.
45 Marx, *Kapital*, Bd. 3, a.a.O., S. 345.

am Ende treffen sie aber doch wieder zusammen.«[46] Die melancholische Aura der Gestalt Lederstrumpfs ist Ausdruck eines
Dilemmas, welches darin besteht, daß er »der erste jener Ansiedler [war], welche der Volkswanderung den Weg quer
durch unser Festland zeigten«[47] und die damit die Voraussetzungen für die eigene abenteuerliche Existenz vernichteten.
Es bedarf keiner weiteren langen Erörterung, um zu zeigen,
daß unter den Bedingungen des entwickelten Kapitalismus,
des Wettlaufs um neue oder der Reaktivierung traditioneller
Märkte, Abenteuer nur noch als Folge eines gewaltsamen
Durchstoßens der »Ordnung der Dinge« möglich ist: aus dem
Entdecker und Abenteurer entwickelte sich zwangsläufig der
Detektiv, welcher dem Brecher der Ordnung, dem Gesetzesbrecher seine abenteuerliche Daseinsweise verdankt. »Ein Abenteuerroman könnte kaum anders geschrieben werden als ein
Kriminalroman: Abenteuer in unsrer Gesellschaft ist krimi-
nell.«[48] Darin besteht die heimliche Kumpanei zwischen Verbrecher und Detektiv, die oftmals bis zur Identität beider
geht.[49] Staats- und Polizeiapparat als Wächter der bürgerlichen Ordnung haben auch diese Möglichkeit auf ein Minimum
reduziert. Das Abenteuer kontrastiert dem organisierten Kapitalismus und der bürgerlichen Gesellschaft nur mehr in der Einbildung und in ästhetischer Gestalt, und auch hier fast ausschließlich noch in Kolportage »als der einzig gebliebenen Form
des Abenteuers.«[50] Die übrige Literatur des 19. Jahrhunderts
hat mit wenigen Ausnahmen das Abenteuer als unzeitgemäß
diffamiert oder lediglich als Ferment im Bildungsgang des Individuums akzeptiert – bis hin zu jener extremen Absage des
Novalis: »Wir träumen von Reisen durch das Weltall – Ist
denn das Weltall nicht *in uns*? [...] Nach Innen geht der geheimnisvolle Weg [...] Die Außenwelt ist die Schatten-

46 James Fenimore Cooper, *Die Ansiedler an den Quellen des Susque-
hannah*, übers. v. C. Kolb, Stuttgart 1869, S. 574 f.
47 Cooper, a.a.O., S. 578.
48 Bertolt Brecht, *Gesammelte Werke*, 20 Bde., Frankfurt/M. 1967, Bd. 19:
Schriften zur Literatur und Kunst, Bd. 2, S. 453.
49 Diese Identität ist Thema der Romane Maurice Leblancs: In der Gestalt des Polizeichefs von Paris verfolgt sich Arsène Lupin selber. Vgl.
M. Leblanc, *813 – Das Doppelleben des Arsène Lupin*, übers. v. E. Gebühr,
Zürich 1971.
50 Bloch, *Prinzip Hoffnung*, a.a.O., S. 551.

welt – «.⁵¹ Die Kolportage, »die immer wieder Bedeutungen bewahrt, wie sie in besserer Literatur längst keinen Platz mehr haben«⁵², hat an dem unzeitgemäßen Abenteuer festgehalten und den Weg nach *außen* als den geheimnisvollen, Abenteuer versprechenden Dschungelpfad dargestellt, der aus dem *Herzen* der bürgerlichen Gesellschaft herausführt.

2. Das kolportierte Abenteuer

Lord David Lindsay und andere Sonderlinge
»Ich bin hierher gekommen, um etwas zu erleben, um berühmte Jäger zu sehen, und mache euch also folgendes Anerbieten: ich bezahle euch für jedes Abenteuer, welches wir erleben, fünfzig Dollar.«¹ Karl May-Kenner haben als Sprecher dieser bündigen Rede bereits Lord Castlepool identifiziert, jenen schottischen Lord, der seinem Autor zwar nicht zu der populären Karikatur eines Lord David Lindsay geriet, der sich aber ähnlich wie dieser in das Große Abenteuer der Haupthelden einzukaufen pflegt.² Die schottischen oder englischen Lords der Reiseromane, Nebenfiguren eigentlich, die selten einmal aktiv in die Handlung eingreifen, allenfalls durch ihre Ungeschicklichkeit Verwicklungen heraufbeschwören, im allgemeinen die humoristischen Dialogszenen beherrschen und von den Helden mit einem nachsichtigen Lächeln bedacht werden, diese komischen Figuren, englischen ›Krämergeist‹ persiflierend, verhalten

51 Novalis, *Schriften*, hrsg. v. Richard Samuel, Bd. 2: *Das philosophische Werk I*, Darmstadt 1965, S. 417 f.
52 Ernst Bloch, *Philosophische Ansicht des Detektivromans*, in: Bloch, *Literarische Aufsätze*, a.a.O., S. 246.
1 Karl May, *Der Schatz im Silbersee*, Radebeul o. J., S. 156. – Die Werke Mays werden im folgenden, wenn nicht anders angegeben, nach dieser, der sogenannten »Radebeuler Ausgabe« der Gesammelten Werke zitiert, die von 1913 bis 1945 im Karl-May-Verlag Radebeul bei Dresden erschien. Nur wenige Bände der textlich zuverlässigeren »Fehsenfelder-Ausgabe« (Freiburg i. Br.) waren mir zugänglich; die nach 1945 erschienene Bamberger Ausgabe ist für die Forschung völlig unbrauchbar. – Zur Editionsfrage vgl. die Untersuchung Arno Schmidts, *Sitara und der Weg dorthin*, Frankfurt/M. u. Hamburg 1969, S. 10 ff.
2 Vgl. Karl May, *Durch die Wüste*, a.a.O., S. 320: »»Habe gelesen von Babylon – Niniveh – Ausgrabung – Teufelsanbeter. Will hin – auch ausgraben – Fowlingbull holen – britisches Museum schenken. Kann nicht Arabisch – will gern Jäger haben. Machen Sie mit – bezahle gut, sehr gut!‹«

sich dem Abenteuer gegenüber als Touristen. Trotz aller Übertreibungen, trotz ihrer Gelder und Titel repräsentieren sie den Durchschnittsmenschen europäisch-bürgerlicher Herkunft. Wie Leser und Zuschauer sind auch sie vom Abenteuer ausgeschlossen, können es sich allenfalls erkaufen. Für die Hinterlegung eines angemessenen ›Eintrittspreises‹ öffnet sich das Tor zu den »dark and bloody grounds« und die Vorstellung beginnt: »Jetzt, Mylord, werdet Ihr wohl sehr bald die ersten fünfzig Dollar einzahlen müssen.«[3]

Für einen Schriftsteller wie Karl May, der sich mit dem von ihm Geschriebenen so identifizierte, daß er es öffentlich als selbst Erlebtes ausgab und über sein Haus in goldenen Lettern schreiben ließ »Dr. Karl May, genannt Old Shatterhand / Radebeul – Dresden / Villa Shatterhand«[4] erscheint eine solch distanzierte, das Abenteuer als Ware pointierende Betrachtungsweise ganz erstaunlich. Verknüpfen die Kauf-Szenen das abenteuerliche Geschehen der Romane mit dem Leser, der sich ja durch Erwerb des Buches ebenfalls in das Abenteuer einkaufen kann, so bestätigen sie zugleich dessen Fiktionalität. Zwischen Autor und Leser stellt sich durch Vermittlung der Lord-Figuren ein geheimes Einverständnis her – ähnlich dem durch die Einführung der Watson-Figur erzielten in den Romanen Conan Doyles. Wie Castlepool oder Lindsay läßt sich der Leser auf das ihm vorgestellte Abenteuer ein – als ob es sein eigenes wäre. »›Wonderful!‹ flüsterte [der Lord ...] ›Ganz, wie man es in Romanen gelesen hat.‹ / ›Hm!‹ antwortete der Kleine. ›Ihr werdet bei uns noch manchen Roman erleben; das Lesen ist freilich leichter als das Erleben.‹«[5] Dieser alte rhetorische Kunstgriff[6] findet sich in Mays Romanen, wie in Abenteuerromanen überhaupt, sehr häufig.[7] Der Hinweis auf das offenbare Paradox, die Wirklichkeit sei oft romanhaft, legt umgekehrt den Schluß nahe: was augenscheinlich einem Roman ähnelt, ist in Wahrheit wirklich geschehen. Die Illusion der er-

3 May, *Silbersee*, a.a.O., S. 158.
4 Hans Wollschläger, *Karl May*, Hamburg 1965, S. 64.
5 May, *Silbersee*, a.a.O., S. 178.
6 Vgl. Lausberg, a.a.O., S. 180.
7 Vgl. etwa Karl May, *Winnetou II*, a.a.O. (Radebeuler Ausgabe Bd. 8.), S. 405: Die ganze Begegnung kam mir sehr sonderbar vor, und hätte ich etwas Aehnliches in irgend einem Roman gelesen, so wäre der Verfasser sicher in den Verdacht gekommen, Unmögliches für möglich darzustellen.«

lebten Wirklichkeit des Erzählten gewinnt im Kontrast mit der eingestandenen Fiktion an Dichte.[8] Bezeichnend in unserem Beispiel aber ist die Variation des alten Topos: zwischen dem abenteuerlichen Erlebnis in der Realität und in der Einbildung soll lediglich ein quantitativer Unterschied bestehen: das Lesen falle *leichter* als das wirkliche Erleben. Verklausuliert bietet der Schriftsteller seine Abenteuer als kunstvollkünstliche Veranstaltungen an, in die jedermann unter gewissen Voraussetzungen eintreten kann, täuscht den Leser aber über den fiktiven Charakter des dargestellten Geschehens hinweg, indem er den Unterschied zwischen Fiktion und Realität als im Leseerlebnis aufgehoben behauptet.

Es wäre verfehlt, die Abenteuerauffassung von Mays Reiseromanen mit der distanzierten Aussage dieser fast schon das Abenteuer als touristische Veranstaltung persiflierenden Passagen zu identifizieren. Ihre unmittelbare Erzählfunktion besteht gerade darin, die Wahrheit oder wenigstens die Wahrscheinlichkeit der dargestellten Ereignisse und Verwicklungen glaubhaft zu machen. Die für den Münchmeyer Verlag geschriebenen Lieferungsromane Mays geben hier deutlichere Auskunft als die späteren Reiseromane, die sich zwar von jenen nicht grundsätzlich unterscheiden, deren Autor aber sehr viel bewußter die literarischen Kunstmittel einsetzte, als das dem unter einem unglaublichen Produktionszwang stehenden Autor des *Waldröschen* oder der *Liebe des Ulanen* möglich war. »Habe viele Romane gelesen, Reisebeschreibungen. Cooper, Marryat, Möllhausen, Gerstäcker. Habe gedacht, Alles Schwindel. Aber doch anders. Hörte in Berlin beim Gesandten, daß Alles wahr. Gesandter früher selbst in Prärie gewesen. Berühmte Häuptlinge und Jäger gesehen. Allerberühmteste Häuptlinge in Neumexiko. Sollen heißen Bärenherz und Büffelstirn. Gesandte viel Abenteuer von ihnen erzählt.«[9] Weist sich der Sprecher dieser Zeilen durch sein

8 Das Spiel mit den verschiedenen Illusionsebenen kann auch zum Mittel ironischer Distanzierung werden – nicht nur in den Romanen Thomas Manns, sondern ebenso in denen etwa der Agatha Christie.
9 Karl May, *Das Waldröschen oder die Verfolgung rund um die Erde*, 6 Bde., Nachdruck der Lieferungshefte des Münchmeyer Verlages, Hildesheim 1969, S. 736. – Die Lieferungsromane Mays (*Das Waldröschen*, *Der verlorene Sohn*, *Die Liebe des Ulanen* und *Der Weg zum Glück*) werden im folgenden nach der ausgezeichneten Reprint-Ausgabe des Olms-Verlages,

Gestammel auch bereits als Vorläufer der diversen Lords in den späteren Reiseromanen aus, so beschränkt sich seine Rolle im *Waldröschen* lediglich auf diejenige des Ungläubigen, der sich durch einen Zeugen hat bekehren lassen. Ein durchsichtiges Manöver, das den Charakter des kolportierten Abenteuers sichtbar werden läßt: es bedarf keiner Legitimation. Im Vergleich zu den kunstvollen Expositionen der Reiseromane[10] sind die Einleitungen in die Lieferungsromane von einer kaum noch zu rechtfertigenden Kürze. »Von den südlichen Ausläufern der Pyrenäen her trabte ein Reiter auf die altberühmte Stadt Manresa zu.«[11] Ohne große Umschweife reitet er geradewegs in das Abenteuer hinein, dessen Anfang also nicht mit dem Beginn des Romans identisch ist. Erst später wird der Leser nach und nach, durch Erzählungen beteiligter Personen oder mit Hilfe von Rückblenden in die bereits lange vorher geschehenen Ereignisse eingeführt: deren Wurzeln liegen in Begebenheiten und Verwicklungen, in die der Held, Karl Sternau, verknüpft ist, ohne es bei seinem Eintritt in die Handlung schon zu wissen. Anders als in den späteren Romanen, in denen die *Reise* des Helden das Abenteuer stiftende Moment darstellt[12], läuft die abenteuerliche Handlung im *Waldröschen* unabhängig von der Person des Helden ab; dieser selber ist daher auch austauschbar: im *Waldröschen* wie in der *Liebe des Ulanen* verschwinden die Helden für Jahre vom Schauplatz der Ereignisse und andere, ihre inzwischen herangewachsenen Söhne, ihre Brüder oder Freunde treten an ihre Stelle. Diese merkwürdige Beliebigkeit und Austauschbarkeit der Helden (für den Leser die Identifikationsfiguren) ist den späteren Reiseromanen fremd; es wäre zu einfach, in ihnen nur Zeichen schriftstellerischer Unfähigkeit zu sehen, selbst wenn die Ver-

Hildesheim zitiert. Dort bisher noch nicht erschienen ist der ebenfalls für Münchmeyer verfaßte Roman *Deutsche Herzen – Deutsche Helden*.
10 Vgl. etwa May, *Winnetou I* oder *Durch die Wüste*.
11 May, *Waldröschen*, a.a.O., S. 1.
12 »Karl Mays beste Romane sind exotische Reiseerzählungen [...] Die Route ist beweglich. Sie ist kein Weg, der schnurstracks auf ein bestimmtes, genau gewußtes, räumlich festgelegtes Ziel hinläuft. Vielmehr: Sinn und Ziel ergeben sich oft erst während der Reise, unvorhergesehene Ereignisse beeinflussen die Richtung, überwundene Hindernisse erzeugen neue Hindernisse, ein Nebenweg wird zum Hauptweg oder zur Sackgasse.« – Klotz, *Durch die Wüste usw.*, a.a.O., S. 33 f.

schiedenheit der Helden lediglich eine des Namens bleibt, ihre Eigenschaften, Kenntnisse und Fähigkeiten, ihr Auftreten und ihre Erscheinung aber zum Verwechseln ähnlich sind. Der Einwand, daß auch in den Lieferungsromanen nur ein Held in verschiedener Gestalt auftrete, vernachlässigt, daß gerade dieser ›unnötige‹ Gestaltenwechsel für das Weltbild der Kolportage signifikante Bedeutung besitzt.

Geheimnis und Verbrechen

Die einsinnige Erzählweise der Reiseromane, ihr Festhalten an einem Helden, dessen Perspektive auch die der Erzählung ist, die Abhängigkeit des Abenteuers von der Reise des Helden verdecken, was der vollständige Titel des *Waldröschen* noch offen ausspricht: »Das Waldröschen oder die Verfolgung rund um die Erde. Großer Enthüllungsroman über die Geheimnisse der menschlichen Gesellschaft.« Nach Eugène Sues Roman *Die Geheimnisse von Paris* und dessen zahlreichen Nachahmungen[13] ist ein solcher Titel keine Seltenheit. Doch ist er nicht nur Zeichen für die Wirkungskraft des Vorbildes, sondern er verweist gleichzeitig auf eine inhaltliche Gemeinsamkeit. Alle diese Romane wollen »aufregende Einblicke geben in Verhältnisse, die sonst dem Licht der Öffentlichkeit sich entziehen. Untergründe und Hintergründe des Verbrechens, aber auch der vornehmsten Kreise sowie der Aktionen auf der weltpolitischen Bühne. Dies ist gemeint mit dem Akt der Enthüllung und mit deren Gegenstand.«[14] Dies Urteil trifft nur die den Verfassern jener Romane bewußten Intentionen. Schon die ungewöhnliche Popularität des Motivs läßt Schlüsse auf die Verfassung einer Gesellschaft zu, der die fiktive Aufdeckung ihrer Organisation zur abenteuerlichen Enthüllung von Verbrechen gerät. Anlaß für die Verfolgung rund um die Erde ist ein verbrecherisches Komplott[15] von weltweitem Ausmaß, in das der Held

13 Vgl. Rudolf Schenda, *Volk ohne Buch. Studien zur Sozialgeschichte der populären Lesestoffe 1770-1910. Studien zur Philosophie und Literatur des 19. Jahrhunderts*, Bd. 5, Frankfurt/M. 1970, S. 480.
14 Volker Klotz, *Ausverkauf der Abenteuer – Karl Mays Kolportageroman »Das Waldröschen«*, in: *Probleme des Erzählens in der Weltliteratur. Festschrift für Käte Hamburger zum 75. Geburtstag*, hrsg. v. Fritz Martini, Stuttgart 1971, S. 168.
15 Auch in den Reiseromanen ist das Verbrechen von zentraler Bedeutung

gerät und dessen Detektion ihm zugleich Aufschluß über den Charakter der menschlichen Gesellschaft gibt. Dieses generelle Mißtrauen, das der Oberfläche gilt und unter ihr die wahren Triebkräfte, die Machinationen des Verbrechens wittert, ist, wie diffus auch immer, Zeichen eines allgemeinen Unbehagens an der bestehenden staatlichen, vor allem aber sozialen Ordnung, dessen Ursachen in der wirtschaftlichen Entwicklung Deutschlands zutage liegen – eine Entwicklung, die auch vor 1873 das mittelständische und Kleinbürgertum nicht gerade begünstigt hatte und die nach der großen Krise zur Zentralisation und Konzentration auf dem deutschen Kapitalmarkt führte, in deren Folge »die Basis zahlloser Kleinbetriebe« vernichtet wurde.[16] Die Not des Kleingewerbes, der Handwerker, die wirtschaftliche Unsicherheit des Mittelstandes, der Angestellten und des Handels nährten die allgemeine Unzufriedenheit, ohne daß diese nun aber die Einsicht in ökonomische und gesellschaftliche Zusammenhänge förderte.[17] Das begrifflose, mit Ressentiment geladene Unbehagen äußert sich darin, daß die Ursachen der eigenen Lage zum Geheimnis mystifiziert werden, dessen Entschlüsselung auf das Verbrechen führt, als dessen Opfer man sich fühlt.[18] Die Lieferungsromane Mays sind dem Muster der Geheimnisromane nachgeschrieben: eines der Kapitel des *Waldröschen* spielt in Paris, und der später als Schwarzer Gerard auftretende Westmann ist niemand anders als der dem Leser in diesem Kapitel noch ungeläutert als Garotteur gegenübertretende Verbrecher. Dabei handelt es sich allerdings nur um eine oberflächliche Adaption von Motiven, wie beim Vergleich mit Sues Roman sofort ins Auge fällt. Was pompös als Geheimnis der menschlichen Gesellschaft angekündigt wird, offenbart sich bereits sehr bald als die begrenzte, wenn auch in ihren Auswirkungen auf andere Länder übergreifende Intrige einer kleinen Clique von Bösewichtern im ehrbaren Gewande eines Gutsverwalters, Advokaten oder

für Beginn und Verlauf des Abenteuers. In den *Winnetou*-Bänden jagt Old Shatterhand den Mörder Intschu-tschunas und Nscho-tschis und die sechs Bände *Durch die Wüste* beginnen mit der Darstellung eines Kriminalfalles, dessen Auflösung die nun folgende weit verzweigte Reise notwendig macht.
16 Helmut Boehme, *Prolegomena zu einer Sozial- und Wirtschaftsgeschichte Deutschlands im 19. und 20. Jahrhundert*, Frankfurt/M. 1968, S. 73.
17 Vgl. Boehme, a.a.O., S. 82 ff.
18 Vgl. die Sue-Analyse von Karl Marx in: *MEW*, Bd. 2., S. 172-221.

Mönches. Diese Intrige selber in ihrer abgefeimten Bosheit liefert den Handlungsrahmen der verzweigten Geschichte und stellt sozusagen den Boden dar, dem das Abenteuer in immer neuen Blüten entwächst. Das Geheimnis der menschlichen, das ist für Karl May trotz aller Aristokratisierungstendenzen selbstverständlich der *bürgerlichen* Gesellschaft besteht für die Kolportage darin, daß ohne Verbrechen das Abenteuer *in* dieser Gesellschaft nicht mehr möglich ist. Das ohne einen Gesetzesbruch initiierte Abenteuer findet immer in exotischer Ferne statt: das Jagdabenteuer auf Löwen und anderes Großwild,[19] der ›ritterliche‹ Kampf Mann gegen Mann oder gegen die Unbilden und Gefahren der Wildnis. Das Prosaische der bürgerlichen Ordnung, wie es sich für Hegel in deren Staatsverfassung ausdrückt, läßt für derartige Eskapaden keinen Raum mehr; denn »das Allgemeine als solches herrscht in seiner Allgemeinheit, in welcher die Lebendigkeit des Individuellen als aufgehoben oder als nebensächlich und gleichgültig erscheint.«[20] Wenn Hegel die bürgerliche Gesellschaft auch noch nicht als eine von Warenproduzenten zu fassen vermochte, »in der sich die Menschen nicht als konkrete Individuen gegenübertreten, sondern als abstrakte Käufer und Verkäufer von Waren«,[21] so analysiert er doch sehr präzise den Zwangscharakter dieser Ordnung, in welcher »jedem Einzelnen die allgemeinen Gesichtspunkte als Richtschnur für seine Tätigkeit vorgeschrieben« sind.[22] Diese Einsicht ist der Abenteuerauffassung der Kolportage immanent: wo Ordnung herrscht, fehlen die Bedingungen des Abenteuers – Freiheit und Ungebundenheit. Der Gesetzesbrecher, die Kraft der Negativität, ist die conditio sine qua non des Abenteuers, fortwirkendes Ferment des abenteuerlichen Prozesses. Daß die Helden von Karl Mays Romanen ihre Gegner, die Schurken und teuflischen Bösewichter, immer wieder entkommen lassen, ist weniger Folge ihrer christlichen Prinzipien, mit denen sie wortreich diese scheinbare Fahrlässigkeit begründen, als vielmehr die Konsequenz des der Kolportage immanenten Widerspruchs. Diese Helden

19 Die Jagd im heimischen Walde kann nur noch dem Kind zum Abenteuer werden. Vgl. May, *Waldröschen*, a.a.O., S. 684 ff.

20 Hegel, *Ästhetik*, a.a.O., Bd. 1, S. 184.

21 Herbert Marcuse, *Ideen zu einer kritischen Theorie der Gesellschaft*, a.a.O., S. 130.

22 Hegel, a.a.O., S. 184.

verstehen sich selber als Agenten der Ordnung und realisieren in ihrem Wirken und Handeln das Prinzip des Obrigkeitsstaates: »Denn das Gesetz ist die Objektivität des Geistes und der Wille in seiner Wahrheit; und nur der Wille, der dem Gesetze gehorcht, ist frei, denn er gehorcht sich selbst und ist bei sich selbst und frei.«[23] Ihr eigenes Autoritätsbewußtsein wird jedoch seiner Falschheit überführt von der Erkenntnis, daß die Unterwerfung unter den allgemeinen Willen des Staates, der sich im Gesetz ausdrückt, ihrer abenteuerlichen Existenz die Grundlage entzieht. Sie schmuggeln sich aus diesem Dilemma, indem sie ihren Gefangenen die Fesseln lösen. Mit diesem Akt haben sie sich selber schon außerhalb der bürgerlichen Ordnung gestellt, in deren Namen sie gleichwohl wieder die Verfolgung aufnehmen. Der christliche Sermon, mit dem die Gesetzeshüter ihren Gesetzesbruch kaschieren, erkannte Ernst Bloch, »ist ein Stilmittel, das den Verbrecher immer wieder laufen läßt, sobald man ihn hat, sobald also die Handlung zuende sein müßte; seine Harmonie ist die Dissonanz, die den Traumstoff treibt.«[24] Folgerichtig werden die Widersacher auch nur selten der staatlichen Gerichtsbarkeit ausgeliefert: ihr schreckliches Ende zum guten Schluß verdanken sie weniger ihren Verfolgern als vielmehr dem religiös motivierten Zufall: Gott selber pflegt sie im allgemeinen zu richten. Entgegen aller Ideologie des Obrigkeitsstaates hält so die Kolportage an dem anarchischen Moment fest, das Freiheit als Gegenbegriff zur bürgerlichen Ordnung konstituiert. Recht und Religion liefern zwar die Gemeinplätze zur Rechtfertigung der dargestellten Taten, sie sind ihnen aber nicht substantiell eigen. Deutlicher als in den mit edleren Absichten geschriebenen Reiseromanen wird diese Tendenz im *Waldröschen*. »»Willkommen, Sennor!«« begrüßt Gräfin Rosa de Rodriganda ihren Helden. »»Mag uns Ihr Eintritt Heil und Segen bringen!‹ – ›Zunächst wird er nur Kampf bringen, Sennora‹, antwortete er.«[25] Kampf und Abenteuer sind vor allem in den ersten Lieferungen des *Waldröschen* eng mit Liebesdienst und Liebeslohn verknüpft, lösen sich aber später auch von diesen äußerlichen Zweckbedingun-

23 G. W. F. Hegel, *Werke in 20 Bänden*, hrsg. v. E. Moldenhauer u. K. M. Michel, Frankfurt/M. 1971, Bd. 12: *Philosophie der Geschichte*, S. 57.
24 Bloch, *Erbschaft*, a.a.O., S. 172.
25 May, *Waldröschen*, a.a.O., S. 29.

gen; an ihre Stelle tritt das Individuum, das sich in Denken und Handeln kämpferisch selbst verwirklichen will.

Bürgerlicher Individualismus

Die Helden des *Waldröschen* haben allesamt die häusliche Enge hinter sich gelassen, um ›auf Reisen‹ zu gehen, doch lassen sich deutlich zwei Typen unterscheiden: der des Zivilisationsgeschädigten, der daheim scheiterte und nun in der Fremde sein Glück versuchen will, und der des Abenteurers aus Leidenschaft, der zwar auch Erfahrungen sammeln, sein Wissen erweitern will, dessen Motivation aber vor allem seine Reiselust ist. Zum ersten gehören im *Waldröschen* z. B. Anton Helmers (»Donnerpfeil«), der kleine André und der Schwarze Gerard: »Ich heiße Gerard [. . .] Wir waren arm und lernten die Arbeit verachten. Mein Vater war schwach und stahl; ich aber war stark und garottierte; das heißt, ich ging des Nachts auf die Straßen, zog den mir Begegnenden mit einer Schlinge den Hals zusammen und leerte ihnen dann, wenn sie die Besinnung verloren hatten, die Taschen. Wir verführten auch meine Schwester. Sie widerstand uns und warf sich in den Fluß, um sich zu ertränken [. . .] Es hat mich hinausgetrieben, fort von der Heimath. Ich will sühnen und dann sterben.«[26] Den zweiten Typ verkörpert am reinsten Karl Sternau, der »Fürst des Felsens«, wie er als Westmann heißt. Dieses Schema, ein fester Topos der Abenteuerromane, hat Karl May auch in seinen späteren Erzählungen beibehalten. Trotz der äußerlich verschiedenen Motivationen gibt es ein Band, das alle Mayschen Abenteurer verbindet. Wenn der spätere Ich-Erzähler seine Fahrten und Reisen in die »›finstern und blutigen Gründe‹ des Indianergebietes« mit »reiner Abenteuerlust« begründet,[27] so heißt das ja nichts anderes, als daß es auch ihn ›hinausgetrieben‹ hat, weil ihn die engen Verhältnisse in seiner Heimat nicht befriedigten.[28] So gilt, daß die Abenteurer in Mays Romanen ausnahmslos sich ihrer heimatlichen Umwelt entfremdeten und

26 May, *Waldröschen*, a.a.O., S. 1423 f.
27 Karl May, *Orangen und Datteln*, Freiburg i. Br. o. J. (Fehsenfelder Ausgabe Bd. X), S. 4.
28 In Wahrheit stehen die Traumreisen Mays ja auch in enger Verbindung mit seinen wirklichen Verfehlungen.

dann auszogen, um in der Ferne das Glück, welches das Abenteuer gewährt, zu suchen. Draußen, fern jeder Sicherheit und Bevormundung, entwickeln sie sich zu den verantwortlichen, autonomen Individuen, die sie daheim nicht sein durften oder konnten. Das Persönlichkeitsmodell der Aufklärung, das produktive, schöpferische und freie Individuum, ideologische Antizipation der freien Wirtschaft, blieb für die Mehrzahl der Bevölkerung immer abstrakte Utopie, ein schönes Wunschbild, das in der Entwicklung vom liberalistischen zum organisierten Kapitalismus selbst den Schein von Realität eingebüßt hat. Karl May hält an diesem Gegenbild fest und fordert »für freie Gestaltung der Individualität die entgegengesetzten Zustände [...], in welchen das Gelten des Sittlichen allein auf den Individuen beruht, welche sich aus ihrem besonderen Willen und der hervorragenden Größe und Wirksamkeit ihres Charakters an die Spitze der Wirklichkeit stellen, innerhalb welcher sie leben.«[29] Das Individuum als Selbstunternehmer und Emporkömmling war Ausdruck des Aufstiegswillens des Bürgertums und seines Kampfes gegen die überlebte feudalistische Ordnung; in den Zügen des Romanhelden spiegeln sich die politischen Intentionen einer aufstrebenden Klasse. »Der Held des Romans, im Gegensatz zu dem des Epos', ist also ursprünglich jemand, der aus bürgerlicher oder proletarischer Obskurität hervorgeht, der die soziale Stufenleiter emporsteigt, ohne unter den Adel aufgenommen zu werden. Er verkehrt unter den Angehörigen dieses Standes, er ist bald ebenso oder sogar noch bekannter als sie. Durch ihn wird infolgedessen die Tatsache evident, daß die gegenwärtige Hierarchie der Gesellschaft nur ein äußerer Schein ist.«[30] Besonders die Gestaltung des Faust-Themas in der deutschen Literatur des 18. Jahrhunderts zeigt, daß der bürgerliche Held das innerste Prinzip seiner Gesellschaft verkörpert. »Indes [...] trotz zahmer deutscher Aufklärung und vielfach [...] irrational sich gebärdendem Sturm und Drang: Nichts ist klarer als der Zusammenhang, worin gerade das Grundthema des Sturm und Drang: das Faustthema mit der *originalen Aufklärung* sich befindet. Mit der Befreiung des bürgerlichen Individuums wie eben mit ›Vernunft und Wissenschaft‹, des Menschen aller-

29 Hegel, *Ästhetik*, Bd. 1, a.a.O., S. 184.
30 Michel Butor, *Probleme des Romans*, München 1965, S. 45.

höchster Kraft.‹ Zugleich befand man sich damit bewußt wieder im Raum der Renaissance, worin die bürgerliche Emanzipation begann und woraus die Gestalt der Faustsage herkommt.«[31] Der Individualismus, dem die frühen Romanhelden huldigten und der ihr Emporkommen garantierte, verliert mit der abnehmenden Bedeutung individueller Initiative und unabhängiger Handlungsweise seinen positiven Sinn. Wo die Einsicht in »das Wechselspiel zwischen Geschichtsgesetz und subjektivem Handeln«[32], der Sturm- und Drang-Periode noch weitgehend fremd, den Helden zum Ausgleich mit der ihn umgebenden gesellschaftlichen Ordnung zwingt, da hat er schon sein Recht als autonomes Individuum verloren. »So daß das Subjekt von der Welt erzogen wurde, gerade von der beruhigten, Regel und Gestalt enthaltenden.«[33] Hegels zynisch-hellsichtige Einschätzung der bürgerlichen Heldengeschichte als Roman entsprach der gesellschaftlichen Wirklichkeit: Die Originalgenies des Sturm und Drang und ihre diversen Nachfolger hatten sich längst ihre ›Hörner abgestoßen‹ und sich »in die bestehenden Verhältnisse und die Vernünftigkeit derselben« hineingebildet.[34]

Der photographierte Hochstapler

Die Kolportage ist der genaue Ausdruck jenes abstrakten Verhältnisses, unter welchem Individuum und Gesellschaft unter den Bedingungen der fortschreitenden Atomisierung der bürgerlich-kapitalistischen Gesellschaft von deren Apologeten begriffen werden. Der bürgerliche Held als Abenteurer verhält sich unhistorisch zu seiner Gesellschaft, dem für ihn unlösbaren Widerspruch zwischen den Einzelnen und der kapitalistischen Gesellschaftsordnung weicht er aus und sucht unabhängig von ihr seine Persönlichkeit zu entwickeln. Ernst Bloch hat Karl May einen »verwirrten Proleten« genannt,[35] verwirrt deshalb, weil er sich von der kämpferischen Leistung des Einzel-

31 Ernst Bloch, *Tübinger Einleitung in die Philosophie*, Frankfurt/M. 1970, S. 67 f.
32 Hans Mayer, *Dichtung und Wirklichkeit*, in: H. Mayer, *Zur deutschen Klassik und Romantik*, Pfullingen 1963, S. 101.
33 Bloch, a.a.O., S. 68.
34 Hegel, a.a.O., S. 568.
35 Bloch, *Erbschaft*, a.a.O., S. 170.

nen als der Verwirklichung seiner Freiheit und Einmaligkeit den gesellschaftlichen Aufstieg versprach, nachdem die Entwicklung und Verschärfung des Klassenkampfes diese Ideologie des bürgerlichen Emporkömmlings als apologetische Verschleierung des kapitalistischen Privateigentums manifest gemacht hatte. Da es ihm nicht gelang, auch nicht gelingen konnte, eine dem Stand der Klassenkämpfe adäquate Perspektive aus den gesellschaftlichen Auseinandersetzungen seiner Zeit selber zu entwickeln, war er zu deren wirklichkeitsfremder Konstruktion gezwungen. Der Rückgriff auf die bürgerlichen Ideale und Persönlichkeitskonzeptionen des 18. Jahrhunderts entspricht der Ohnmacht dieses Protestes, der sich nur an das halten kann, was zwar historisch überfällig, von der Geschichte aber noch nicht eingelöst wurde. Daß Mays Helden Kunstfiguren sind, bedarf natürlich keiner weiteren Erörterung, doch sind sie es in besonderer Weise. In der Realität der 80er Jahre des vorigen Jahrhunderts fehlt ihnen jegliches Korrelat: sie sind zusammengesetzt aus Eigenschaften, die einstmals selber idealisierte Romanfiguren charakterisierten. Karl May kolportierte nicht, wie Ernst Bloch feststellt, »die romantischen Ideale des Bürgertums [...], auch nicht die Rittergeschichten aus dem Biedermeier. Sondern er kolportierte nochmals den Indianerroman aus der Zeit Coopers, der revolutionären Ideale [...]«[36] Folgerichtig repräsentiert Karl Sternau die Summe aller bürgerlichen Tugenden und Vorzüge: ein Gelehrter von Weltruf[37] und unübertroffener Westmann, klug und tapfer, ein unerschrockener Kämpfer und weitsichtiger Planer, ein freiheitsliebender Feind aller Tyrannei und Ungerechtigkeit, ein unparteiischer Richter und tugendhafter Hüter

36 Bloch, a.a.O., S. 172.
37 May läßt ihn als einen trotz seiner jungen Jahre schon berühmten Arzt auftreten; bei dieser Berufswahl mag die von Kracauer erkannte Ähnlichkeit zwischen dem Beruf des Arztes und dem des Detektivs eine Rolle gespielt haben: »Auch der Arzt, der die Diagnose stellt, entwirrt aus Indizien das ihm aufgegebene Geheimnis mit den Mitteln des Intellekts, dem die scheinbar irrationale Intuition nur die Wege bereitet [...]« – Siegfried Kracauer, *Der Detektivroman*, in: S. Kracauer, *Schriften I*, Frankfurt/M. 1971, S. 148. – Die Verbrechen, die der Arzt Sternau aufdeckt, werden so als Krankheit interpretierbar, die geheilt werden muß. – Entscheidend für diese Berufswahl wird aber die publikumswirksame Aura gewesen sein, die den Arztberuf über andere Tätigkeiten erhebt und dem ›Doktor‹ jenes Ansehen garantiert, nach dem sich Leser und Autor gleichermaßen sehnen.

der verfolgten Unschuld – kurz, ein *vir bonus* bürgerlich-humanistischer Herkunft. Sämtliche Figuren des *Waldröschen* verkörpern derart abstrakte Eigenschaften, gute oder böse, und je mehr sie davon in sich vereinen, desto höher – oder niedriger – ist ihr Rang in der Romanhierarchie. Mays Leben und Streben hatte vor allem den Zweck, diesen Montagecharakter seiner Figuren zu kaschieren, ihnen jenes Leben einzuhauchen, das ihnen von der gesellschaftlichen Realität zwangsläufig verweigert wurde. Der Wechsel vom Er- zum Ich-Roman ist ein Ausdruck dieses Bemühens. Ohne die psychologischen Zusammenhänge zu vernachlässigen, kann doch behauptet werden, daß die ungeheure Scheinwelt, die Karl May sich aufbaute, nicht nur den Zweck hatte, »das lange lädierte, nunmehr reparierte Ich« zur Schau zu stellen,[38] sondern seinen Kunstfiguren einen Rahmen auch in der Realität selber aufzubauen, den diese ohne derartige Manipulation nicht zu geben vermochte. »Ich habe jene Länder wirklich besucht und spreche die Sprachen der betreffenden Völker [...] Die Gestalten, welche ich bringe (Halef Omar, Winnetou, Old Firehand [...]) haben gelebt oder leben noch und waren meine Freunde [...]«[39] Um den krassen Widerspruch zwischen seinen Helden und der Wirklichkeit, auch einer als möglich aufgefaßten Wirklichkeit zu beseitigen, modelt Karl May die Realität zur künstlich-kunstvollen Veranstaltung um, staffiert er sich selber so lange als eine seiner Kunstfiguren aus, bis »sein zwiegespaltenes Ich die Rollen [vertauscht].«[40] Die berühmten Photographien, die May in vollem Westmannsornat mit breitkrempigem Hut, umgehängtem Lasso, angeschnalltem Revolver und doppelläufiger ›Büchse‹ zeigen, legen weniger Zeugnis für eine ihm später angekreidete Unehrenhaftigkeit ab und dürfen auch nicht lediglich als Clownerien verstanden werden: sie zeigen trotz der mit ihnen zweifellos verbundenen Täuschungsabsicht nicht den Hochstapler nach Art eines Felix Krull oder Manolescu, der als König der Diebe in die Gerichts- und Polizeiakten eingegangen ist, sondern die Nachahmung eines Romanhelden, der sich durch die vollkommene Imitation aller ihm zukommenden Attribute sel-

38 Wollschläger, a.a.O., S. 64.
39 Brief an Prof. Dr. G. Jäger vom 9. 8. 1894. Zit. nach Wollschläger, a.a.O., S. 65 f.
40 Wollschläger, a.a.O., S. 66.

ber autorisiert. »Ein Romanheld aber muß, so will es die Tradition, der epischen Wahrscheinlichkeit entsprechen. Mag man hier von ›innerer Wahrheit‹ reden oder die Vokabel vom Realismus bemühen: wo von Romanhelden die Rede ist, wird nach Prinzipien der Mimesis gearbeitet, der Nachahmung von Lebensvorgängen in der Kunst.«[41] Der verkleidete Karl May ist die vollkommene Nachahmung seines Romanhelden, dessen ausführlich geschilderte Lebensvorgänge spiegeln sich in den Attributen und Requisiten, im krummen Türkensäbel oder bestickten Lederwams: jedes dieser Dinge erzählt eine Geschichte. Die historische Nachahmung erkannte Ernst Bloch als einen Grundzug des 19. Jahrhunderts.[42] Karl May jedoch träumt sich nicht »im eroberten Adelsbett« wie sonst der bourgeoise gentil' homme seiner Zeit mit Vorliebe,[43] nicht die Vergangenheit putzt er auf zur eigenen Erhöhung: er lebt kraft der Souveränität seiner eigenen Phantasie. Fälscher wie Hochstapler sind jeweils eine andere Person, als sie vorgeben: »Es ist daher schwierig, irgendeinen Einwand gegen einen gefälschten Vermeer zu entdecken, ausgenommen den, daß Vermeer das Bild nicht gemalt hat [...]«[44] Welcher Einwand aber ließe sich gegen den photographierbaren Kara ben Nemsi vorbringen, der so vollkommen mit seiner Geschichte übereinstimmt und der gar nicht vorgibt, ein anderer zu sein, nicht einmal die Identität mit jenem Karl May aus Radebeul leugnen würde? Die Photographie autorisiert die Geschichten, und diese wiederum beglaubigen die Photographie: »Das Atelier des Photographen wird zur Requisitenkammer eines Theaters, in dem für alle beruflichen Rollen die passenden Charaktermasken bereitgestellt sind.«[45] May braucht seine Maske nicht für den Augenblick zu entleihen, er hat sich in jahrelanger Arbeit selber in einen Artefakt verwandelt, und nichts anderes als das Ergebnis dieser Verwandlung zeigt die Photographie, sie ist das »Gleich-

41 Hans Mayer, *Felix Krull und Oskar Matzerath. Aspekte des Romans,* in: H. Mayer, *Das Geschehen und das Schweigen. Aspekte der Literatur,* Frankfurt/M. 1969, S. 37.
42 Vgl. Bloch, *Erbschaft,* a.a.O., S. 381 ff.
43 Bloch, a.a.O., S. 382.
44 Hugh Kenner, *Von Pope zu Pop. Kunst im Zeitalter von Xerox,* München 1969. S. 30.
45 Gisèle Freund, *Photographie und bürgerliche Gesellschaft,* München 1968, S. 78.

heitzeichen [...] zwischen Old Shatterhand und dem Dr. May.«[46]

Im Jahrhundert einer fortgeschrittenen Technologie stellt sich das alte Problem des künstlichen Menschen in neuer und verschärfter Form. »Eine menschliche Spezialisierung, wird sie sorgfältig genug beobachtet, ist mechanisch reproduzierbar, und wenn ein Mensch ein Spezialist *geworden* ist, so ist dieser Mensch [...] selbst mechanisch reproduzierbar [...][47] Schon de La Mettries Schrift *Der Mensch eine Maschine* widersprach der Ideologie von der Einzigartigkeit und Einmaligkeit des Individuums, das, auf seine Funktionen im Produktionsprozeß reduziert, austauschbar geworden ist. Vaucansons Schachautomaten, die Androiden der Feinmechaniker Jaquet – Droz schienen die These zu bestätigen, »daß der menschliche Körper einer Uhr entspreche.«[48] Wenn Wissenschaft, Technik und soziale Realität dem Individuum seine Selbstgewißheit genommen, die Überzeugung der ihm wesensgemäßen Einzigartigkeit zerstört haben, sind jene Identitätskrisen die zwangsläufige Folge, deren Opfer auch Karl May wurde. Was einst verdienstlose Qualität schien, die jeden Einzelnen auch zu einem Besonderen qua seines Menschseins machte, muß nun in harter Kleinarbeit hergestellt werden: die Aufgabe besteht also darin, nicht eine *andere,* sondern eine *unverwechselbare* Persönlichkeit zu schaffen.

Old Shatterhand als Künstler

»Schon aus diesem Tatbestand, daß während der Epoche, die das Individuum emanzipiert, der Mensch in der grundlegenden wirtschaftlichen Sphäre sich selbst als isoliertes Subjekt von Interessen erfährt und nur durch Kauf und Verkauf mit anderen in Verbindung tritt, ergibt sich die Fremdheit als anthropologische Kategorie.«[49] Karl Mays Schriftstellerdasein ist kein Einzelschicksal, sondern es stimmt mit den herrschenden Tendenzen seines Zeitalters überein. Über alle biographischen und

46 Wollschläger, a.a.O., S. 67.
47 Kenner, a.a.O., S. 24.
48 Klaus Völker, *Nachwort* zu *Künstliche Menschen. Dichtungen und Dokumente über Golems, Homunculi, Androiden und lebende Statuen,* hrsg. v. K. Völker, München 1971, S. 473.
49 Horkheimer, *Egoismus,* a.a.O., S. 63.

individualpsychologischen Voraussetzungen hinaus zieht Karl May in seinem Leben die letzte Konsequenz einer Auffassung, die den Künstler als Fremden, als Außenseiter in seiner Gesellschaft begreift und ihn mit dem Lügner, Schwindler und Hochstapler identifiziert, der die gültigen sozialen Regeln mißachtet. Es besteht nicht nur eine oberflächliche Analogie zwischen Dr. Karl May, genannt Old Shatterhand, und der Musterfigur künstlerischer Hochstapelei: Felix Krull. Obwohl selber nicht Künstler, ist Krull dennoch »virtuell und sogar real, nämlich in der hohen Kunst der Betrügerei, ein echter Artist. Er treibt sich nicht durch gesetzwidriges Verhalten aus dem Bürgerbereich, sondern gehörte von Anfang an nicht dazu.«[50] Aus dieser Nicht-Zugehörigkeit zum bürgerlichen Leben resultiert, wie Hans Mayer meint, die Einsamkeit des Hochstaplers, die »ohne weiteres mit der Einsamkeit des wirklichen Künstlers Leverkühn gleichgesetzt werden kann.«[51] Thomas Manns Lieblingsproblematik ist das Grunderlebnis des bürgerlichen Intellektuellen im 19. Jahrhundert. Die Erfahrung fortschreitender Isolierung und Entfremdung führt in Resignation und Verzweiflung oder deren Derivat, das »Leben als ästhetische Existenz«[52]. Dessen Gefährdung demonstrieren bereits die kleinen Täuschungsmanöver, die May in seiner Jugend ausführte,[53] wieviel mehr seine spätere Hochstapelei großen Stils! »Der Künstler ist der Bruder des Verbrechers und des Verrückten. Meinst du, daß je ein irgend belustigendes Werk zustande gekommen, ohne daß sein Macher sich dabei auf das Dasein des Verbrechers und des Tollen verstehen lernte?«[54] Die Bilder, die May als Kara ben Nemsi oder Old Shatterhand martialisch vor Augen führen, zeigen lediglich die reißerische Außenseite einer Verwandlung von »Leben in Literatur«,[55] wie sie Thomas Mann mit seinem Felix Krull vorführte und wie sie auf raffinierte Weise von Schriftstellern wie Oscar Wilde

50 Mayer, *Krull*, a.a.O., S. 50.
51 Mayer, a.a.O., S. 52.
52 Mayer, a.a.O., S. 52.
53 So gab er sich am 29. 3. 1869 als »Polizeileutnant von Wolframsdorf«, etwas später als »Mitglied der geheimen Polizei« aus. Vgl. Wollschläger, a.a.O., S. 25 ff.
54 Thomas Mann, *Doktor Faustus*, in: Thomas Mann, *Werke*, Taschenbuchausgabe in 12 Bänden, Frankfurt/M. u. Hamburg 1967, S. 237.
55 Mayer, a.a.O., S. 63.

oder Marcel Proust schon vorher in Werk und Wirklichkeit gesetzt worden war. Marcel Proust aktivierte die Kraft seiner Erinnerung, um aus der Vergangenheit Detail für Detail die Bausteine seines Lebens zusammenzutragen und in dieser Rekonstruktion sich seiner Originalität zu vergewissern. Zum gleichen Zwecke bediente sich Karl May der Macht seiner Phantasie, baute sich aus den Bildern seiner Wunschträume eine Welt, die die Einheit seiner Persönlichkeit garantierte. In der Villa Shatterhand lebte er ein Leben, das nur ihm gehörte, in Wahrheit *sein* Leben bedeutete: »Ich bin wirklich Old Shatterhand resp. Kara ben Nemsi und habe erlebt, was ich erzähle [...]«[56] Als höchst unzureichend erweist sich angesichts dieser lückenlosen, genialen Konstruktion der psychologische Befund, ein pseudologischer Schwindler habe mit seinen Zeitgenossen ein theatralisches Spiel getrieben; er wird weder der Ernsthaftigkeit dieses Unternehmens noch seines exemplarischen Charakters in einer Epoche gerecht, deren vorrangige Leistung »der Begriff des verfälschbaren Menschen war.«[57] Das Dasein des Pseudologen ist augenblickshaft, Vergangenheit und Zukunft liegen außerhalb seiner Erfahrungsmöglichkeiten. Anders im Fall Karl Mays: sein ganzes schriftstellerisches und artistisches Können richtete sich auf die Konstruktion seiner Historie, in der die Gegenwart nur transitorische Funktion hat. Für alle Vergangenheit und Zukunft sollte sichergestellt sein, diese Persönlichkeit Karl May, genannt ..., ist unverwechselbar und kann nicht gefälscht werden.

Der Abenteuerwald

In den Lieferungsromanen Mays wird das Abenteuer nur sehr sparsam mit geographischen oder ethnologischen Details ausgestattet. Ob Savanne, Prairie, Wüste, Wald oder zerklüftete Pyrenäen, der Leser muß sich mit knappen Andeutungen begnügen, die eher beiläufige Orientierungshilfen darstellen, als den Ereignissen ihren landschaftlichen Rahmen geben. »Hoch oben in den Bergen der Pyrenäen, da wo westlich von Andorra der gewaltige Maladetta, ›der Verfluchte‹, seine Spitzen in die Wolken reckt und seine finsteren Schluchten tief in die Erde

56 Brief vom 15. 4. 1897. Zit. nach Wollschläger, a.a.O., S. 73.
57 Kenner, a.a.O., S. 39.

gräbt, schlich ein Wanderer den wilden Pfad hinab.«⁵⁸ Anders als in den Reiseromanen, deren Autor den jeweiligen Schauplatz des Abenteuers mit Hilfe geographischer Werke genau studiert hat, stammen die wenigen Versatzstücke, aus denen die Landschaften der Lieferungsromane zusammengesetzt sind, aus den zeitgenössischen Kolportageromanen. Ein etwa um 1900 erschienener Heftchenroman setzt mit einem ähnlichen Landschaftsschema ein: »Der Abend eines ungewöhnlich heißen Apriltages hatte sich herabgesenkt auf die Berge und Thäler des Oberöstereichischen Landes. In der Nähe des Gmunder Sees, ungefähr einen Büchsenschuß vom Ufer entfernt, ging ein Mann auf und nieder.«⁵⁹ Die Landschaft wird nur umrißhaft aus wenigen Zitaten aufgebaut, deren Allgemeinheit auch nicht durch die Namen von Bergen, Flüssen oder Städten aufgehoben wird, sie bleibt Hintergrund der Ereignisse, die selten mehr als eine Kulisse benötigen, vor der die Aktionen der Helden und ihrer Gegenspieler ablaufen können. Bereits Volker Klotz hat auf den Unterschied hingewiesen, der in der Umweltschilderung zwischen Mays Lieferungs- und Reiseromanen besteht. Während er den Reiseromanen die »Autarkie des künstlichen Paradieses« zugesteht, sieht er im *Waldröschen* nur den schwindelhaften Versuch des Autors, eine Scheinwirklichkeit herzustellen.⁶⁰ Gewiß besteht hinsichtlich Bedeutung, Funktion und technischer Vollkommenheit der Natur- und Landschaftsschilderungen zwischen etwa dem *Waldröschen* und *Durch die Wüste* ein deutlicher Unterschied. »Der ethnologische Randeifer des Autors, der mit allerlei lexikalischen Tatsachen aufwartet«,⁶¹ spricht nicht nur für dessen Bindung an die Ästhetik des »prodesse et delectare«, sondern billigt der Natur einen besonderen Stellenwert im Rahmen des Gesamtabenteuers zu. Es ist dies nicht der Unterschied zwischen ›ehrlichem‹ künstlichen Paradies und ›lügnerischer‹ Scheinwirklichkeit, sondern ein Unterschied in der Herkunft der Zeichen, die Wald

---

58 May, *Waldröschen*, a.a.O., S. 29.
59 Victor Haimer, *Müllers Lieschen oder: Die Gräfin im Irrenhause*, Berlin o. J., S. 1.
60 Vgl. Klotz, *Ausverkauf*, a.a.O., S. 166 f. – Noch in solchen Qualifikationen ist das klassische Wertesystem der Kunst wirksam, was dann selbst einen Kenner und Liebhaber der Kolportage wie Volker Klotz zu Fehlurteilen veranlaßt.
61 Klotz, a.a.O., S. 161.

oder Stadt, Berg oder Tal bedeuten und – damit zusammenhängend – ein funktionaler Unterschied. »Das primitive Gemälde, wie die bemalte Indianerstatue vor Tabakläden oder der geblümte Nachttopf sind Treibgut der Geschichte, das sich selber überlebt hat. Man kann es natürlich fälschen, und diese Fälschung, einmal entdeckt, ist Anspielung auf eine vergangene Kultur [. . .]«[62] Die Requisiten der Lieferungsromane sind Imitationen nach Vorbildern aus anderen Romanen gleichen Genres, sie verweisen damit primär nicht auf die Natur, sondern geben sich als Partikel eines umfangreichen Zeichensystems zu erkennen, das dem zeitgenössischen Leser aus seiner einschlägigen Lektüre vertraut war. Nicht Wiedergabe der Naturwirklichkeit ist hier beabsichtigt, sondern Herstellung der Abenteuerlichkeit als Kolportage. So entsteht ein grobkörniges Gemälde, dessen einzelne Bestandteile nicht auf ›natürliche‹ Objekte, sondern auf bereits kulturell geformte verweisen. Dieses technische Vorgehen hat auch Auswirkungen auf die Darstellung heimatlich vertrauter Regionen, die ebenfalls nicht Realität wiedergeben soll, sondern deren Irrelevanz nochmals bestätigt.[63] In bezug auf das Abenteuer besteht zwischen Heimat und Fremde kein *grundsätzlicher* Unterschied: Rheinswalden bei Mainz und der deutsche Forst bezeichnen ebenso wie Schloß Rodriganda oder die Pyramide der Miztekas einen Anschauungsraum, der nur scheinbar nach den Maßen der Wirklichkeit gebaut wurde, bei näherem Zusehen aber als abenteuerliche Komposition von Bedeutungseinheiten erscheint. Der Schauplatz des Abenteuers wechselt daher im *Waldröschen* noch recht gleichgewichtig zwischen Heimat und Fremde; in anderen Lieferungsromanen wie *Die Liebe des Ulanen, Der Weg zum Glück* oder *Der verlorene Sohn* verzichtet Karl May völlig auf die Darstellung exotischer Regionen. Der Försterssohn Gustav Brand flieht zwar nach seiner ungerechten Verurteilung nach Indien und Borneo, kommt zu großen Reichtümern und kehrt als Fürst von Befour alias Fürst des Elends in

62 Kenner, a.a.O., S. 97.
63 Klotz meint, Karl May habe die Heimat »verabenteuert«, um »die drohende Realismusgefahr zu unterlaufen«. – Klotz, a.a.O., S. 167. – Er unterstellt eine Absicht, die dem Autor des *Waldröschen* fern lag. Nachahmung ist nicht Prinzip, sondern Mittel künstlerischer Gestaltung. – Vgl. Max Bense, *Aesthetica*, Baden-Baden 1965, S. 64.

seine Heimat zurück; die Abenteuer und Gefahren, die er in der Fremde überstanden hat, werden aber nur hier und da in kurzen Gesprächen einmal angedeutet. Noch ist es also dem Autor recht gleichgültig, in welchen Zonen er seine Raumkonstruktion verankert, die, wollte man einen Vergleich aus der Malerei nehmen, nicht nach dem Modell deutscher Wirklichkeit in der zweiten Jahrhunderthälfte gefertigt ist, sondern eine Traumwelt aus Licht und Finsternis bildet, in der das Vertraute in unheimlicher Verzerrung erscheint. Wenn Ernst Bloch von »surrealistischer Kolportage« spricht[64] und die Unheimlichkeit des von ihr umschriebenen Traum-Raumes pointiert,[65] so trifft er damit genau jenen der Kolportage eigentümlichen Raum-Verschnitt, der das Ergebnis einer Komposition disparater Elemente darstellt. »Weite Reisen, sehr ferne oder sehr glänzende Schauplätze sind der Kolportage wesentlich; keineswegs nährt sie sich zu Hause redlich [...]«[66] Auch der Rheinswaldener Forst oder die Residenzstadt im *Verlorenen Sohn* sind eher Schauplätze in einer Traumferne, denn Ruheplätze bürgerlicher Wohlanständigkeit.

Am Beispiel der Lieferungsromane Karl Mays zeigt sich, daß wie für den Kitsch so auch für die Kolportage die Realismusforderung ihrem Gegenstand unangemessen ist. Erst für das Spätwerk trifft des Autors eigene Definition seiner Absichten zu: »Ich erzähle also rein deutsche Begebenheiten im persischen Gewand. Wer guten Willens ist [...] wird ohne weiteres finden, daß ihr [meiner Bücher] Inhalt fast nur aus Gleichnissen besteht.«[67] Die auf spannende Unterhaltung zielende Intention der Abenteuer-Erzählung bedarf nicht des Wirklichkeitsausweises, um für den Leser realisiert zu werden; allerdings muß sie in gewissen Grenzen der Wahrscheinlichkeitsforderung genügen, d. h. die Verknüpfung der einzelnen Elemente zu einem Geschehniszusammenhang muß mit einer einsichtigen

---

64 Vgl. Ernst Bloch, *Rettung Wagners durch surrealistische Kolportage,* in: Bloch, *Erbschaft,* a.a.O., S. 372 ff.

65 Bloch, a.a.O., S. 379.

66 Bloch, a.a.O., S. 376.

67 Karl May, *Mein Leben und Streben,* in: *Ich. Aus Karl Mays Nachlaß,* hrsg. v. Dr. E. A. Schmid, Radebeul o. J. (1940) (Radebeuler Ausgabe Bd. 34), S. 419. – Vgl. dazu Wollschläger, a.a.O., S. 114 ff. und Arno Schmidt, *Abu Kital / Vom neuen Großmystiker,* in: A. Schmidt, *Dya Na Sore. Gespräche in einer Bibliothek,* Karlsruhe 1958, S. 150 ff.

Folgerichtigkeit geschehen. Mit seinen Beobachtungen in der Ufa-Stadt zu Neubabelsberg hat Siegfried Kracauer dieses Verfahren der Kolportage bei der Herstellung der Abenteuerwelt beschrieben: »Die Weltelemente werden in umfänglichen Laboratorien an Ort und Stelle gezeugt. Das Verfahren ist prompt. Man richtet die Stücke einzeln her und schafft sie an ihren Platz, wo sie geduldig stehen bleiben, bis man sie wieder abreißt; Organismen, die sich auf eigene Faust entwickeln wollen, sind sie nicht.«[68] Der Schriftsteller allerdings ist nicht genötigt, die einzelnen Teile für seine Veranstaltung aus dafür eingerichteten Laboratorien und Werkstätten zu beziehen, er übernimmt sie aus dem Reservoir der Gattung. Wie die Westernstadt der Kinowelt nicht nur einem einzigen Film als Hintergrund und Spielfeld dient, so benutzt auch die Kolportage ihre Kulissen und Requisiten immer wieder, allenfalls ändert sie die Zusammensetzung der fest umrissenen Fragmente. Es ist sicher eines der Hauptverdienste der May-Studien Arno Schmidts, eine recht vollständige Topographie abenteuerlicher Landschaften geliefert zu haben: »Immer wieder baut er sich unverdächtig-einladende Wüsten & Wildnisse zusammen [...]«,[69] Landschaftsformen, die sämtliche Bedingungen des vorgesehenen Abenteuers erfüllen. Die von der Umwelt durch ihre Lage isolierte Insel, die Hazienda del Erina oder die Pyramide im *Waldröschen*, die Oase im Llano Estakado oder das »hide-spot« in *Winnetou II* – die Liste ließe sich beliebig verlängern. Doch ob Schlucht, tiefer Canyon, von Bergen umschlossene Täler, allen diesen Landschaftsformationen ist eines gemeinsam: ihre bedrohliche Zweideutigkeit.

Ein Kapitel aus der Rhetorik der Kolportage
Die topische Häufigkeit, mit welcher dergleichen Beschreibungen bei Karl May auftauchen, verleitete Arno Schmidt zu der Annahme, dabei handele es sich um mehr oder weniger verkappte Sexuallandschaften, in denen die Po- und Penis-Symbole blühen. Selbst die erotisch stimulierende Wirkung mancher Landschaftsformen zugegeben, handelt es sich bei Mays Naturbildern vor allem um sinnlich wahrnehmbare Zeichen

68 Kracauer, *Ornament*, a.a.O., S. 276.
69 Schmidt, *Sitara*, a.a.O., S. 35.

für Abenteuer, deren Bedeutung für den Leser aber noch nicht mit völliger Sicherheit gegeben ist.

Die Rhetorik unterscheidet zwischen *signa necessaria* und *signa non necessaria*. »Das *signum necessarium* [...] ist ein zwingendes Zeichen, das auf einen bestimmten Sachverhalt mit voller Sicherheit rückschließen läßt.«[70] »Das *signum non necessarium* [...] läßt auf einen bestimmten Sachverhalt nicht mit voller Sicherheit rückschließen.«[71] Des sinnlich wahrnehmbaren Zeichens, »das einen anderen Sachverhalt begleitet, so daß man aus dem Zeichen mehr oder minder sicher auf den Sachverhalt schließen kann«,[72] bedient sich die Kolportage, um das Abenteuer vorzubereiten (damit auch Spannung zu erzeugen) und ihm seine landschaftliche Dimension zu geben. In den Lieferungsromanen beschränkte sich May auf die zur Motivierung der Handlung unbedingt notwendigen *signa,* in den späteren Reiseromanen werden sie vielfältiger und oft sehr subtil angewendet. Immer aber sind es, im Sinne der Rhetorik, *signa non necessaria,* d. h. aus dem Auftauchen eines Zeichens kann der Leser nicht mit logischer Sicherheit auf eine ganz bestimmte Folge rechnen, sie erlauben lediglich eine Prognose des Folgenden. Zwar erscheint Landschaft in der Kolportage selbst in Funktion der Kulisse nie völlig losgelöst von den agierenden Menschen, die *Art* der Verknüpfung aber ist nicht determiniert: so kann der nur von zwei Seiten her durch enge Spalten zugängliche Talkessel den Helden des Abenteuers eine leicht zu verteidigende Festung bieten oder aber zur ebenso bequem zu verriegelnden Falle geraten, aus der es keinen Ausweg mehr gibt. Die Vieldeutigkeit der Zeichen garantiert die Spannung, von der Kolportage lebt, und darüber hinaus legitimieren die Landschaftszeichen die Ereignisse, auf die sie vorausdeuten. »Es ist nicht nothwendig, langweilige [!] geographische Bemerkungen über Mexiko zu machen; aber wie der Mensch überhaupt von dem Boden abhängig ist, auf welchem er lebt, so ist auch der Charakter des echten Mexikaners demjenigen seines Landes ganz conform. Der Boden des Landes ist zum großen Theile ein vulkanischer, und so glüht auch im Innern des Bewohners ein Feuer, welches oft mächtig und verzehrend

70 Lausberg, a.a.O., S. 195 f.
71 Lausberg, a.a.O., S. 196.
72 Lausberg, a.a.O., S. 195.

emporflammt. An den Küstenstrichen herrschen tödtliche Fieber; so sind auch die politischen Verhältnisse des Landes krankhaft und höchst unzuverlässig; das ganze Leben und Treiben der Nation ist ein reich Phantastisches und wechselvolles, und man kann in einer Woche dort mehr Abenteuer erleben, als bei unseren geordneten Verhältnisse in zehn Jahren.«[73] Der Argumentationszusammenhang ist schlüssig. Vulkanisch-fiebriger »Boden« – feuriger Charakter der »Bewohner« (politisch unzuverlässige Verhältnisse) – wechselvolles Leben – Abenteuer. Landschaft signalisiert in der Kolportage Abenteuer; dies und die räumliche Fixierung der dann ablaufenden Geschehnisse sind ihr eigentlicher Zweck. »Es ging nach Norden immer dem Rio Pecos zu. Der Weg führte zunächst durch offene Prairie, dann erhob sich eine Sierra vor ihnen, deren Berge mit Wald bestanden waren; sie ritten durch Thäler und Schluchten und gelangten gegen Abend auf eine Höhe, von welcher aus man eine kleine Savanne überblicken konnte. [...] Dort lagerte ein Trupp Indianer, in dessen Mitte man die Gefangenen erblickte.«[74] Eine Feldbeschreibung, wie sie in sämtlichen Romanen Mays immer wiederkehrt: ein von Höhen umschlossener Raum, aus dem heraus das Abenteuer winkt. Hinsichtlich ihres Verwendungszwecks besteht so zwischen den traditionell vorgeformten Landschaftsfragmenten der Lieferungs- und Reiseromane kein Unterschied. Ungeachtet Mays eigener Beteuerungen, auch entgegen der Tatsache, daß der Zeitraum von Oktober 1862 bis Juli 1864 in Mays Biographie immer noch dunkel ist und daher Platz für mancherlei Spekulationen läßt,[75] geben auch die Reiseromane keine erlebte Wirklichkeit wieder. Deren Detailfreudigkeit in Natur- und Landschaftsschilderung soll den Leser von der Wahrscheinlichkeit des Dargestellten überzeugen, steht also unter dem Primat der *Wirkung*, nicht dem der *Realität*.

73 May, *Waldröschen*, a.a.O., S. 376.
74 May, a.a.O., S. 382.
75 Zum Thema der Frühreisen-Legende vgl. die *Mitteilungen der Karl-May-Gesellschaft*, Nr. 3, März 1970; Nr. 5, September 1970 und Nr. 6, Dezember 1970.

Der Unterschied in den Natur- bzw. Landschaftsschilderungen zwischen Lieferungs- und Reiseromanen reduziert sich zuletzt auf eine Verfeinerung der Mittel, mit deren Hilfe der Leser zum Teilhaber am Abenteuer gemacht werden soll. Das Lesepublikum der Lieferungsromane des Münchmeyer Verlages wie das vergleichbarer Verlage, läßt sich nicht eindeutig bestimmten bürgerlichen Schichten zuordnen. »Die Geschichte der populären Lesestoffe zeigt, daß man sich deren Publikum nicht konstant derselben niederen sozialen Schicht zugehörig denken darf, sondern daß sich diese Konsumenten vom feudalen, aber wenig gebildeten Adel über das wenig gebildete höhere und niedere Bürgertum bis zum wenig gebildeten Proletariat in einem Prozeß ausdehnen, der noch heute nicht abgeschlossen ist. Im neunzehnten Jahrhundert hat die Lesebewegung die Arbeiterklasse noch keineswegs ergriffen. Der Lesefortschritt vollzog sich vielmehr nur vom höheren zum niederen Bürgertum [...]«[76] Vernachlässigt man das etwas fragwürdige Maß des Bildungsbesitzes, so rekrutierten sich die Leser der Lieferungshefte zum überwiegenden Teil »aus den finanziell leistungsschwächsten Schichten der nationalen Bevölkerungen.«[77] Seiner Tätigkeit als Redakteur bei Münchmeyer verdankte Karl May gewiß nicht nur die Fertigkeit in der Produktion dieser Literatur, sondern gleichzeitig die Kenntnis seines Publikums, und daß es sich bei seinen fünf monströsen Lieferungsromanen um ein »Genre des untersten Konsums« handelte,[78] war ihm sicher nicht verborgen geblieben. Mays fünfjähriger Frondienst im Hause Münchmeyers hatte sicherlich entgegen seiner eigenen Darstellung[79] finanzielle Ursachen, und seine Intentionen waren schon vorher auf Höheres gerichtet. Als geachteter Schriftsteller wollte er sich einen Platz in der bürgerlichen Gesellschaft seiner Zeit erkämpfen – für einen ehemaligen Zuchthäusler auch heute kein leichtes Unterfangen. Wenn er später die Intention seiner Reiseromane als Darstellung der »Menschheitsfrage«[80] interpretierte und sie unter

76 Schenda, a.a.O., S. 457.
77 Schenda, a.a.O., S. 473.
78 Wollschläger, a.a.O., S. 52.
79 Vgl. Wollschläger, a.a.O., S. 46.
80 Vgl. May, *Ich*, a.a.O., S. 418.

dem Druck der Kritik *nachträglich* zu legitimieren suchte, so entspricht er damit seiner Intention, sich mit den Reiseromanen bewußt an ein anderes Publikum zu wenden, an ein mittelständisches, durchaus nicht ungebildetes Bürgertum, dem anzugehören sein sehnlichster Wunsch war. Diese ›Zielgruppe‹ aber hätte er nicht mit den Mustern der zeitgenössischen Heftchenliteratur erreicht, sie verlangte eine wahrscheinlichere Fundierung des Abenteuers, neben der Unterhaltung auch die Belehrung, neben der abenteuerlichen Handlung auch die geographische und ethnologische Detailkenntnis: der spätere Karl May Verlag hat diesem Bedürfnis noch zusätzlich durch die Herausgabe von Landkarten entsprochen, auf denen die Stationen der Reisen festgehalten waren. Gleichwohl kann man nicht behaupten, Karl May habe mit seinen Romanen Wirklichkeit wiedergeben wollen – seine Wirkungsintention, bis hin zum späten Edelmenschenpropagandisten, war gekoppelt an seine Glaubwürdigkeit. Die endgültige Verlagerung des Abenteuers in die exotische Ferne ist die konsequente literarische Umsetzung seines Kampfes um einen Platz in der Gesellschaft – fern in der Türkei scheint manches möglich, was seinen Lesern nunmehr in Rheinswalden bei Mainz nicht mal mehr spanisch vorgekommen wäre. Soll das Naturbild Gefahr und Abenteuer signalisieren, so muß in ihm deren Qualität bereits enthalten sein: es ließe sich sonst zwischen Zeichen und Sachverhalt keine Beziehung herstellen. Obwohl also Natur in der Kolportage nicht als organische Einheit erscheint, sondern aus vorgefertigten Elementen künstlich hergestellt wird, kann man dennoch von einer Naturauffassung der Kolportage sprechen, die sich in der Qualität ausdrückt, die dem Natur vorstellenden Bild zugesprochen wird. Im Gegensatz zum Kitsch, für den Natur und Landschaft reinen Stimmungswert besitzen, der Stimulierung der mittleren, mild-sanften Gefühle dienen und daher nur als domestizierte Verwendung finden, nähert sich die dem Abenteuer gemäße Naturauffassung der Kolportage der dynamisch-erhabenen Natur Kants: »Kühne, überhangende, gleichsam drohende Felsen, am Himmel sich auftürmende Donnerwolken mit Blitzen und Krachen einherziehend, Vulkane in ihrer ganzen zerstörenden Gewalt, Orkane mit ihrer zurückgelassenen Verwüstung, der grenzenlose Ozean in Empörung gesetzt, ein hoher Wasserfall eines mächtigen Flusses u. dgl.

machen unser Vermögen zu widerstehen in Vergleichung mit
ihrer Macht zur unbedeutenden Kleinigkeit.«[81] Dieses von
Kant eindringlich geschilderte Naturerleben kehrt in kolpor-
tierter Gestalt in den Abenteuerromanen wieder, die Reiseerzählungen Mays verdanken ihm manch eindringliche Szene.
»Der Posaunenton ertönte stärker und näher, und – da kam es
heran, eine schwarze, hohe, beinahe senkrecht aufsteigende
Wogenmauer, und hinter ihr der Orkan, der sie emporgerissen
hatte und vor sich hertrieb [. . .] Das Sturmloch hatte sich verschlossen, und wir befanden uns in vollständiger Nacht, durch
deren Finsternis nur der sprühende Schaum der Wogenkämme
gespenstisch leuchtete. So wütete der Orkan zwei, drei, vier
Stunden lang. Ich hatte mich bisher keinem noch so fürchter-
lichen Präriebrande, keinem noch so gefährlichen Tiere der
Wildnis, keiner noch so drohenden Naturerscheinung gegenüber hilflos gefühlt [. . .]«[82] Wie weiland Odysseus läßt sich
der Ich-Erzähler mit einem starken Tau an den Mast fesseln,
um so, aller Gefahr trotzend, die Macht des Taifuns, die eigene
Schwäche und doch den schließlichen Sieg über die Natur-
gewalt zu erleben. Die Überlegenheit über die Natur verdankt
der Held des Abenteuerromans allerdings dann nicht nach der
Weise Kants seinem moralischen Vermögen, sondern vielmehr
der eigenen Vernunft, Tatkraft und Entschlossenheit. Weniger
deutlich, aber doch schon in Umrissen erkennbar, findet sich
diese Naturauffassung auch in den Lieferungsromanen. »Er
[Büffelherz] kehrte also zurück. Dabei suchte er sich aber nicht
etwa den gradesten und bequemsten Weg aus, sondern er folg-
te den Thälern, Schluchten und Gründen, wie sie ihm gerade
in die Richtung kamen, bis er, in einer Vertiefung reitend,
plötzlich zankende Stimmen vernahm. Gleich darauf ertönte
ein Schuß und ein Schrei.«[83] Die Natur der Kolportage ist
ungezähmt, unberührt, voller Gefahr und drohender Abgrün-
de, ihre Landschaft ist Wildnis, Einöde, zerklüftetes Gebirge.
Wald und Busch verlocken weder verliebte Schäfer noch wan-
delnde Träumer zur behaglichen Ruhe, sie bieten Versteck vor

81 Immanuel Kant, *Kritik der Urteilskraft*, hrsg. v. K. Vorländer, Hamburg 1959, S. 107.
82 Karl May, *Am Stillen Ozean*, a.a.O. (Radebeuler Ausgabe Bd. 11),
S. 82 f.
83 May, *Waldröschen*, a.a.O., S. 422.

der Gefahr oder bergen selber unheilschwanger mancherlei Gefährnisse. Droht die Gewalt der Natur dem Menschen nicht selber mit Untergang (Sandsturm, Taifun, reißende Fluten, trügerischer Salzsee), so ist sie doch der Schoß der Gefahren, die dem Menschen vom Menschen drohen. Sie kann zum Zwecke der Vernichtung des Menschen nutzbar gemacht werden: Wassermassen, die mit Hilfe einer Vorrichtung in unterirdische Gänge strömen, oder Felsbrocken, die den rettenden Abstieg versperren.

Adel und Bürgertum

Die »Entdeckung der Natur als eines der Gesellschaft entgegenzusetzendes Prinzip«[84] war im 18. Jahrhundert gewiß auch eine Funktion eskapistischen Verhaltens. Natur und die ihr gemäße Verhaltensweise: Natürlichkeit, dienten dem Bürger aber gleichzeitig zur polemischen Absetzung von einer »vom Adel (noch) beherrschten Welt.«[85] Lepenies betont vor allem die in der Naturauffassung des 18. Jahrhunderts immanente eskapistische Komponente; darüber aber darf nicht vergessen werden, daß Natur vom Bürger auch als Korrektiv, als Gegenbild zu einer abgelehnten gesellschaftlichen Realität erfahren wurde und zur Begründung einer kritischen Position führte, die adelige und höfische Verhaltensweisen als unnatürlich, als Unnatur entlarven konnte. »O Mensch, aus welcher Gegend du auch immer stammst, was für Meinungen du auch immer habest, höre! Dies ist deine Geschichte, wie ich sie zu lesen glaubte, und zwar nicht in den Büchern von deinesgleichen, die Lügner sind, aber in der Natur, die niemals lügt. Alles was darin von ihr sein wird, wird wahr sein.«[86] Nicht nur das aufklärerische Pathos legitimierte sich durch Rückgriff auf die Natur, auch der bürgerliche Grundsatz, »daß die Menschen frei und gleich geboren seien«[87], bezieht seine Glaubwürdigkeit aus der Naturdoktrin des 18. Jahrhunderts, die im

84 Lepenies, a.a.O., S. 100.
85 Lepenies, a.a.O., S. 103.
86 Jean-Jacques Rousseau, *Über den Ursprung der Ungleichheit unter den Menschen*, in: J.-J. Rousseau, *Schriften zur Kulturkritik*, übers. u. hrsg. v. K. Weigand, Hamburg 1971, S. 81.
87 Ernst Bloch, *Naturrecht und menschliche Würde*, Frankfrut/M. 1961, S. 79.

Zentrum der bürgerlichen Naturrechtslehre steht. »Der Ort, an dem man sich zu befinden glaubt, ist der der ›unverfälschten‹ Natur, und die Natur blickt genau so drein, wie das revolutionäre Bürgertum sich und das Seine wünscht.«[88] Es wünscht nicht nur die Schäfernatur, sondern ebenso die dynamisch erhabene des Widerstandes, die den tätigen Bürger zur Bewährung herausfordert.

Sehr blaß und schablonenhaft verzerrt erscheinen noch im *Waldröschen* die kritischen Positionen der Aufklärung. Die Natur bietet hier Raum und Hintergrund für wirkliche Helden, starke, tapfere und selbstlose Ritter, die allerdings oft Mitglieder der ›höheren Gesellschaft‹, des Adels sind. Selbst noch zu Beginn des Romans als Bürgerliche auftretende Helden entpuppen sich gegen Ende als Aristokraten, die so lange selber nicht wußten, welch hohem Stand sie qua Geburt angehörten, bis das Geheimnis ihrer Abstammung durch mancherlei Verwicklungen gelüftet wurde: der bürgerliche Arzt Doktor Sternau entdeckt sich denn auch unter schweren seelischen Erschütterungen selber als der illegitime Sproß eines spanischen Herzogs von Olsunna; so wird noch nachträglich seine ehemals unstandesgemäß vollzogene Eheschließung mit der Contessa Rosa de Rodriganda gerechtfertigt. Die Adaption aristokratischer Lebensweisen, der Adelstugenden und des höfischen Bildungsideals auf der Ebene der Kolportage scheint den einfachen Schluß nahezulegen: die »naive Bewunderung eines unzeitgemäßen Heldentums wird nicht gewahr, daß sie sich an falsche, überlebte Geschichtsprotagonisten hält, weil die richtigen unauffälliger im Hintergrund agieren.«[89] Solche Interpretation allerdings vernachlässigt die Macht der Muster wie auch die wirkungsbezogene Schreibweise des Kolportageschriftstellers. Selbst in der Trivialliteratur der Gegenwart hat die Welt des Adels nichts an Faszination und Anziehungskraft ver-

88 Bloch, a.a.O., S. 76. – »Bei Freiligrath wird in Deutschland das Doppelgesicht von Flucht in exotische Ferne und Protest gegen die Zustände der Gesellschaft ringsumher am deutlichsten: ›Meine erste Phase, die Wüsten- und Löwenpoesie, war im Grunde auch nur revolutionär; es war die allerentschiedenste Opposition gegen die zahme Dichtung, wie gegen die zahme Sozietät‹, schrieb er an den Verlag Brockhaus.« – Wolf-Dieter Bach, *Fluchtlandschaften*, – in: *Jahrbuch der Karl-May-Gesellschaft 1971*, hrsg. v. Claus Roxin, Hamburg 1971, S. 43.
89 Klotz, *Ausverkauf*, a.a.O., S. 175.

loren, – eine Tatsache, die sich nicht nur mit dem politischen Konservativismus der Autoren und Leser erklären läßt. Die höfische Welt der Kolportage entleiht ihren Glanz nicht der Wirklichkeit, sondern dem Märchen, den wundersamen Geschichten von der verzauberten Prinzessin oder dem armen Schäfer, der in Wahrheit ein verkappter Prinz ist, den Erzählungen vom Inkognito, vom wahren Wesen, das hinter der ärmlichen äußeren Fassade verborgen ist: nur weiß das – noch – niemand. Das Leben des Adels, wie es im *Waldröschen* geschildert wird, hat keinerlei Bezug zur Wirklichkeit mehr, die entsprechenden Partien sind Versatzstücke, die von Roman zu Roman weitergegeben werden, austauschbare Märchenfragmente, für die Publikumswirkung des Romans zwar scheinbar unerläßlich, für dessen Handlung aber weitgehend entbehrlich.

Wenn auch die eigentliche Haupthandlung, die Geschichte der Familie des Grafen von Rodriganda, der adeligen Abstammung der Helden Bewegung und Fortschreiten verdankt, da ja die Gegenseite, die verbrecherische Familie Cortejo, sich durch Kindesraub, Mord und Unterschlagung in den Besitz von Grafentitel und Ländereien setzen will, so sind die Spannungspunkte des Romans, die Verfolgungsjagden in Mexiko oder auf den Weltmeeren, die Abenteuer im heimatlichen deutschen Forst oder in der Unterwelt von Paris doch frei von solch feudalen Reminiszenzen. Zwar nimmt der indianische Name Sternaus, Matava-se: Der Fürst des Felsens, schon vorweg, was erst am Ende vielfältiger Verwicklungen feststeht, doch die adelige Abstammung zählt ›im Westen, in der Wildnis und unter Wilden‹ nichts: erst die Bewährung im Abenteuer »adelt« – der Mann und nicht der Name entscheidet. Zu dieser bürgerlichen Einsicht finden sogar die adligen Protagonisten selber, wie etwa der Herzog von Olsunna: »Ich steh am Rande des Grabes; da rechnet man mit anderen Faktoren als im vollen, frischen Leben. Ich sehe den Menschen, aller äußeren Würden, alles falschen Glanzes entkleidet, den ihm eine zufällige Geburt verleiht, ich taxiere mit dem Auge Gottes, vor dem nicht der Rang, sondern nur die Eigenschaft des Herzens gilt.«[90] Die These von Volker Klotz, daß »die Feudalstruktur im Vordergrund« bleibe, »weil Kolportage allemal auf Durchleuchtung

90 May, *Waldröschen*, a.a.O., S. 768.

ihres Gegenstandes verzichtet, um desto ausgiebiger sich an seine pittoreske Schauseite zu halten«,[91] läßt sich denn auch nur aufrechterhalten, wenn die ›bis ins Mark‹ bürgerlichen Helden, wie etwa Curt Helmers, »lediglich« als Demonstration dafür gelten, »daß Bürgertum dem Adel sogar überlegen sein kann«[92] oder wenn man schließlich sogar zwischen Reise- und Lieferungsromanen Mays einen unvermittelten Bruch behauptet.[93] Volker Klotz' Essay über das *Waldröschen* ist gewiß die bisher gründlichste Analyse dieses Kolportageromans, doch er hält sich oftmals zu sehr an die pittoreske Schauseite der Kolportage selber. Deren Abenteuer ist eben nicht das des Ritters in einer feudalaristokratischen Umwelt, sondern Folge bürgerlicher Tüchtigkeit bei der Eroberung der Welt. »Unsere Schicksale haben uns gelehrt, daß der Mensch nur soviel werth ist, als er wiegt, und daß Rang, Stand und Besitz nur eine nebensächliche Bedeutung besitzen.«[94]

Ein anderes Moment noch erhellt den gründlich bürgerlichen Charakter dieses so edel glänzenden Romans. Immer noch ist die Kluft zwischen Adel und Natur deutlich: der wilde Westen als unberührte Natur stellt auch die Antithese zu *feudaler* Konvention und Zivilisation dar, den Raum also, in dem allein sich wirkliches Menschenleben entfalten kann, da es nicht durch die Schranken des Standes, des Geldes oder ungerechter Gesetze gehemmt wird. Der Individualismus der Helden ist Ausdruck dieser aufklärerischen Position, wenn auch bereits ihr unzeitgemäßer, da er sich in der gesellschaftlichen Wirklichkeit längst zur Kenntlichkeit, also der mörderischen freien Konkurrenz des Marktes verändert hat. Unberührt vom Prozeß der historischen Veränderungen sind im *Waldröschen* sämtliche literarischen Motive versammelt, mit denen die Aufklärung seit Ende des 17. Jahrhunderts und im 18. ihre Ideen propagierte: der edle Wilde und der verdorbene Zivilisationsmensch, die unberührte Natur als Refugium und Ort der Bewährung, das Individuum als einziger Bezugspunkt und als Garant von Menschlichkeit und Moral, die Situation des Ausgesetztseins: die Robinsonade als Manifestation der Unabhän-

91 Klotz, *Ausverkauf*, a.a.O., S. 175.
92 Klotz, a.a.O., S. 171.
93 Vgl. Klotz, a.a.O., S. 169.
94 May, *Waldröschen*, a.a.O., S. 2611.

gigkeit von ›zivilisatorischen Errungenschaften‹. In seinen späteren Abenteuer- und Reiseromanen tradiert Karl May gerade diese abgesunkenen bürgerlichen Elemente der Literatur, nicht aber die feudalen oder feudalisierten, eine konsequente Weiterentwicklung, die auch die Rolle des Adels in den Kolportageromanen relativiert. Die Welt der Aristokratie ist zur Fassade und Staffage geworden, die nur· noch den flimmernden Rahmen für bürgerliches Leben und Leiden abgibt. Liest man genauer und läßt man sich von den zahllosen Adelsprädikaten, von den ausführlich wiedergegebenen Titeln der Exzellenzen, Grafen und Herzöge nicht täuschen, wie es der Autor – den Erwartungen des Publikums entsprechend – beabsichtigt, so werden sie zu Etiketten, die bürgerlichen Individuen angeheftet sind, allenfalls Masken, in denen aber die Falten und Risse deutlich sichtbar sind. Diese Brüchigkeit signalisiert eine, wenn auch nicht gewünschte und subjektiv vielleicht geleugnete, Einsicht in die Verfassung der Gesellschaft in der zweiten Hälfte des 19. Jahrhunderts, in das Abgelebte und Vergangene der Adelswelt, die nur noch am Leben erhalten wird, um Bürgern den Glanz zu verleihen, den bürgerliche Kultur zu erzeugen unfähig ist. Als Folie und festlicher Hintergrund dient die höfische Welt allein noch der Idealisierung des Bürgertums: »Es bildeten sich jetzt einzelne Gruppen, doch das Gespräch aller drehte sich jetzt meist um Helmers und die ungeheure Lection, welche dieser bürgerliche Lieutenant dem Gardecorps gegeben hatte. Die Damen begeisterten sich für ihn. Er hatte bewiesen, daß er nicht nur ein schöner Mann, sondern überhaupt ein Mann im vollsten Sinne des Wortes sei. Die Herren begannen, ihn auch mit anderen Augen zu betrachten [. . .]«[95]

3. Ungleichzeitigkeit und ihre Folgen

»Empor ins Reich der Edelmenschen«

Der Titel von Karl Mays Wiener Rede, am 22. März 1912 im Sofiensaal vorgetragen, verrät nicht nur die emphatische Naivität ihres Autors, sondern ebenso deutlich die ideologischen Quellen ihres ästhetisch-pädagogischen Konzepts. Und obwohl es sich bei Mays nachträglicher Interpretation seiner Werke si-

95 May, a.a.O., S. 1237.

cherlich »um eine erst später zurechtgemachte Deutung handelt«,[1] widerspricht eben diese letzte öffentliche Äußerung Mays vor seinem Tode der inzwischen schon weitverbreiteten Ansicht, die wie schon zwischen Lieferungs- und Reiseromanen so auch zwischen Früh- und Alterswerk einen Bruch konstatieren möchte.[2] Was May später als christlich verzuckerte, in den Rahmen seiner sentimentalen Weihnachtsphilosophie eingepaßte Edelmenschen-Lehre verkündete, bildete bereits die ideologische Substanz seiner frühen Erzählungen und Lieferungsromane; er verdankt sie sicher nicht einer privaten Denkanstrengung – wir erblicken hier die letzten, kaum noch als solche kenntlichen Reste bürgerlich-humanistischer Bildungsideologie.

Die Äußerungen Klara Mays über ihren Schriftsteller-Ehegatten darf man nur sehr vorsichtig zur Kenntnis nehmen, zeichnete doch auch sie sich durch »jene Nachkommengesinnung schlechthin« aus,[3] der die Nachwelt so viele Falschbilder großer Männer verdankt; dennoch dürfte ihre Angabe, Schiller sei der Lieblingsdichter Mays gewesen, auf Wahrheit beruhen. »Ihm war er ein nie versiegender Jungborn: Schiller. Er war ihm von den Lieben der Liebste.«[4] Mays Reimereien wie erst recht die Sprache seiner Spätwerke kopieren mehr oder weniger erfolgreich das Pathos der Schillersprache,[5] und schließlich zeigt gerade die Wiener Rede den Einfluß der Kunsttheorie Schillers auf Mays eigenes künstlerisches ›Streben‹. »Was alles die Wiener Rede für May bedeutete [...] – es war nichts geringeres als dies: die volle Wiederherstellung seiner menschlichen Würde, seines gesellschaftlichen Ansehens, *und* zugleich die unzweideutig dekretierte Bestimmung seines literarischen Ran-

1 Schmidt, *Sitara,* a.a.O., S. 25.
2 »[...] wer hätte dergleichen nach den sprachlichen Schreckenskammern der Kitschromane schon erwartet?!« – Schmidt, a.a.O., S. 18. Schmidt urteilt vor allem nach Maßstäben sprachlich-stilistischer Qualität, mit deren Hilfe sich zwar kein Bruch, zweifellos aber eine Weiterentwicklung des frühen zum späten Karl May feststellen läßt.
3 Hans Wollschläger, *Anmerkungen zu Klara May: »Die Lieblingsschriftsteller Karl Mays,* in: *Jahrbuch der Karl-May-Gesellschaft 1970,* hrsg. v. Claus Roxin, Hamburg 1970, S. 153.
4 Klara May, a.a.O., S. 149. Sarkastisch kommentiert Wollschläger »diese schwer erträglichen Einfältigkeiten«. – Wollschläger, a.a.O., S. 153.
5 Vgl. etwa die Reden des Ustad in: May, *Im Reiche des Silbernen Löwen,* a.a.O., Bd. IV, S. 140 ff. (Radebeuler Ausgabe Bd. 29).

ges. Es sollte zuletzt sein: seine endliche Aufnahme in den Kreis der Geistigen, Denkenden, Edlen [...]«[6] Mays Kunsttheoreme mobilisieren in grober, vereinfachender Form die idealistische Ästhetik Schillerscher Prägung. »Mein Thema: Ist ein großes, allgemeines Menschheitsthema und ein Thema auch für jeden Einzelmenschen [...] Die Menschheit soll empor in das Reich der Edelmenschen und jeder einzelne ebenso.«[7] Für die Realisierung solchen Bildungsstrebens sieht May drei Möglichkeiten: Wissenschaft, Kunst und Religion, wobei er der Kunst als der zwischen Wissenschaft und Religion vermittelnden Instanz das Vorrecht einräumt. »Wissenschaft bringt Erkenntniß; Kunst bringt Offenbarung; Religion bringt Erlösung. Die Kunst [...] söhnt Wissenschaft und Religion miteinander aus.«[8] »Also auf dem Pfade der Kunst, der Poesie empor in das Reich der Edelmenschen!«[9] Durch seine Kunst soll der Dichter die Menschen veredeln. Die zu solcher hehren Aufgabe Berufenen »sind Fürsten im Reiche der Geister. Sie haben fürstl. zu denken, zu empfinden, zu wollen und zu handeln, nicht niedrig wie in Ardistan, sondern hoch und edel wie in Dschinnistan.«[10] Das Schema, das sich hinter derart geschwollenen Sätzen verbirgt, kolportiert die klassisch-idealistische Auffassung von der Kunst als dem ›vornehmsten‹ Mittel zur Veränderung, Verbesserung des Menschen. »Alle Verbesserung im Politischen soll von der Veredlung des Charakters ausgehen [...] Man mußte also zu diesem Zwecke ein Werkzeug aufsuchen [...] Dieses Werkzeug ist die schöne Kunst [...]«[11] Auch Schiller fordert die Orientierung an einer »edleren Zeit« als der unseren[12]: »Zu dem reinen Begriff der Menschheit müssen wir uns also nunmehr erheben [...]«[13] Der Begriff der

6 Hans Wollschläger, *Sieg – Großer Sieg – Karl May und der Akademische Verband für Literatur und Musik*, in: *Jahrbuch 1970*, a.a.O., S. 93 f.
7 Karl May, *Empor ins Reich der Edelmenschen*, Wiener Rede. Zit. nach Ekkehard Bartsch, *Karl Mays Wiener Rede. Eine Dokumentation*, in: *Jahrbuch 1970*, a.a.O., S. 52.
8 May, *Edelmenschen*, a.a.O., S. 53.
9 May, a.a.O., S. 54.
10 May, a.a.O., S. 58.
11 Friedrich Schiller, *Sämtliche Werke*, hrsg. v. G. Fricke u. H. G. Göpfert, 5 Bde., München 1965, Bd. 5, S. 592 f.
12 Schiller, a.a.O., S. 593.
13 Schiller, a.a.O., S. 600.

»Veredlung« verknüpft Schillers Kunsttheorie und deren kolportierte Erscheinung in Mays Rede und Schriften vielleicht am deutlichsten. Veredlung des menschlichen Charakters, damit der gesamten menschlichen Gesellschaft ist für Schiller Ziel und Sinn der ästhetischen Erziehung. »Es mag dabei noch eine leise Analogie zum Standesadel mitschwingen. Das ›Edle‹ muß mit Leichtigkeit und gleichsam wie von selbst vorgelebt werden.«[14] Veredeln heißt adeln, doch nicht im Sinne einer ständischen Nobilitierung; es bedeutet »das tätige Erwerben eines hohen Grades von geistiger und sittlicher Vollkommenheit.«[15] Der Begriff steht für die Elemente eines humanistisch höfischen Bildungsideals, die von Teilen der bürgerlichen Intelligenz im 18. Jahrhundert wieder aufgegriffen und zur Kritik an der kapitalistischen Gesellschaft mobilisiert wurden. Im Zentrum dieser Kritik standen die Folgen der manufakturmäßigen Teilung der Arbeit, die das »Detailgeschick« der Arbeiter »treibhausmäßig fördert durch Unterdrückung einer Welt von produktiven Trieben und Anlagen.«[16] Nicht weniger radikal, die Wurzeln des Übels erkennend, urteilte der idealistische Kunsttheoretiker: »Ewig nur an ein einzelnes kleines Bruchstück des Ganzen gefesselt, bildet sich der Mensch selbst nur als Bruchstück aus, ewig nur das eintönige Geräusch des Rades, das er umtreibt, im Ohre, entwickelt er nie die Harmonie seines Wesens [...]«[17] Der Einseitigkeit, Vereinzelung und Entfremdung der Individuen als Produkt manufakturgemäßer Arbeitsteilung stellte Schiller das auch mit der feudalen Vergangenheit nicht abgegoltene Bild der allseitigen Entfaltung der Persönlichkeit, der Veredelung des Charakters entgegen.

Der kolportierte Idealmensch

Mays Edelmenschen sind die Verkörperungen dieses Bildungsideals in der Kolportage. Der Dr. Sternau des *Waldröschen* ist

14 Benno von Wiese, *Friedrich Schiller,* Stuttgart 1959, S. 484.
15 Gert Ueding, *Schillers Rhetorik.* A.a.O., S. 32. – Zu diesem ganzen Kapitel vgl. meine Arbeit über Schiller, a.a.O., S. 25 ff.
16 Marx, *Das Kapital,* Bd. I, a.a.O., S. 381.
17 Schiller, a.a.O., S. 584. – Eine nur an der Oberfläche komische Illustration dieser Erkenntnis lieferte Charlie Chaplin mit seinem Film *Modern Times.*

nicht nur allseitig gebildet, in Wissenschaft und Kunst zuhause, sondern auch als Tatmensch ein vollkommenes Exemplar seiner Gattung. Er besitzt ganz »ungewöhnliche Körperkraft«, dabei das »frömmste und friedfertigste Gemüth«, aus »dem offenen und vertrauenerweckenden Gesicht« blicken die »treuen, grauen Augen«, die dennoch »jenen scharfen, umfassenden und durchdringenden Blick« von Seeleuten oder Präriejägern erkennen lassen.[18] Dem entspricht »die schöne Harmonie seines Gliederbaus«, die »neben der Bewunderung und Achtung eine freundliche Zuneigung erwecken mußte.«[19] Wenig später schließlich wird May noch deutlicher: »Wie ein Fürst, wie ein König stand er vor ihnen, mit hocherhobenem, stolzem Nakken, mit einem solchen machtvollen Blicke in seinen Augen, als sei er nicht ein unbekannter Fremder, sondern der Besitzer des Schlosses.«[20] Der kolportierte Idealmensch der bürgerlich-humanistischen Erziehung tradiert nicht nur deren äußerliche Aspekte, wie sie sich in Auftreten und Handeln manifestieren; ebensolches Gewicht für seine Beurteilung wird seiner ›Herzensbildung‹ und seiner wissenschaftlich-technischen Perfektion zugemessen. Die Übertreibung, wichtiges Gestaltungsmittel der Kolportage, läßt dann oftmals Jahrmarktszenen entstehen, wo dem Autor Kenntnisse und artistisches Vermögen fehlen, die Genialität seines Helden auf andere Weise glaubwürdig zu demonstrieren. So gerät die Darstellung des operativen Eingriffs, den Dr. Sternau an dem leidenden Grafen von Rodriganda vornehmen soll, dem von medizinischen Kenntnissen unbelasteten Autor zum abenteuerlichen Spektakel. Winnetou, der »rote *Gentleman*« stellt die konsequente Weiterentwicklung dieser Persönlichkeitskonzeption dar, die ja auch im 18. Jahrhundert selber bereits an dem »guten Wilden« exemplifiziert wurde. »Sein Gesicht war fast noch edler als dasjenige seines

---

18 May, *Waldröschen*, a.a.O., S. 1.
19 May, a.a.O., S. 2. – Schon die dem humanistischen und höfischen Bildungsideal zugrunde liegende Erziehungskonzeption der Rhetorik, etwa Ciceros oder Quintilians, zielte nicht nur auf die wissenschaftlich und technisch durchgebildete sittliche Persönlichkeit, sondern verlangte ebenso die beste körperliche Ausstattung. – Vgl. Benedikt Appel, *Das Bildungs- und Erziehungsideal Quintilians nach der Institutio oratoria*, München, Phil. Diss. 1913 (Donauwörth 1914).
20 May, *Waldröschen*, a.a.O., S. 20.

Vaters [...] Ich fühlte, daß er ein guter Mensch sei und außerordentliche Begabung besitzen müsse.«[21]

Anders als allerdings Volker Klotz meint, herrscht dennoch in Mays Romanen das aristokratische Prinzip vor. In seinen Helden verherrlicht er den *veredelten* Bürger als den wahren Protagonisten der Geschichte, dessen Prozeß seiner Intention nach ins Reich der Edelmenschen einmünden soll. Schon in den Lieferungsromanen ist dieser Edelmensch zugleich der Lichtträger, der die düstersten Geheimnisse der menschlichen Gesellschaft aufklärt, Partei für die Unterdrückten und Beleidigten nimmt und dem Guten im Kampf mit dem Bösen zum Sieg verhilft. Die ebenfalls der Ideologie des sich emanzipierenden Bürgertums entlehnte Lichtmetaphorik tritt denn auch um so stärker in den Vordergrund, je bewußter May seine Menschheit-fördernden Intentionen schriftstellerisch zu gestalten versucht. Der Kampf der »Schatten« gegen die »frommen Lichter« im »Reiche des Silbernen Löwen« ist nicht nur dem mythisch-religiösen Kampf Ormuzds, Gott des Lichtes und des Guten, mit Ahriman, Gott der Finsternis und des Bösen, nachgebildet.[22] Der Ustad beschreibt den geistig-sittlichen Zustand der Dschamikum, bevor er zu ihnen in ihr »Schattenland« kam, dessen Bewohner wie von Vampiren ausgesaugt zu »geistige[n] Mummelgreise[n]«[23] heruntergekommen waren: »Dies nächtliche Getier stand unter einem Schutze, der mächtiger als Menschenschwachheit ist, dem Schutz der Dunkelheit. Jedoch noch mächtiger als diese ist das Licht. Gelang es mir, es dort hinüber in den Bau zu tragen, der ihm seit langer Zeit fast ganz verschlossen war, so mußten diese Sauger an die Helligkeit des Tages fliehen, wo sie von jedermann erkannt und dann gemieden werden konnten.«[24] Die christlich-theologische Bedeutung dieser Lichtmetaphorik, »die für die Diktion des ganzen 18. Jahrhunderts charakteristisch ist«,[25] wird von May immer betont und oft mit geradezu unerträglich flachem Tiefsinn als

21 May, *Winnetou*, Bd. I, a.a.O. (Radebeuler Ausgabe Bd. 7), S. 110.
22 Auf die biographische Schicht, die hinter dieser liegt, haben Wollschläger und A. Schmidt hingewiesen und sie teilweise entschlüsselt. Vgl. Schmidt, *Sitara*, a.a.O., S. 161 ff. und 201 ff. – Wollschläger, *May*, a.a.O., S. 93 ff.
23 May, *Silberlöwe*, Bd. IV, a.a.O., S. 143.
24 May, a.a.O., S. 144.
25 *Historisches Wörterbuch der Philosophie*, hrsg. v. Joachim Ritter, Darmstadt 1971, Bd. 1, Spalte 621.

ideologischer Kern seiner Werke ausgegeben. Seine für die in Innsbruck erschienene Zeitschrift *Der Kunstfreund* verfaßten *Briefe über die Kunst*,[26] die übrigen in der Autobiographie enthaltenen kunsttheoretischen Äußerungen, schließlich seine *Wiener Rede* umkreisen immer wieder die künstlerische Zweckfrage, ohne daß diese Erörterungen allerdings auch nur irgendwo eine präzise Form annähmen. »Die edle, die aristokratische Kunst«[27] solle dafür sorgen, daß auf »die Befreiung des inneren Menschen« die »Erlösung des ganzen Geschlechts« folge,[28] ja sie soll »selbst den Teufel vom Teufel« befreien, um das »Hohngelächter der Hölle« schließlich »zum Jubelchor der Seligen hinüberzuleiten.«[29] Die Kunst »ist immerwährend am Entlarven. Sie läutet unausgesetzt in der Stunde, da der Tag beginnt und der Trug ein Ende hat.«[30] Die penetranten Erbaulichkeiten verdecken fast vollkommen das ihnen zugrunde liegende Schema, und dennoch umschreiben die der idealistischen Kunsttheorie entlehnten Allgemeinplätze nur ungenügend die Verlegenheit, in der sich May den fabulierten Träumen seiner Kolportageromane gegenüber befand. Die Rechtfertigung hat die Struktur des Verleugneten. Wie die Kolportage, so teilt auch diese ›Kunsttheorie‹ die Welt manichäisch in zwei Teile, in Wahrheit und Lüge, Gut und Böse, Licht und Schatten. Es sind die Pole, zwischen denen die Handlung hin und her schwingt: verkörpert in Helden und Anti-Helden, in dem offenen und ehrlichen Ausdruck eines Gesichtes oder im schiefen, scheelen Blick eines anderen. Nur selten wird dieses feste Personenschema durchbrochen: der Schwarze Gerard verwandelt sich vom Garotteur zum tadelsfreien Westmann, der Herzog von Olsunna von einer Karikatur des adligen Verschwenders und skrupellosen Verführers zum wahrhaften Edelmann. Solche Wandlungen aber vollziehen sich nicht als Entwicklung, als Prozeß der Veredelung, sondern sprunghaft, als Seitenwechsel im Räuber- und Gendarmspiel der Kolportage.

26 Abgedruckt in: *Ich*, a.a.O., S. 185-216.
27 May, *Briefe über die Kunst*, in: *Ich*, a.a.O., S. 190. Im Nachhinein wird an einer solchen Stelle deutlich, wie schon die Aristokratisierungstendenzen in den Lieferungsromanen zu verstehen waren: denn May denkt in diesem Zusammenhang sicher nicht mehr an eine Apologie dieser Brotarbeiten.
28 May, a.a.O., S. 195.
29 May, a.a.O., S. 201.
30 May, a.a.O., S. 203.

Zweideutig-widersprüchliche Gestalten gibt es selten in diesem Zweifrontenkrieg. Erst später gelingen Karl May z. B. in Old Wabble und El Sendador Charaktere, die nicht genau einzuordnen sind, Teufel und Engel in einem. Vom gefallenen Engel, dem Idealbild der Schwarzen Romantik und des Schauerromans, fällt damit immerhin ein Schatten in die sonst nur grob zwischen Tag und Nacht differenzierende Welt der Kolportage.

Die reitende Vernunft

Der Abenteuerroman ist ein Aufklärungsroman. Wenn Paul Hazard die rationalistische Auffassung der Vernunft, ihr Wesen und ihre Fähigkeiten beschreibt, klingt das wie eine Paraphrase späterer Kolportageintentionen. »Ihr [der Vernunft] Vorrecht war, klare und wahrhafte Grundsätze aufzustellen und daraus nicht minder klare und nicht minder wahrhafte Schlußfolgerungen zu ziehen. Ihr Wesen war nachzuprüfen, und ihre vornehmste Aufgabe, alles Geheimnisvolle, Unerklärte, Dunkle anzugreifen und so die Welt durch ihr Licht aufzuhellen. Die Welt war voller Irrtümer: die trügerischen Kräfte der Seele hatten sie hervorgerufen, unkontrollierte Autoritäten hielten sie aufrecht, Leichtgläubigkeit und Faulheit halfen sie verbreiten und mit der Zeit gewannen sie an Kraft. So mußte die Vernunft sich denn zunächst ans Aufräumen machen. All diese unzähligen Irrtümer zu zerstören, war ihre Sendung, und sie beeilte sich, diese Sendung zu erfüllen [. . .]«[31] Ganz so beschrieb Kant die Intentionen der Aufklärung: Dummheit und Faulheit zu bekämpfen, die Menschen von fremder Vormundschaft zu befreien und Irrtümer aufzudecken, damit »ein größerer Grad bürgerlicher Freiheit« erreicht werde.[32] »Alle bisherigen Gesellschafts- und Staatsformen, alle altüberlieferten Vorstellungen wurden als unvernünftig in die Rumpelkammer geworfen; die Welt hatte sich bisher lediglich von Vorurteilen leiten lassen; alles Vergangene verdiente nur Mitleid und Verachtung. Jetzt erst brach das Tageslicht an; von nun

---

31 Paul Hazard, *Die Krise des europäischen Geistes 1680-1715*, übers. v. H. Wegener, Hamburg 1939, S. 149 f.
32 Immanuel Kant, *Beantwortung der Frage: Was ist Aufklärung*, in: I. Kant, *Werke in 10 Bdn.*, hrsg. v. W. Weischedel (Kant-Studienausgabe), Darmstadt 1968, Bd. 9, S. 61.

an sollte der Aberglaube, das Unrecht, das Privilegium und die Unterdrückung verdrängt werden durch die ewige Wahrheit, die ewige Gerechtigkeit, die in der Natur begründete Gleichheit und die unveräußerlichen Menschenrechte.«[33] Der Blickwinkel, unter dem die Welt in der Kolportage erscheint, ist der der Aufklärer des 18. Jahrhunderts. Verworrenheit, Irrtum, Falschheit und Verbrechen bilden einen eng verfilzten Zusammenhang, schmeichlerische Höflinge, adlige Desperados, falsche Mönche, betrügerische Advokaten haben sich verbunden, um sich Macht und Herrschaft in der von ihnen verformten Welt zu erschwindeln. Das in solcher Erkenntnis sich formulierende Interesse ist bürgerlich, denn als alte Welt erfaßt es die feudal geordnete. Daß der Adelsglanz, der die bürgerlichen Helden umstrahlt, nicht mehr als bloßes Märchenrequisit aus der Rumpelkammer vergangener Zeiten ist, wird deutlich in der Darstellung der großen politischen Auseinandersetzungen, dem Hintergrund für die in Mexiko spielenden Partien des Romans. Hier stehen die Helden an der Seite Benito Juarez', nicht an der Maximilians, und obwohl sie sich zunächst aus den Kämpfen herauszuhalten suchen, werden sie dennoch bald ganz handfest in diese verwickelt: sie verhelfen den Truppen der Rebellen in einem entscheidenden Scharmützel sogar zum Sieg. Auch der an Maximilians Starrsinn scheiternde Rettungsversuch gilt der Person des unglücklichen Kaisers, nicht dem System, das er vertritt. Die unausgesprochene, wenngleich deutliche Qintessenz des Romans lautet: Wenn Bürger regieren, wenn Bürger die Stelle des Adels übernehmen: wenn Dr. Karl Sternau Herzog von Olsunna ist, erst dann sind die Bedingungen für eine Welt geschaffen, in der Gerechtigkeit, Freiheit und Gleichheit Privilegien aller Menschen sind. Als sich bereits herausgestellt hatte, daß »dies Reich der Vernunft weiter nichts war als das idealisierte Reich der Bourgeoisie«,[34] hielt die Kolportage noch fest an den Positionen der bürgerlichen Aufklärung. Karl Sternau ist die reitende Vernunft, die in eine weltumspannende Intrige einbricht, um diesem ganzen Treiben ein Ende zu machen und sich und den Seinen die Stelle in der Gesellschaft zu verschaffen, die jetzt

33 Friedrich Engels, *Herrn Dührings Umwälzung der Wissenschaft*, *MEW*, Bd. 20, S. 16 f.
34 Engels, a.a.O., S. 17.

noch von Betrügern, Okkupanten und ›falschen‹ Adligen besetzt gehalten wird.

Die Methode, mit der die Helden Ordnung in die verwirrte Welt bringen, ist rationalistisch. Spuren lesen, die Indizien in eine logische Folge bringen, mit Hilfe weniger Anhaltspunkte, erlauschten Gesprächsfetzen oder rätselhaften Andeutungen vergangene Ereignisse rekonstruieren – erst Helden, die auf ihre eigene Vernunft und Tatkraft, nicht aber auf göttliche oder sonstige wunderliche Eingriffe bauen, können überhaupt mit Erfolg das System der ja ebenfalls sorgsam berechneten Intrige zu durchschauen versuchen. Die empirische Suche nach Spuren, die vernünftige Deduktion des Unsichtbaren aus dem Sichtbaren, diese Hauptmomente detektivischer Methode sind Errungenschaften des 18. Jahrhunderts. Und obwohl erst der Detektiv nach Art eines Sherlock Holmes der rationalistischen Methode zu ihrer literarischen Vollkommenheit verhilft, so bestimmt sie doch auch Denken und Handeln der Abenteuer suchenden Helden der Kolportage – die schließlich auch ihre »kleinen grauen Gehirnzellen« zu gebrauchen wissen, wenn es gilt, Verbrechen und Geheimnisse aufzuklären, Kindesvertauschung und dunkle Herkunft zu entdecken oder Spuren längst vergangener Geschehnisse wiederaufzunehmen.

Ohnmächtige Sozialkritik

Karl Mays Edelmenschen sind idealisierte Bourgeois. Sie gehorchen den Gesetzen der Humanität und verteidigen ihre Handlungen mit den Geboten christlicher Moral, sie nehmen Partei für die Unterdrückten und Beleidigten und verhelfen dem Guten im Kampf mit dem Bösen zum Sieg. Schon im *Waldröschen* artikuliert sich damit eine verschwommene Sozialkritik, ablesbar vor allem an der deutlichen Sympathie, »die in unserem Roman die Outlaws der menschlichen Gesellschaft genießen, die Räuber, Zigeuner und Indianer, soweit sie nicht ausgemachte Bösewichter sind. Wie auch sie im Kampf gegen böse Machthaber ihren dankenswerten Anteil haben und die Helden der guten Partei gerade unter ihrem besonderen Schutze stehen.«[35] Weitaus radikaler thematisiert May in seinem

35 Heinz Stolte, »*Waldröschen*« als Weltbild. Zur Ästhetik der Kolportage, in: *Jahrbuch 1971*, a.a.O., S. 32 f.

dritten für Münchmeyer geschriebenen Lieferungsroman *Der Verlorene Sohn*, erschienen 1883–1885, sein soziales Engagement. Mit sehr viel weniger Camouflage wird hier soziales Elend auf deutschem Boden dargestellt. Das Rheinswalden des *Waldröschen* war eine von Armut und Elend freie Idylle, die nur ab und zu durch fremden Einfluß Schauplatz der abenteuerlichen Handlung wurde – der verlorene Sohn, der als Fürst des Elends unter Verbrechern und adligen Ausbeutern Angst und Schrecken verbreitet, den Armen seine rettende, freigiebig spendende Hand reicht, die Opfer rächt oder wieder in ihre alten Rechte einsetzt, wirkt in einem Deutschland, das der Autor aus seiner Jugend nur zu genau als »Zwangsjacke der Not«[36] kennengelernt hatte; das Elend erzgebirgischer Weberdörfer erscheint hier in seiner ganzen Ausweglosigkeit und Düsternis: Ausbeutung der Ärmsten, Kriminalisierung der Erwerbslosen, Prostituierung ihrer Töchter, übertönt von der salbadernden Frömmelei christlicher Prediger. »›Guten abend, lieber Bertram! Guten abend, Ihr lieben Kinderchens!‹ grüßte der Eingetretene in salbungsvollem Tone. ›Erschreckt nicht! Der Vorsteher der Schwestern- und Brüdergemeinde ›die Seligkeit‹ ist bei seinem Kommen die aufflammende Leuchte an einem dunklen Orte.‹ Ein lang andauerndes Husten des Kranken verhinderte den Sprecher, seiner Rede eine größere Länge zu geben. Dann fragte er: ›Darf ich erfahren, wie es Ihnen geht, lieber Bertram?‹ ›Schlecht wie immer, Herr Seidelmann!‹ hustete der Mann. ›Das dürfen Sie nicht sagen! Wen Gott lieb hat, den züchtigt er [...] Wir sind allzumal Sünder und ermangeln des Ruhmes, den wir haben sollen. Wer seine Sünden nicht erkennt, der ist noch in des Teufels Krallen!‹ ›Ja, darin stecken wir!‹ hustete Bertram. ›Herr Seidelmann, diese armen Würmer haben seit gestern früh keinen Bissen in den Mund gebracht; wir anderen aber seit noch längerer Zeit. Geben Sie uns ein Brod, ein einziges trockenes Brod und dann predigen Sie, so lang Sie wollen!‹«[37] Der seltsame Kontrast zwischen der auf Mitleid und Rührung zielenden Erzählung und ihrer unbeholfen-weitschweifigen Kathedersprache nimmt der Schilderung dennoch nur wenig von ihrer Schärfe. Die Kritik ist

36 Hans Wollschläger, *Der Verlorene (und wiedergefundene) Sohn*, in: *Mitteilungen der Karl-May-Gesellschaft*, Nr. 8, Juli 1971, S. 29.
37 May, *Der Verlorene Sohn*, a.a.O., S. 114.

›sprachlos‹, sie wird weder in beißend-polemischen Sätzen noch in einer der Realität angemessenen, realistischen Sprache, der naturalistischen Schreibweise entsprechend, vorgetragen, sondern sie zieht ihre Wirkung aus grellen Kontrasten und überzeichneten Gegensätzen: salbungsvolles Gerede – hustendes und hungerndes Lumpenproletariat.

Auch unter einem anderen Aspekt bleibt diese Kritik hilflos: sie geißelt das verbrecherisch-heuchlerische Zusammenwirken einzelner böser Individuen (in zentraler Stellung: der Verleger) als Ursache des Elends und erhofft sich Erlösung aus diesem Jammertal durch eine recht ins Kriegerische gewendete Christusgestalt: den Fürsten des Elends. Es gelingt ihr nicht, im Verlagswesen selber[38] die Ursachen des sozialen Übels zu sehen und darüber hinaus diese industrielle Zwischenform als veraltet zu begreifen. Zwar stellt May den Mechanismus dar, durch welchen relativ selbständige Handwerksbetriebe in immer größere Abhängigkeit vom Verleger geraten, dieser Mechanismus aber wird als verbrecherischer begriffen und damit von der moralischen Integrität der Persönlichkeit des Verlegers abhängig gemacht: ein ›guter‹ Verleger bietet sich auf diese Weise als die angemessene Erlösung von allem Übel an – oder aber seine Abschaffung und die Rückkehr zur unabhängigen handwerklichen Produktionsweise.

Die Folgen eines unklaren sozialen Bewußtseins auch für die schriftstellerische Produktion werden am Beispiel Mays besonders deutlich: der Rückgriff auf aufklärerische Ideologie und christliche Erlösungsmuster entspringt der Verlegenheit und der Ohnmacht gegenüber den gesellschaftlichen Problemen der Zeit. Weihnachtliche Liebesbotschaft, zentrales Requisit Mayscher Gefühlsstimulierung, und bürgerliches Edelmenschentum gehen eine märchenhafte Verbindung ein, der die Macht zugeschrieben wird, aus Sündern Heilige, aus Armen Reiche zu machen und das tägliche trockene Brot in Manna umzuwandeln.

---

38 »Diese Manier [das Verlagswesen] steht überall der wirklichen kapitalistischen Produktionsweise im Wege, und geht unter mit deren Entwicklung. Ohne die Produktionsweise umzuwälzen, verschlechtert sie nur die Lage der unmittelbaren Produzenten, verwandelt sie in bloße Lohnarbeiter und Proletarier unter schlechtern Bedingungen, als die direkt unter das Kapital subsumierten, und eignet sich ihre Mehrarbeit auf Basis der alten Produktionsweise [des Handwerks] an.« – Marx, *Kapital,* Bd. III., a.a.O., S. 347.

Das Wunschbild des ›Friede auf Erden und allen Menschen ein Wohlgefallen‹ hat damit genau die Wirkung des Opiums, die Marx der Religion attestierte: Vertröstung auf einen zukünftigen Zustand, der dem Gefühl des Herzens aber bereits im Hier und Jetzt aufgehen kann. Das Vertrauen auf eine Veredelung der Herzen, im *Waldröschen* mehr abstrakt an einzelnen Romanfiguren demonstriert, im *Verlorenen Sohn* mehr appellativ an den Leser gerichtet, dessen Mitleid erregt werden soll, ist Symptom einer falschen Interpretation der Wirklichkeit.

Daß Reichtum oder Armut nicht von Gott verhängt werden und soziales Elend nicht durch die rührende Fürsorge der Reichen für die Armen zu beseitigen ist: diese Erkenntnis war in den 80iger Jahren des 19. Jahrhunderts trotz der entsprechenden kapitalistischen Gegenpropaganda nicht mehr nur auf wenige linke Intellektuelle beschränkt. Die »Arbeiterschaft [organisierte sich] mehr und mehr, artikulierte und begriff sich als eine geschlossene, wenn auch in die Subkultur getriebene selbstbewußte Klasse und machte aus der Arbeiterfrage eine Verfassungsfrage, ›die mit den Mitteln einer reinen Sozialpolitik nicht mehr gelöst werden konnte‹ (G. A. Ritter).«[39] Das Sozialistengesetz hatte zwar für die organisierte Arbeiterschaft höchst fatale Folgen: »ihrer Waffen im Kampf gegen das Unternehmertum beraubt«, waren sie einem katastrophalen »Absturz der Löhne bei einer unmenschlichen Verlängerung der Arbeitszeit«[40] hilflos ausgeliefert: die Verfolgung und Unterdrückung aber schärfte zugleich das Bewußtsein von ihrer Lage und die Erkenntnis, daß diese durch eine »karitative Fürsorgepolitik«[41] nicht grundsätzlich veränderbar sei.

Das soziale Bewußtsein, das sich in Mays Lieferungsromanen artikuliert, entspricht also nicht dem fortgeschrittensten Erkenntnisstand derjenigen, für die sie Partei ergreifen. Mays Geburtsort Ernstthal ist zwar »ein Modellpunkt des sozialen Elends der Zeit«,[42] dessen Ursachen aber sind eben nicht bei-

39 Boehme, a.a.O., S. 91.
40 Autorenkollektiv, *Illustrierte Geschichte der deutschen Revolution*, Junius Drucke (Berlin 1929), S. 42.
41 Boehme, a.a.O., S. 90.
42 Wollschläger, *May*, a.a.O., S. 7. – »Von den rund 3000 Einwohnern ernähren sich 80% von der Heimweberei [. . .] ›Nebenberufe‹ müssen aufhelfen, Schmuggel und anderes; in Scharen verlassen Auswanderer die küm-

spielhaft verglichen mit dem fortgeschrittenen Stand der Produktivkräfte – diese Ungleichzeitigkeit der sozialen Verhältnisse, in denen May aufwuchs, spiegelt sich in seinen Lieferungsromanen bis in Einzelheiten wider und ist die letzte Ursache dafür, daß May dem Märchen einer privaten Wohltätigkeit als bestes Rezept zur Linderung oder gar Aufhebung der Armut aufsitzen konnte. »Der Weg zum Glück« ist mit den Almosen der Reichen gepflastert, im gleichnamigen Roman Karl Mays mit den Goldstücken König Ludwigs II. von Bayern, im *Waldröschen* für Curt Helmers mit einem Teil des Mizteka-Schatzes, im *Verlorenen Sohn* mit den Diamanten des »Fürsten von Befour«. Immer gerade noch rechtzeitig erreichen die reitenden Boten des Königs – wenn nicht gar dieser selber – die Darbenden, an der Famelicus-Krankheit Leidenden.[43] Sie stammen aus der Märchen- und Kolportagewelt von Mays Kindheit und gehören zur Sphäre des edlen Räubers und der hilfreichen Fee. »Spät gingen wir schlafen. Ich schlief aber nicht, sondern ich wachte. Ich sann auf Hilfe. Ich rang nach einem Entschluß. Das Buch, in dem ich gelesen hatte, führte den Titel *Die Räuberhöhle an der Sierra Morena oder der Engel aller Bedrängten.* Als Vater nach Haus gekommen war und eingeschlafen war, stieg ich aus dem Bett, schlich mich aus der Kammer und zog mich an. Dann schrieb ich einen Zettel: ›Ihr sollt Euch nicht die Hände blutig arbeiten; ich geh nach Spanien; ich hole Hilfe!‹ Diesen Zettel legte ich auf den Tisch, steckte ein Stückchen trockenes Brot in die Tasche, dazu einige Groschen von meinem Kegelgeld, stieg die Treppe hinab, öffnete die Tür, atmete da noch einmal tief und schluchzend auf, aber leise, leise, damit ja niemand es höre, und huschte dann gedämpften Schritts den Marktplatz hinab und die Niedergasse hinaus, den Lungwitzer Weg, der über Lichtenstein nach Zwickau führte: Spanien zu, nach Spanien, dem Land der edlen Räuber, der Helfer aus der Not. –«[44] Diese Kompensationsbilder zum Zwecke des Überlebens beherrschen noch den 40jährigen Autor der fünf Lieferungsromane, der in seiner

merliche Heimat [. . .] Mangelkrankheiten bestimmen Leben und Sterben [. . .]«. Wollschläger, a.a.O., S. 7 f.
43 »Ein Famelicus ist ein Verhungerter.« – May, *Der Weg zum Glück,* a.a.O., S. 36.
44 May, *Ich,* a.a.O., S. 307 f.

Autobiographie dann sogar den revolutionären Weg in nun schon gewohnt bürgerlicher Weise explizit ablehnen wird: »Die Umsturzbewegungen mögen immerhin ihre Verteidiger haben [...] es wird dennoch nie zu leugnen sein, daß die Gewalt eine gefährliche Maßregel bildet; stets ist die, wenn auch langsamere, aber friedliche Entwicklung der staatlichen [!] Verhältnisse einer Überstürzung vorzuziehn, die rücksichtslos über Glück und Leben zahlreicher Bürger schreitet und den wirtschaftlichen Wohlstand ebenso wie die öffentliche Ruhe und Sicherheit erschüttert.«[45] May wiederholt die deutschen Einwände gegen die Französische Revolution, aber auch sein Reformkonzept bleibt vage und verschwommen. In seinen Reiseromanen zieht er die Konsequenz aus dem Widerspruch, den er nicht zu lösen vermag: er ›wandert aus‹, soziale Probleme als Probleme von einzelnen Armen (oder auch Familien) werden nicht mehr auf heimatlichem Boden durch ›höheren‹ Eingriff ›gelöst‹, sondern statt dessen Emigration und Ansiedlung auf amerikanischem Boden empfohlen. Zwar bringt die Auswanderung neue Gefahren (deutsche Siedler als Opfer krimineller Geschäftemacher sind ein zentrales Motiv von Mays im Wilden Westen spielenden Romanen), die wiederum nur mit Hilfe großer Einzelner, meist Old Shatterhand und Winnetou, gebannt werden können, doch im Land der unbegrenzten Möglichkeiten hat jeder Tüchtige eine Chance, die ihm im patriarchalischen Ordnungssystem des Heimatlandes verweigert wird. Der Reaktion nach 48, dem neu proklamierten Halbabsolutismus, entfloh May in ein geträumtes Reich der Freiheit, wo Gelingen oder Mißlingen in die eigenen Hände gelegt ist. Die Alternative zum Bestehenden war ihm nicht dessen radikale Veränderung, sondern die Flucht in Räume, die edelbürgerlicher Aktivität noch offen schienen. Rettung erhoffte er sich von den Idealen, mit denen die Bourgeoisie ihren Aufstieg und Kampf gegen den Feudalismus vergoldet hatte. Der bürgerlich-kapitalistische Tatmensch mit allen Tugenden, die ihm die Popularphilosophen des 18. Jahrhunderts zugeschrieben hatten, steht auf im Wilden Westen und Exotischen Osten und entfaltet, ungehemmt von absolutistischen Schranken, seine Initiativen. Wenn hier auch als Ausweg ein Rückweg zu den Anfängen bürgerlicher Emanzipationsbewegung empfohlen wird, als

45 May, a.a.O., S. 127.

ließe sich mit ihren Idealen eine schlecht gewordene Wirklichkeit korrigieren, so stellen die Reiseromane dennoch bereits eine größere – wie auch immer undeutliche – Einsicht in die gesellschaftlichen Verhältnisse in der zweiten Hälfte des 19. Jahrhunderts in Deutschland dar. Sie verzichten auf Fürsten des Elends und Märchenkönige und propagieren individuelle Aktivität, das Selbsthelfertum des bürgerlichen Unternehmers. »Ich bin vor nun vierzig und fünfzig Jahren unfreiwillig dahinunter gestiegen, wo die Verachteten wohnen [...] Ich will wieder zu ihnen hinab [...] Ich will ihnen sagen, daß ihnen niemand helfen kann, wenn sie sich nicht selber zu helfen wissen. Daß sie verloren sind, außer sie retten sich durch eigene Kraft. Durch engsten Zusammenschluß unter sich selber. Ich will ihnen mein Beispiel vorhalten [...]«[46] Was aber nutzt die derart beschworene Solidarisierung, wenn öffentliche Ruhe und Sicherheit der Bürger den Maßstab sozialer Aktivität abgeben? Es besteht kein Zweifel, daß May sich entgegen seiner Herkunft zum Bürgertum zählte; sein zäher Wille, trotz aller Fehlschläge unerschütterlich fest, galt einem ehrbaren Platz in der bürgerlichen Gesellschaft. »Ich bin trotz allen Erdenleides ein unendlich glücklicher Mann. Habe mich aus Abgründen emporgearbeitet [...] Ich habe meinen Beruf, meinen Erfolg, mein Heim [...]«[47] Sein Blick zurück ist erfüllt von dem Stolz des Davongekommenen, der es geschafft hat, die sozialen Schranken wenigstens zeitweise durchlässig zu machen; natürlich vermochte er nicht zu erkennen, daß die beispiellose Kampagne gegen den Schundschriftsteller getragen wurde von dem sozialen Ressentiment derer, in die er sich bereits eingereiht glaubte und die mit dem Scharlatan auch den proletarischen Paria treffen wollten, der sich in ihre Reihen hineingestohlen hatte. Daß er nicht die Emanzipation seiner Klasse als einzigen Garant eigener Emanzipation begreifen konnte, rächte sich im Alter; sein Aufstieg ins Bürgertum hatte ihn dennoch nicht blind gemacht für dessen Fehler, wohl aber für die gesellschaftlich-ökonomischen Ursachen dieser Fehler; eine Besserung aller politischen und gesellschaftlichen Mißstände versprach er sich daher notwendigerweise vom Bürgertum – nicht wie er es tatsächlich vorfand, sondern wie es sein sollte, und es

46 May, a.a.O., S. 443.
47 May, *Wiener Rede*, a.a.O., S. 57.

sollte sein, wie es sich selber einstmals verstanden hatte. Die
Bürger dazu zu erziehen und Edelmenschen aus ihnen zu machen, ja schließlich alle Menschen – auch solche seiner Herkunft
– zu derartigen Edelbürgern zu formen, begriff er als seine –
objektiv unzeitgemäße – Aufgabe. Der verwirrte Prolet Karl
Friedrich May aus Hohenstein-Ernstthal saß der heroischen
Täuschung des Bürgers von sich selber auf. Zur Schadenfreude
besteht kein Anlaß.

4. Ausfahrt des gedrückten Lebens

Erste Spuren
Während seiner Tätigkeit als Redakteur bei Münchmeyer in
den Jahren 1875-1877 hatte Karl May genügend Gelegenheit,
die Wünsche und Bedürfnisse eines Massenpublikums kennen-
zulernen, das er dann als Autor desselben Verlages von 1882-
1887 mit Lesestoff versorgen sollte. Die erste und vielleicht
entscheidende Begegnung mit der Kolportage allerdings liegt
weit zurück und fällt in seine Kindheit in dem »damals sehr
ärmlichen und kleinen erzgebirgischen Weberstädtchen Ernstthal«.[1] Als Kegeljunge verdient sich May in einer Schnaps-
wirtschaft« einige Groschen und beginnt, sich mit den Werken
der im selben Lokal untergebrachten dörflichen Leihbibliothek
zu beschäftigen. »Welch ein Reichtum des Lebens [...] in dieser
Leihbücherei! Und welch ein Eingehn auf die Eigenheiten und
Bedürfnisse dessen, der solch ein Buch in die Hand nimmt!
Kaum fühlt er während des Lesens einen Wunsch, so wird dieser auch schon erfüllt. Und welch bewundernswerte, unwandel-
bare Gerechtigkeit gibt es da! Jeder gute, ehrenhafte Mensch,
mag er zehnmal Räuberhauptmann sein, wird unbedingt be-
lohnt. Und jeder böse Mensch, mag er zehnmal König, Bischof
oder Staatsanwalt sein, wird unbedingt bestraft. Das ist wirkliche Gerechtigkeit! Mag Goethe noch so viel über die Herrlichkeit und Unumstößlichkeit der göttlichen und menschlichen
Gesetze dichten und schreiben, so hat er doch Unrecht! Recht
hat nur sein Schwager Vulpius, denn der hat den Rinaldo Ri-

[1] May, *Ich,* a.a.O., S. 241.

naldini geschrieben [...]«[2] In der Leihbücherei entdeckt der Lesehungrige die ersten Spuren eines Kriminalfalles, als dessen Opfer er sich fühlt, und zu seinem glücklichen Erstaunen bietet sich ihm die Möglichkeit, seine persönliche Misere zu transzendieren. »Ich glaubte an das, was ich da las, und Vater, Mutter und Geschwister glaubten es mit.«[3] Dieser Glaube wird so stark, daß der derart belesene Junge, Fiktion und Realität identifizierend, der Not durch seine Flucht nach Spanien zu entkommen hofft. Solche Schilderungen rühren; sie verweisen auf das soziale und psychische Elend, das sich nur notdürftig hinter den reißerischen Titelbildern der Kolportage verbarrikadiert. Recht eindringlich, wenn auch von seiner Alterswarte aus voll kopfschüttelnder Verachtung für diese Räuberliteratur, schildert May in dem seiner kargen Jugend gewidmeten Abschnitt seiner Autobiographie die Diskrepanz zwischen den »Erbauungsblättchen des Pfarrers«, den »nichtssagenden Jugendschriften« und »brauchbaren Büchern des Rektors«[4] und jenen »verderblichen Büchern«, denen May eine Mitschuld an seinen späteren Delikten gibt: »Die Unterscheidung zwischen gut und bös wird immer unzuverlässiger. Das führt schließlich zur Bewunderung der verbotnen Tat, die scheinbar Hilfe bringt.«[5] May reproduziert hier die gängigen Vorurteile von Eltern und Erziehern, die in der Kolportage eine moralische Bedrohung ihrer Kinder oder Schüler sehen. Dagegen enthalten seine Schilderungen von der Wirkung dieser Literatur auf seine Eltern, Geschwister und ihn selber[6] in nuce bereits Einsichten in die sozialpsychologische Funktion der Kolportage als einer phantasierten Wunscherfüllung. Denn, schreibt Freud, man »darf sagen, der Glückliche phantasiert nie, nur der Unbefriedigte. Unbefriedigte Wünsche sind die

2 May, a.a.O., S. 305.
3 May, a.a.O., S. 305.
4 May, a.a.O., S. 304.
5 May, a.a.O., S. 306.
6 »Wenn wir lasen, wieviel bedürftige Menschen durch solch einen Räuberhauptmann unterstützt und gerettet worden seien, so freuten wir uns darüber und stellten uns vor, wie schön es wäre, wenn solch ein Himlo Himlini plötzlich hier bei uns zur Tür hereinträte, zehntausend blanke Taler auf den Tisch zählte und dabei sagte: ›Das ist für euern Knaben; er mag studieren und ein Dichter werden [...]‹« – May, a.a.O., S. 305 f. May greift hier implizite das zentrale Motiv des *Verlorenen Sohns* auf.

Triebkräfte der Phantasien, und jede einzelne Phantasie ist eine Wunscherfüllung, eine Korrektur der unbefriedigenden Wirklichkeit.«[7]

Das Gefängnis

May hatte von Geburt an Anlaß, die Wirklichkeit als höchst unbefriedigend zu empfinden. Blind bis zum 5. Lebensjahr,[8] kränklich aus Unterernährung, Armut und Elend bei Eltern, Geschwistern, Freunden und Bekannten erlebend, flüchtete sich die kindliche Phantasie in die Märchenwelt der Großmutter, später in die Kolportagewelt der Leihbücherei. Seine früh erkennbare, von der Familie unter Entbehrungen geförderte Begabung isolierte ihn von seiner dörflichen Umwelt ebenso, wie der strenge und harte Unterricht auf dem Lehrerseminar ihn von sozialen Kontakten abhielt: »Ich vereinsamte auch hier, und zwar mehr, viel mehr als daheim. Und ich wurde hier noch klassenfremder, als ich es dort gewesen war.«[9] Die extreme Isolierung von der Umwelt in der Gefängniszelle ist nur die schärfste Konsequenz seines bisherigen Lebens. Gefangennahme und Verurteilung, schreibt der Autobiograph durchaus glaubwürdig, hatten auf ihn »wie ein Schlag« gewirkt, »wie ein Schlag auf den Kopf, unter dessen Wucht man in sich selber zusammenbricht. Und ich brach zusammen! Ich stand zwar wieder auf, doch nur äußerlich; innerlich blieb ich in dumpfer Betäubung liegen [...]«[10]

Der reprographische Nachdruck von Mays Lieferungsroman *Der Verlorene Sohn oder der Fürst des Elends* gibt auf der ersten Seite auch den Originaltitel eines der Hefte des Münchmeyer Verlages wieder: Auf dem Boden eines düsteren Kerkergewölbes, in das nur durch ein schmales, vergittertes Fenster am oberen Bildrand ein wenig Licht fällt, liegt, den Kopf in die rechte an eine Mauer gekettete Hand gelegt, auf einem Bündel Stroh der Gefangene und schaut sinnend, träumerisch

7 Sigmund Freud, *Der Dichter und das Phantasieren*, in: S. Freud, *Studienausgabe*, 10 Bde., Frankfurt/M. 1969 ff., Bd. 10, S. 173 f.
8 »Ich habe in meiner Kindheit stundenlang still und regungslos gesessen und in die Dunkelheit meiner kranken Augen gestarrt [...]« May. Zit. nach Wollschläger, *May*, a.a.O., S. 8.
9 May, *Ich*, a.a.O., S. 324.
10 May, a.a.O., S. 335.

vor sich hin. In dieser grob gefertigten Illustration eines Heftchenromans ist die Keim-Zelle der Kolportage Allegorie geworden, und Sigmund Freud hätte sie ebensogut wie Moritz von Schwindts Gemälde *Traum des Gefangenen* benutzen können, um die Entstehung des Wunscherfüllungstraumes »aus einer dominierenden Situation«[11] zu demonstrieren. Im Bilde Moritz von Schwindts[12] wird der Inhalt des Traums, die Befreiung, angedeutet durch eine Reihe übereinanderstehender Gnome, die »wohl die eigenen sukzessiven Stellungen [repräsentieren], die er beim Emporklettern zur Höhe des Fensters einzunehmen hätte [...]«[13] Diese zeichnerische Umsetzung des Trauminhalts war im Fall der May-Illustration überflüssig: die sechs Bände *Der Verlorene Sohn* sind nichts anderes als Traumprotokolle eines Gefangenen.

Den fördernden Einfluß, den extreme Isolation auf die Tätigkeit der Einbildungskraft ausübt, erkannte vor Freud schon Schopenhauer: »Dem entsprechend ist die Einbildungskraft um so thätiger, je weniger äußere Anschauung uns durch die Sinne zugeführt wird. Lange Einsamkeit, im Gefängniß, oder in der Krankenstube [...] sind ihrer Thätigkeit förderlich: unter dem Einfluß derselben beginnt sie unaufgefordert ihr Spiel.«[14] Die Apologie der Einsamkeit (der abgeschlossenen Philosophenkammer) als Bedingung schöpferischer Tätigkeit formuliert, wenn auch mit euphorisch-affirmativer Verkehrung, eine Erfahrung, die für den Existentialismus zur Quelle absurden Erlebens werden sollte. »Kaum ein metaphorischer Zusammenhang verbindet so durchgängig die verschiedensten modernen Werke, die, sei es dichterisch, sei es philosophisch, ›Absurdes‹ zur Darstellung bringen, wie der, dessen Bilder sich um das zentrale Bild der ›Mauer‹ ordnen.«[15] Das auch im *Waldröschen* wie später im *Verlorenen Sohn* mannigfach variierte Motiv der Gefangenschaft ist sowohl Widerschein bio-

11 Freud, *Studienausgabe*, a.a.O., Bd. 1, S. 147.
12 Auch hier liegt der Gefangene auf dem Boden, schaut aber auf das Fenster und die Lichtstrahlen, die in seine Zelle fallen und in denen sich eine Reihe von Gnomen tummeln. – Abbildung in: Freud, a.a.O., zwischen S. 160 u. 161.
13 Freud, a.a.O., S. 147.
14 Schopenhauer, a.a.O., Bd. 6, S. 640.
15 Wolfgang Fritz Haug, *Jean-Paul Sartre und die Konstruktion des Absurden*, Frankfurt/M. 1966, S. 57.

graphischer Erlebnisse und deren rationalisierende Verarbeitung als auch metaphorische Manifestation spätbürgerlicher Wirklichkeitsauffassung. »Es war ein eigentümliches Gefühl, welches ihn überkam, ein Gefühl ganz ähnlich demjenigen, welches ein Mensch empfindet, welcher in das Wasser steigt und dabei bemerkt, daß die Fluth über ihm zusammenschlägt. Er ist von Luft und Licht abgeschlossen; er ist kein Mensch mehr, kein freies, selbstbestimmendes Wesen; er hat keinen Namen mehr; er wird nach der Nummer derjenigen Zelle gerufen, in welcher er sich befindet. Er mag sterben und verderben, ohne sich wehren zu können.«[16] Es stellt sich hier eine überraschende Querverbindung her zwischen der Wirklichkeitserfahrung des Tagträumers May und der existentialistischen Doktrin, »daß es einen ganz allgemeinen Aspekt der menschlichen Existenz gibt, unter dem sie als Gefangenschaft erscheint.«[17] Doch anders als diese »Kanonenfutter-Metaphysik« (Bloch), welche die »erstickenden Verhältnisse, in die ich mich gestellt und gleichsam eingeschlossen finde«[18], als unabänderlich auch theoretisch fixiert, fabuliert die Kolportage den *Ausbruch* aus der Gefangenschaft und stellt sie als menschenunwürdig dar.

Zelle, Verlies, Eingeschlossensein – mit der Beschneidung der eigenen Aktivität wird auch die Wechselwirkung mit anderen Individuen unterbunden. Wie der Gefangene, hinter dem sich die Zellentür schließt, so empfindet auch der Westmann, kommt er nach langer Abwesenheit wieder mit der Zivilisation in Berührung. Der abgeschlossene Raum, den jeder freie Prärieläufer nur mit Mißtrauen betrachtet, wird zu dem Ort, von dem aus die exotische Gegenwelt als eigentlich wahr geträumt und geschildert wird. Die Lieferungs- wie auch die Reiseromane Karl Mays sind Ausbruchsromane; die Gefangenschaft, in die die Helden geraten und aus der sie sich immer wieder virtuos befreien, identifiziert das bürgerliche Lesepublikum mit seiner eigenen bedrückenden Lage; Überwindung der Kerkermauern, Zerbrechen der Fesseln, der Triumph der Gefangenen sind Ausdruck des Protestes. Eines der Mottogedichte, die den Kapiteln des *Waldröschen* vorangesetzt sind, stellt in traditioneller Allegorie die Entstehung des Wunscherfüllungstrau-

16 May, *Waldröschen*, a.a.O., S. 184.
17 Gabriel Marcel, *Philosophie der Hoffnung*, München 1964, S. 32.
18 Marcel, a.a.O., S. 47.

mes aus der dominierenden Situation der Gefangenschaft, also der Machtlosigkeit und Handlungshemmung dar, denunziert aber gleichzeitig ungewollt den empfohlenen Ausweg als illusionär. »So liegt, die Qualen stolz verachtend,/ Mit denen man ihn zwingen will,/ Der Löwe, nach der Wüste schmachtend,/ In seinem Käfig stumm und still./ Erstaunend ob der mächt'gen Glieder/ Umstehet scheu die Menge ihn;/ Mit tief gesenkten Augenlidern/ Träumt er von der Oase Grün.«[19]

Die »Forderung nach *Fluchthilfe* aus den Grenzen der erfahrenen sozialen Realität«,[20] von Rudolf Schenda den primären Forderungen untergeordnet, die vom Leser an die Kolportage gestellt werden, wie etwa Varietät und Dosierbarkeit des Erzählten, beschreibt in Wahrheit die eigentliche Funktion des kollektiven Wunscherfüllungstraumes, der »Tagträume der Gesellschaft«.[21] So individuell und privat die Existenzbedingungen und Voraussetzungen des späteren Schriftstellers May auch auf den ersten Blick aussehen mögen – sie sind es gerade, die Persönlichkeit und Werk dieses Mannes als exemplarisch für Gesellschaft und Literatur seiner Epoche erscheinen lassen. »Der Mittelstand in den Klein- und Großstädten wurde mit wachsender Bildung und mit zunehmendem Einkommen selbstbewußter, aber weder für die Arbeiter noch für die kleinen Bauern und Gewerbetreibenden gab es Zugang zum Staat: sie blieben von der politischen Mitverantwortung so gut wie ausgeschlossen.«[22] Dies Selbstbewußtsein des mittelständischen Bürgertums in der zweiten Hälfte des 19. Jahrhunderts aber hatte weitgehend praktische Folgen allein auf ökonomischem oder kulturellem Sektor: »Schäbig genug war die Rolle, die die Bourgeoisie in diesem Staate [dem Bismarcks] spielte: ohne unmittelbaren Einfluß auf die Gestaltung ihrer Geschichte [. . .] Was sie unbedingt brauchte, hatte die Bourgeoisie erreicht. Einheitliche Zollinie, einheitliches Handelsrecht, einheitliche Münze und Maße gaben dem Kapital weitere Entfaltungsmöglichkeit.«[23] Das Scheitern der 48iger Revolution bleibt die Grundlage der gesamten politischen Geschichte des deutschen Bürger-

19 May, *Waldröschen*, a.a.O., S. 29.
20 Schenda, a.a.O., S. 478.
21 Kracauer, *Ornament*, a.a.O., S. 280.
22 E. Johann, J. Junker, *Illustrierte deutsche Kulturgeschichte der letzten hundert Jahre*, München 1970, S. 34.
23 *Deutsche Revolution*, a.a.O., S. 38.

tums bis hinein ins 20. Jahrhundert. Der preußische Obrigkeits-
staat etablierte sich »auf der Basis quasi vorindustrieller, stän-
disch-autokratischer Prinzipien: Königstreue und Staatstreue,
Königsschutz und Staatsschutz.«[24] Die Verpreußung der deutschen Bourgeoisie im 19. Jahrhundert folgt sicherlich aus der
allgemeinen »Schwäche des deutschen Bürgertums [. . .] seit der
Verlagerung der Handelswege im 16. Jahrhundert und seit
dem Dreißigjährigen Kriege, der die deutsche Misere vervoll-
ständigte«[25], seine aktuelle Ursache nach 1848 aber liegt in der
Reaktion auf die beginnende Formierung des Proletariats, die
der preußische Staat wenn nicht zu verhindern, so doch einzu-
dämmen versprach. Als er dann noch den bürgerlichen Profit-
interessen »ein gewisses Verständnis abgewann«,[26] schien die
eigene politische Bedeutungslosigkeit das kleinere Übel gegenüber der Bedrohung von unten. »Wirtschaftspolitisch und ge-
sellschaftspolitisch gesehen, war Deutschland ein Sonderfall insofern, als man hier trotz allen Spannungen den Versuch unternahm, industrielles Wachstum mit agrarstaatlicher Restaura-
tionspolitik zu verbinden [. . .] Darüber geriet jedoch Deutschland immer tiefer in ein fast unüberwindliches Dilemma – den
Antagonismus zwischen Landwirtschaft und Industrie, Besitzenden und Nichtbesitzenden, Kleingewerbe und Großkauf-
leuten, Angestellten und Lohnarbeitern, Regierung und Par-
lament, Krone und Bevölkerung.«[27] Die Kompromißbereit-
schaft des deutschen Bürgertums, seine freiwillige Einübung in
preußisch-konservative Gesinnung verdeckten dennoch nicht
gänzlich den Widerspruch zwischen äußerer Herrschaft und eigenem Herrschaftsanspruch. Mehr noch als im 18. Jahrhundert
wächst komplementär zu der immer größer werdenden Kluft
zwischen der realen ökonomischen Macht des Bürgertums und
seiner politischen Ohnmacht, wie sie sich im Verhältnis Bismarck – Volksvertretung zeigt, das Verlangen auch breiter bürgerlicher Schichten der Bevölkerung nach einem Gegenbild zur
Ausweglosigkeit und Stagnation der gesellschaftlichen Verhältnisse der Gegenwart, ein Verlangen, das sich ungeschminkt und
unverstellt in der Kolportageliteratur der Zeit ausdrückt. Da

24 Boehme, a.a.O., S. 80.
25 Kofler, *Zur Geschichte der bürgerlichen Gesellschaft*, a.a.O., S. 550.
26 Kofler, a.a.O., S. 567.
27 Boehme, a.a.O., S. 86 f.

die realen Bedingungen fehlen beziehungsweise preisgegeben wurden, um die gesellschaftlichen Bedürfnisse zu befriedigen, werden diese Bedürfnisse privatisiert, um fiktiv in Form von Wunscherfüllungsträumen befriedigt werden zu können. Die Funktion, Wünsche, deren Erfüllung von der Realität verweigert wird, dennoch zu befriedigen, ist konstitutiv nicht nur für den Nacht-, sondern auch für den Tagtraum und seine nach außen projizierte Erscheinung: die Kolportage. Wenn die Erhöhung der Persönlichkeit von der gegebenen sozialen Ordnung verweigert wird, sucht man sie in jenen Sphären zu erreichen, in denen die realen Zwänge zum scheinbar bedeutungslosen Ornament gerinnen. Die individual- und sozialpsychologischen Voraussetzungen für den gigantischen Wunschtraum, genannt *Karl Mays gesammelte Werke*, waren äußerst günstig.

Verkleidungen

Die traditionelle Kritik an der Kolportage hat immer deren beruhigende, ablenkende Wirkung betont, als sei von ihr eine Anweisung zum Handeln überhaupt zu erwarten. Demgegenüber unterstreicht Ernst Bloch die Vielschichtigkeit des Tagtraumes, seine Weigerung, sich mit dem Bestehenden abzufinden. »Hemmungslos wohnen im noch so durchschnittlichen Wachtraum Circe, die die Menschen in Schweine, König Midas, der die Welt in Gold verwandelt – stets mit auffallendem Dispens von Verhaltensregeln, mit desto auffallenderem, als der Bezug zur Außenwelt hierbei keineswegs, wie beim Nachttraum, abgeblendet ist.«[28] Tatsächlich liegt in der gängigen Ablehnung der Kolportage als einer ›bloßen‹ Tagträumerei, die – entnervend und Praxis hemmend – keinen Realitätsbezug mehr aufzuweisen habe[29], das Mißtrauen gegen jegliche, nicht mehr mit nachweisbarer, positiver Wirklichkeit korrelierende Tätigkeit. Gewißt entschädigt die geträumte Befreiung für die von der geltenden Ordnung verweigerte Freiheit, doch

28 Bloch, *Prinzip Hoffnung*, a.a.O., S. 102.
29 Schon 1799 schreibt J. A. Bergk über die Geisterromane: »Sie befördern Untätigkeit, anstatt den Menschen von der natürlichen Trägheit loszureißen [. . .]« – J. A. Bergk, *Die Kunst, Bücher zu lesen*. Zit. nach Walter Höllerer, *Über Ergebnisse der Arbeitskreise ›Untersuchungen zur Trivialliteratur‹ an der Technischen Universität Berlin, sowie einige Folgerungen, die daraus zu ziehen sind*, in: *Studien zur Trivialliteratur*, a.a.O., S. 35.

sie signalisiert eben auch das Unbehagen und befördert die Unzufriedenheit: sie ist eine Schule des aufsässigen Denkens.

In der Traumwelt der Kolportage findet man die vertrauten
Gegenstände nicht mehr wieder – sie haben ihren Platz ge-
wechselt. Wenn sich die Sinnlosigkeit des Einzelschicksals »zum
eindringlichsten Kennmal des Daseins gesteigert« hat,[30] dann
wird nicht nur das Verhältnis, das das Individuum zu anderen
Individuen und zur Dingwelt unterhält, fragwürdig; auch das
Bewußtsein, den eigenen Platz im Dasein dem reinen Zufall
zu verdanken, verschärft sich und befördert eine Unsicherheit,
die nur zu leicht für trügerische Versprechungen das Ohr öffnet. Claus Roxin verweist auf das Verrückungsmotiv, die
»Verwirrung aller natürlichen Ordnungen«[31], und berührt damit die Ursache von Glanz und Elend der Kolportage. Nicht
eine Verwirrung der natürlichen Ordnung, sondern deren Herstellung plant die Kolportage; die natürliche wird von ihr vielmehr als künstlich, als die falsche Ordnung der Betrüger und
Ausbeuter, der verständnislosen Bürokraten und scheinheiligen
Priester denunziert, ihr gegenüber bauen die Helden unermüdlich und ohne sich von Fehlschlägen entmutigen zu lassen an
einer ›unnatürlichen‹ Gegenwelt. Identifikation von Leser und
fiktiver Welt beruht in der Kolportage gerade auf dem Un-
wahrscheinlichen der Darstellung, das mit dem Wahrscheinlichen der Realität oder gar mit dem, was als ihre Wahrheit
empirisch täglich erfahrbar ist, im Kriegszustand ist. Auch
der Autor des *Waldröschen* orientiert sich nicht, wie Volker
Klotz meint, bei seiner Rekonstruktion der Wildnis »an seinem
Bild von der heimischen Standesgesellschaft«[32], sondern ent-
wirft mit den aus ihr sicher entlehnten Elementen ein Bild,
das ihr wesentlich nicht mehr entspricht, weil sich jedes Ding,
jede Person an einen anderen Platz, der nach Willen und Einsicht des Autors der richtige ist, gestellt sieht. Die Prädikate
der Helden stammen nur oberflächlich aus der »Nomenklatur
des Feudalismus«[33], sie drehen diese vielmehr um. Die »Fürsten
der Wildnis, des Waldes und der Prärie« haben ihre Namen

---

30 Max Horkheimer, *Materialismus und Moral*, in: Horkheimer, *Kritische Theorie*, a.a.O., Bd. 1, S. 95.
31 *Mitteilungen der Karl-May-Gesellschaft*, Nr. 3, März 1970, S. 131.
32 Klotz, *Ausverkauf*, a.a.O., S. 173.
33 Klotz, a.a.O., S. 173.

als »Ehrennamen« von Trappern und Indianern[34] erhalten, womit aber weder Privilegien noch eine Standeserhöhung – dem europäischen Adelsbrief entsprechend – verbunden sind. Die Bedeutung dieser Ehrennamen ist eine andere, sie sind »ein wesentliches Stück und ein wichtiger Besitz der Persönlichkeit«[35] und signalisieren Freunden wie Feinden das für die Kommunikation in der Wildnis unbedingt und notwendig über die jeweilige Person zu Wissende. Büffelstirn, Bärenherz, Donnerpfeil – bildhafte Ehrennamen, die im Falle der weißen Präriäläufer oft völlig den bürgerlichen Namen verdrängt haben. Mit der Namensänderung sind ihre Träger in eine neue Welt eingetreten, die alte haben sie mit ihrer europäischen Kleidung abgelegt. Das Neue und Verrückte dieser Welt besteht in ihrer Koordinatenlosigkeit, die Helden sind nicht mehr einem blinden Geschehen überantwortet, das ihren Platz in der Standesgesellschaft bestimmt, sondern sie sind Subjekte ihres Schicksals: der Ablauf ihres Lebens stimmt mit den inneren Möglichkeiten ihrer Person überein.

Der Familienroman der Kolportage

Als Keimzelle des Kitsches wurde die bürgerliche Familie erkannt; der Kitsch entspricht in seinen Maßen am vollkommensten »den Proportionen der bürgerlichen Gesellschaft in Deutschland« im 18. und 19. Jahrhundert.[36] Die Kolportage dagegen setzt sich in bewußten Widerspruch zur bürgerlichen Familie, der Held, bevor er auf Abenteuer zieht, tritt aus deren Verband aus. Die Familiensphäre ist für ihn nicht mehr der Raum, in dem er, geschützt vor störenden äußeren Einflüssen, die Fülle seiner Anlagen entwickeln kann,[37] im Gegenteil, der

34 May, *Waldröschen*, a.a.O., S. 395.
35 Sigmund Freud, *Totem und Tabu*, Frankfurt/M. u. Hamburg 1964, S. 66.
36 Hans Mayer, *Von Lessing bis Thomas Mann*, a.a.O., S. 11.
37 Eine der bedeutenden Variationen des Robinson-Themas in deutscher Sprache, der 1731 erschienene Roman *Die Insel Felsenburg* von Johann Gottfried Schnabel, greift ebenfalls diese Problematik auf und gestaltet sie zu exemplarischen »deutschen Lebensläufen«, in denen »das Kleine und Allzukleinliche der deutschen Verhältnisse [. . .] besonders spürbar« wird. – Mayer, a.a.O, S. 69. Hans Mayer widmet diesem Aspekt des Abenteuerromans in seiner Analyse mit Recht seine besondere Aufmerksamkeit: er ist für die ganze Gattung von entscheidender Bedeutung.

Schutzraum wird als Gefängnis erfahren, dessen Mauern seinem Willen zur Selbstverwirklichung entschiedenen Widerstand entgegensetzen. Am Anfang seiner ins Freie führenden Laufbahn steht so die freiwillige oder unfreiwillige Emanzipation des Helden von seiner Familie, das Zerwürfnis mit dem Vater oder die Flucht vor dem häuslichen Herd.

In der Kolportage lösen sich die traditionellen Familienbeziehungen auf; sie spiegelt damit recht genau die intellektuelle Opposition gegen eine typisch deutsche Seßhaftigkeit wider und darüber hinaus auch den krisenhaften Zustand der Familie in einer Gesellschaft, die ihrer zu unmittelbar ökonomischen Zwecken nicht mehr bedarf. Besonders erschütternd wird diese Krise der Familie erfahren in den Schichten der Gesellschaft, die dem ökonomischen Druck unmittelbar ausgesetzt sind. »Das Gesetz der großen Industrie vernichtet hier das gemütliche Heim, treibt nicht bloß den Mann, sondern häufig auch die Frau zu einem schweren Dasein außerhalb des Hauses. Von einem befriedigenden Eigenwert der privaten Existenz kann schließlich nicht mehr die Rede sein. Die Familie bildet im extremen Fall die erreichbare Form der Geschlechtsbefriedigung und im übrigen eine Multiplikation der Sorgen.«[38] Unter der Familie in dieser ihrer reduzierten Form hatte Karl May selber gelitten. »Ich bin im niedrigsten, tiefsten Ardistan geboren, ein Lieblingskind der Not, der Sorge, des Kummers. Mein Vater war ein armer Weber. Meine Großväter waren beide tödlich verunglückt [. . .] Wir waren neun Menschen: mein Vater, meine Mutter, die beiden Großmütter, vier Schwestern und ich, der einzige Knabe.«[39] Eindringlich schildert May in seiner Autobiographie diese »Jahre der Sorge und Not«, des Hungers und der Verzweiflung, die ihn schon früh hinaustrieben in die Welt des Märchens und der Kolportage. Auch sein Lebenslauf, zwischen Wunsch und Wirklichkeit, Gerichtssaal und Schreibstube pendelnd, gewinnt, je klarer seine Bedingungen werden, an exemplarischer Dichte. »Während in der bürgerlichen Blüteperiode zwischen Familie und Gesellschaft die fruchtbare Wechselwirkung stattfand, daß die Autorität des Vaters durch seine Rolle in der Gesellschaft mit Hilfe der patriarchalischen Erziehung zur Autorität erneuert

38 Horkheimer, *Autorität und Familie*, a.a.O., Bd. I, S. 72.
39 May, *Ich*, a.a.O., S. 240 f.

wurde, wird nunmehr die freilich unentbehrliche Familie zum Problem bloßer Regierungstechnik.«[40] Wird die Legitimationsbasis des Vaters noch zusätzlich zerstört, weil er als Alleinverdiener nicht in der Lage ist, den Unterhalt seiner Familie zu bestreiten, so gerät für die Betroffenen die ganze Institution ins Wanken. Das ambivalente Verhältnis des Vaters May zu seiner Familie, wie es nach den Aufzeichnungen des Sohnes in wenn auch gemilderter Form sichtbar wird, verdeutlicht die Reaktion der Individuen auf eine ihnen in den Ursachen nicht einsichtige Veränderung der Lebensverhältnisse. »Mein Vater war ein Mensch mit zwei Seelen. Die eine Seele unendlich weich, die andre tyrannisch, voll Übermaß im Zorn, unfähig, sich zu beherrschen.«[41] Als Folge ihrer »faktischen Entbehrlichkeit« muß sich, wie Erich Fromm gezeigt hat, die Autorität »den Anschein geben, als ob sie ihres Erfolges völlig sicher sei«,[42] mit Hilfe von Strafen und terroristischen Maßnahmen ist sie genötigt, ihre Überlegenheit immer wieder zu demonstrieren, um so die Familienmitglieder bei der Stange zu halten. Selbst »in den heitersten und friedlichsten Augenblicken [hatten wir] das Gefühl, auf vulkanischem Boden zu stehen; immer mußte man mit einem Ausbruch rechnen.«[43] Der Funktionsverlust der Familie wird in der Irrationalität der Strafmaßnahme sinnlich erfahrbar. Die Mittel zur Aufrechterhaltung der Autorität werden um so schärfer und unkalkulierbarer, je weniger diese sich ökonomisch legitimieren kann. »Aber die Autorität muß nicht nur mächtig und angsterregend [. . .] sein, sie muß auch ein moralisches Vorbild für die ihr Unterworfenen bilden.«[44] Je mehr im Vater aber nur noch die reine Gewalt gefürchtet wird, um so größer ist der Schwund des moralischen Vertrauens, das ihm entgegengebracht werden soll. Der mangelnden Einsicht in den gesellschaftlichen Bedingungszusammenhang von Autorität und Familie entsprechend, stehen dem derart an der Autorität zu zweifeln beginnenden Individuum zwei Möglichkeiten der Reaktion offen: es setzt an die Stelle der Vaterautorität eine neue,

40 Horkheimer, a.a.O., S. 75.
41 May, *Ich,* a.a.O., S. 243.
42 Erich Fromm, *Theoretische Entwürfe über Autorität und Familie. Sozialpsychologischer Teil,* in: *Autorität und Familie,* a.a.O., Bd. 1, S. 128.
43 May, *Ich,* a.a.O., S. 244.
44 Fromm, a.a.O., S. 129 f.

ihm von der Gesellschaft angebotene, den Staat und dessen Herrscher, oder es wählt den anarchistischen Ausweg und bekennt sich »zur Abschaffung des Staates und Rechtes und zu einem Zustand der Freiheit des Individuums, in welchem alle zwangsweisen Bindungen und Einschränkungen dieser Freiheit, soweit sie nicht freiwillig übernommen werden, aufgehört haben.«[45] In den Romanen Karl Mays findet sich eine wunderliche Mischung aus beiden, aus obrigkeitsstaatlicher Autoritätsgläubigkeit und anarchistischer Ablehnung jedes von außen oktroyierten Zwanges. Die Bindung an König und Vaterland, Verherrlichung Bismarcks und Blüchers, Konstituierung unerschrockener Helden in der Wildnis entspricht jener Projektion der Vaterautorität auf dargebotene oder selber erzeugte Ersatzautoritäten; die freie Lebensweise in einem fiktiven wilden Westen, die Bindungen nur zwanglos eingeht, auflöst oder ablehnt, die Verachtung der Helden jeder bloß staatlichen oder angemaßten Autorität gegenüber, die freie Assoziation in Gruppen gemäß aktueller Notwendigkeit repräsentieren eine antiautoritäre Haltung anarchistischer Provenienz. Häufig prallen beide möglichen Weisen des Verhaltens unvermittelt in einer Szene aufeinander, so wenn der Trapper mit dem bildkräftigen Namen »Geierschnabel« bei Bismarck Einlaß begehrt, jeden vorgeschriebenen Dienstweg mißachtet (»Dienstweg, was ist das?«[46]), Hausfriedensbruch begeht, den König von Preußen mit »Good morning, alter Herr!« begrüßt, nach seiner Aufklärung über die Person des derart gemütvoll Deklassierten sein antiautoritäres Auftreten dann aber als Dummheit qualifiziert.[47] Solche Einsicht bekehrt ihn allerdings nicht völlig zu höfischer Unterwerfung: »Ich bitte Eure Majestät, dem Master Minister zu sagen, wer ich bin.«[48] Wird derart der König auf die Ebene des livrierten Dieners heruntergeholt, der hohen Herrschaften die Ankommenden vorzustellen hat, so wird dieser Auftritt doch mit einem gewissen Augenzwinkern in Szene gesetzt. Geierschnabel ist ein Sonderling, dem manches gestattet sein mag, ein Hofnarr in Yankeegestalt.

45 Hans Mayer, *Autorität und Familie in der Theorie des Anarchismus*, in: *Autorität und Familie*, a.a.O., Bd. 2, S. 825.
46 May, *Waldröschen*, a.a.O., S. 2162.
47 Vgl. May, a.a.O., S. 2165.
48 May, a.a.O., S. 2166.

Aber wie so häufig bei Karl May verdeutlichen die Nebenfiguren sehr viel offener die geheime Tendenz der Romane. Und wenn auch Karl Sternau oder der Gardelieutenant Curt Helmers sich sehr wohl gemäß der Etikette zu verhalten wissen, ihre unmittelbaren Familienbeziehungen ebenfalls nicht in dem Maße gelitten haben, daß sie sich genötigt sahen, das Weite zu suchen, so haben doch manch andere Helden ihre Familie aus ökonomischen Gründen verlassen müssen. Frei von deren ganz materiellen Beschränkungen bauen sie sich in der Fremde ein System sozialer Beziehungen auf, das ihrem Glücksstreben gemäßer erscheint als das verlassene. »Mein Name ist Anton Helmers; ich bin der jüngere von zwei Brüdern. Wir wollten studiren, da aber die Mittel nicht ausreichten und der Vater starb, so ging mein Bruder zur See und ich nach Amerika, wo ich nach vielen Irrfahrten mich schließlich in der Prairie als Waldläufer etablirte.«[49] Unter dem Namen Donnerpfeil[50] hat Helmers sich eine neue Existenz fern von Heimat und Familie aufgebaut. Die meisten dieser Freibeuter der Wildnis werden gegen Ende des Romans paarweise zum Altar und damit zurück in den Schoß der Familie getrieben. Diese Lösung ist vom Muster der Gattung oktroyiert, die das Happy ending immer noch als eines der erfüllten Liebe vorstellen möchte. Nur scheinbar wird damit aber die alte Familienordnung wiederhergestellt. Das so glücklich erscheinende Ende des Abenteuers und die Rückkehr in die Familie ist die fast zynisch zu nennende Folge der Erkenntnis, daß Familienglück nur den Mitgliedern der Oberklasse vorbehalten ist, zu deren Angehörigen sich die Helden allesamt im Laufe der Ereignisse gemausert haben. Das aber bestätigt die Familienauffassung der Kolportage von der anderen Seite: Struktur und Funktion des kleinen verwandtschaftlich fundierten Gemeinschaftsverbandes haben sich nicht geändert, nur wenigen Individuen ist es durch sozialen Aufstieg möglich geworden, auf höherer Ebene frei von ökonomischen Widersprüchen das ehemals Verlassene zu reproduzieren: sie sind geworden, wie sie sich ihre Väter einstmals gewünscht hatten.

49 May, a.a.O., S. 390.
50 »Er heißt Donnerpfeil, weil er schnell und sicher ist wie der Pfeil und mächtig und schwer wie der Donner. Seine Büchse fehlt nie ihr Ziel und sein Auge irrt auf keiner Spur.« – May, a.a.O., S. 403.

Hegel hat den antifamiliären Affekt des Abenteurers betont, der es für ein Unglück halte, »daß es überhaupt Familie [. . .] gibt«,[51] gleichzeitig aber auch schon das Happy ending des abenteuerlichen Lebens als Katzenjammer der Ehe[52] antizipiert. Den Katzenjammer spart die Kolportage konsequent aus; die den Lieferungsromanen folgenden Reiseromane Mays kennen nicht einmal mehr dessen blumigen Anfang vor dem Altar.

Die in der Kolportage am vaterlosen Helden illustrierte Möglichkeit, die Autoritätskrise durch Orientierung an Ersatzautoritäten zu überwinden[53], hat eine lange Vorgeschichte, deren Spuren vor allem in den Lieferungsromanen nicht zu übersehen sind: sie fabulieren an dem Familienroman weiter, mit dem die kindliche Phantasie auf die Erschütterung der Elternautorität einst reagierte. »Es gehört gewiß zu den schwersten Erschütterungen im kindlichen Leben, wenn es [das Kind] allmählich sieht, daß die Eltern in Wirklichkeit den eigenen Anforderungen nur wenig entsprechen.«[54] Für das kleine Kind hatten die Eltern sämtliche positiven Werte verkörpert. Je älter es wird, je mehr Vergleichspersonen ihm zur Verfügung stehen, desto schwankender wird dieser kindliche Glauben, desto mehr Fehler entdeckt es bei den ehemals vorbildhaften Eltern. Freud hat diesen Entheroisierungsaspekt detailliert beschrieben[55]; hat einmal der Zweifel eingesetzt, so genügen kleine Anlässe, damit sich das Kind innerlich immer mehr von den Eltern entfernt. Es geht auf die Suche nach Ersatzautoritäten. »Um die angegebene Zeit beschäftigt sich nun die Phantasie des Kindes mit der Aufgabe, die geringgeschätzten Eltern loszuwerden und durch in der Regel sozial höher stehende zu ersetzen.«[56] In die Überlegungen und Phantasien des Kindes geht somit bereits die soziale Rangfolge ein, in der die Eltern

51 Hegel, *Ästhetik,* a.a.O., Bd. 1, S. 567.
52 Vgl. Hegel, a.a.O., S. 568.
53 Besonders deutlich in den Lieferungsromanen *Die Liebe des Ulanen* und *Der Weg zum Glück:* im ersten die Vaterfigur des alten Feldmarschall Blücher – im zweiten die des bayrischen Harun al Raschid: König Ludwig II.
54 Fromm, a.a.O., S. 130.
55 Sigmund Freud, *Der Familienroman der Neurotiker, Studienausgabe,* a.a.O., Bd. 4, S. 223 ff.
56 Freud, a.a.O., S. 244.

einen meist unbefriedigenden Platz einnehmen. Der Neid des Kindes wird geweckt, »der dann den Ausdruck in einer Phantasie findet, welche beide Eltern durch vornehmere ersetzt.«[57] In der Autobiographie Mays werden derartige Phantasien des Knaben Karl nur angedeutet; Not, Armut, das mangelnde kaufmännische Talent des Vaters erscheinen in ausführlicher, mitunter ironisch-distanzierter Schilderung, dagegen erinnert sich der Autor nur selten des sozialen Ressentiments und der Wunschträume, die solchen kindlichen Erfahrungen zwangsläufig folgten. Dem Zweck seiner Autobiographie entsprechend, Feinde und Verächter von der moralischen Integrität des Autors zu überzeugen, begnügt er sich mit unverdächtigen Hinweisen. »Es ging die Sage, daß es in der Familie, als sie noch wohlhabend war, Geistliche, Gelehrte und weit gereiste Herren gegeben habe [. . .]«[58] Wenige Seiten weiter allerdings verdichtet sich, was vorher noch als »Sage« erschien, zu der Tatsache, »daß es unter unseren Vorfahren bedeutende Männer gegeben hatte, von denen wir, ihre Nachkommen, sagen müßten, daß wir ihrer nicht würdig seien.«[59] Daß solche Erkenntnis die Familie »kränkte« und »ärgerte«[60], wird ebenfalls noch geschildert, auch die Erwartungen, die der Vater an seinen Sohn richtete, diese alte Herrlichkeit wiederherzustellen – die weiteren Tagträume des Kindes bleiben ausgespart: deren bunt exotische Erscheinung liefert unverhüllt erst die Kolportage, in den für Münchmeyer geschriebenen Lieferungsromanen sichtbarer noch als in den Reiseerzählungen, die zwar auch der Erhöhung des Autors als eines genialen Helden dienen, nicht mehr aber mit dem Mittel des Zweifels an der eigenen Herkunft.

Das für die Kolportage zentrale Motiv der Kindesvertauschung, der ungeklärten Abstammung, des Kindesraubes, des edlen Stammhalters, der in einer ihm unangemessenen sozialen Umgebung aufwächst, zieht sich leitmotivisch durch sämtliche Lieferungsromane und offenbart die geradezu manische Faszination, die für ihren Autor von diesen Vorstellungen ausgehen mußte. Gewiß sind sie musterhaft, tausendfach vorgebildet in

57 Freud, a.a.O., S. 224.
58 May, *Ich*, a.a.O., S. 254.
59 May, a.a.O., S. 267.
60 May, a.a.O., S. 267.

den Romanen, die May als Kegeljunge verschlungen hatte. Aber es besteht kein Zweifel, daß er sich selber darin wiedererkannte und die autobiographischen Züge, die er seinen Helden, Karl Sternau oder Gustav Brand, verlieh, bestätigen diese Auffassung. Die moralische Zensur, der er sich bei der Niederschrift seiner Autobiographie unterworfen hatte und die es ihm, dem Verleumdeten und Geächteten nicht gestattete, seine Herkunftsphantasien wiederzugeben, hat für den tagträumerisch schreibenden Autor des Münchmeyer Verlages noch nicht bestanden. »Es war ein fast fieberhafter Fleiß, mit dem ich damals arbeitete. Ich mußte nicht mühsam nach Stoffen tasten, ich hatte mir ja reichhaltige Verzeichnisse angelegt, in die ich nur zu greifen brauchte, um sofort zu finden, was ich suchte. Und sie alle waren schon fertig durchdacht; ich brauchte nur auszuführen, nur zu schreiben. Das tat ich mit einem Eifer, der mich weder rechts noch links schauen ließ [. . .]«[61] Bloch hat als auffälliges Merkmal des Tagträumers herausgestellt: »Die Zensur ist hier nicht bloß geschwächt und lückenhaft wie im Nachttraum, sondern sie hört, trotz völliger Ungeschwächtheit des Tagtraum-Ichs und eben wegen ihrer, völlig auf, hört eben wegen der Wunschvorstellung auf, die das Tagtraum-Ich selber ergreift und es gerade stärkt, mindestens aufdonnert.«[62] Ungehemmt also spinnt die Phantasie an dem grellbunten Muster eines voluminösen Familienromans, dessen Held, Karl Sternau etwa, der illegitime Sohn des Herzogs von Olsunna, alle die Bedingungen erfüllt, die Freud für das zweite Stadium des phantasierten Familienromans festhält. »Kommt dann die Kenntnis der verschiedenartigen sexuellen Beziehungen von Vater und Mutter dazu, begreift das Kind, daß *pater semper incertus est,* während die Mutter *certissima* ist, so erfährt der Familienroman eine eigentümliche Einschränkung: er begnügt sich nämlich damit, den Vater zu erhöhen, die Abkunft von der Mutter aber als etwas Unabänderliches nicht weiter in Zweifel zu ziehen [. . .] Mit der Kenntnis der geschlechtlichen Vorgänge entsteht die Neigung, sich erotische Situationen und Beziehungen auszumalen, wozu als Triebkraft die Lust tritt, die Mutter [. . .] in die Situation von geheimer Untreue und

61 May, a.a.O., S. 415.
62 Bloch, *Prinzip Hoffnung,* a.a.O., S. 101.

geheimen Liebesverhältnissen zu bringen.«[63] Karl May begnügt sich im Falle Sternaus damit, dieses heimlich gewünschte, aber verborgen gebliebene Liebesverhältnis nicht als eines der freiwilligen Untreue, sondern der verbrecherischen Verführung mit Hilfe eines von einer Zigeunerin gemixten Zaubertrankes darzustellen. Doch ein solches, die sexuelle Phantasie noch weit intensiver stimulierendes Wunschbild weicht nur geringfügig vom klassischen Muster ab.

Der große Unbekannte

Freud notierte, daß »das zufällige Zusammentreffen mit wirklichen Erlebnissen«[64] die Gestaltung der Familienphantasien oft wesentlich beeinflußt. In diesem Zusammenhang mag von Bedeutung sein, daß die Ahnenreihe Mays tatsächlich nicht frei von Unklarheiten ist. »Der Weber Heinrich August May in Ernstthal, der Vater Karl Mays, war vermutlich ein uneheliches Kind. Das Kirchenbuch von Ernstthal, welches am 18. 9. 1810 seine Geburt registriert, verzeichnet das Kind der Johanne Christiane May geb. Kretschmar unter dem Namen ›Kretschmar‹ und vermerkt in Spalte 4 unter der Überschrift ›Name und Stand des Vaters‹: ›Der Schwängerer soll ein Unbekannter gewesen sein.‹«[65] Angesichts der Tatsache, daß die Mutter den Ehebruch öffentlich eingestanden haben muß (anders ist die Eintragung in das Kirchenbuch nicht erklärbar[66]), liegt es nahe, daß Karl May (durch Gerüchte, Anspielungen, unvorsichtige Bemerkungen in Gegenwart eines Kindes, das

63 Freud, a.a.O., S. 225.
64 Freud, a.a.O., S. 224. – Nach Fertigstellung dieser Arbeit veröffentlichte Hans Wollschläger seine bedeutende Analyse *Die sogenannte Spaltung des menschlichen Innern, ein Bild der Menschheitsspaltung überhaupt. Materialien zu einer Charakteranalyse Karl Mays,* in: *Jahrbuch der Karl-May-Gesellschaft* 1972/73. Wollschläger kommt auf Grund biographischer Nachforschungen und einer psychoanalytischen Interpretation des biographischen Materials zu dem Ergebnis, »daß die Mutter Christiane Wilhelmine May um die Zeit 1844/45 einen Geliebten gehabt hat, [. . .] – und daß das Kind Karl in einem ganz bestimmten, ganz konkreten Augenblick ›mit eigenen Ohren‹ erfuhr, daß die Liebe der einzig geliebten Person nicht ihm allein gehörte.« – Wollschläger, a.a.O., S. 31.
65 Karl Kroeschell, *May oder Kretschmar?* In: *Mitteilungen der Karl-May-Gesellschaft,* Nr. 10, Dezember 1971, S. 23.
66 Vgl. Kroeschell, a.a.O., S. 25 f.

›davon ja noch nichts versteht‹) von der zumindest ungeklärten Abstammung seines Vaters schon früh wußte oder sie doch ahnte. Versteht man den »Familienroman« nicht nur als kindliche Phantasterei, als Übergangsstadium in der psychischen Entwicklung des Kindes oder als neurotisches Symptom, sondern genau darin »als Suche nach der eigenen Identität«[67], so wird seine konstitutive Bedeutung für den Wunschtraum der Kolportage und für ihre Wirkung sichtbar. Wie der fabulierte Familienroman das Kind für Frustrationen und soziale Diskriminierung entschädigen soll[68], so hält sich der erniedrigte und ausgebeutete, von *seiner* Wirklichkeit enttäuschte Erwachsene an einer Möglichkeit schadlos, deren Bedingungen er im Dunkel der Vergangenheit verborgen glaubt. Der Held eines Tagtraums ist das Leitbild dessen, »was ein Mensch utopisch sein und werden möchte«,[69] er ist es um so aufdringlicher und phantastischer, je weniger ihm die Wirklichkeit Anlaß gibt, Traum mit Realität zu verwechseln. Die Niedrigsten steigen so in ihren Träumen am höchsten, das reale Elend ist eine Folie, von der sich ihr Ich traumglänzend als *Fürst* des Elends abhebt. Zwar will auch Kolportage Mitleid erregen, doch die Elendsmalerei bleibt Ausnahme und ist damit nur literarische Zutat zum sonst gar nicht Mitleid erregenden Wunschbild. Jenes soziale Mitleiden, für das Marx so sarkastische Qualifikationen fand, ist der Kolportage als blühendem, ruchlos optimistischem Tragtraum fremd. Hier nimmt das Individuum sein Schicksal selbst in die Hand, läßt sich nicht herumstoßen, erniedrigen, sein Elend wird ihm zum Hebel, der sämtliche Verhältnisse verändern soll. Im Traum zwar nur bläst er sich so auf, stattet sich mit den Märchenrequisiten vergangener Zeiten aus, aber genau dieser Traum ist auch Indiz dafür, daß er sich noch nicht mit dem ›Seinen‹ abgefunden hat. Weil er die Ursachen seines Elends nicht erkannt hat, reduziert sich seine Suche

67 Hartmut Scheible, *Naturgeschichte des Snobs – Aufzeichnungen zu Alexander Lernet-Holenia,* in: *Frankfurter Hefte. Zeitschrift für Kultur und Politik,* hrsg. v. W. Dirks u. E. Kogon, 27. Jg., Nr. 4, April 1972, S. 276.
68 »Ja, das ganze Bestreben, den wirklichen Vater durch einen vornehmeren zu ersetzen, ist nur der Ausdruck der Sehnsucht des Kindes nach der verlorenen glücklichen Zeit, in der ihm sein Vater als der vornehmste und stärkste Mann, seine Mutter als die liebste und schönste Frau erschienen ist.« – Freud, a.a.O., S. 226.
69 Bloch, *Prinzip Hoffnung,* a.a.O., S. 101.

nach der Identität mitunter auf genealogische Phantasterei, die aber wenigstens in Gedanken den Umsturz (auf daß die Niedrigsten erhöht werden) nicht scheut: daher kann Bloch sagen, daß Kolportage »letzthin Revolution« träumt.[70]

Die fortdauernde Wirkung der Kolportage, speziell Karl Mays, beruht bei Jugendlichen und Erwachsenen, den jeweils auf andere Art zu kurz Gekommenen, sicherlich auf dieser alle Verhältnisse träumerisch umwälzenden Macht der Kolportage. Die Suche nach der eigenen Identität muß in der Klassengesellschaft erfolglos bleiben, als existentialistische ist sie nur ein Scheinproblem, mit dem sich stille Intellektuelle noch heute herumschlagen – als Kolportage aber ist sie offene und ehrliche Entfernung von der Wirklichkeit, die sie gerade deshalb nicht zur unveränderlichen hypostasiert. Denn im Gegensatz zum träumenden Ich des Kitsches beruhigt Kolportage ja nicht: sie treibt den Helden fort, auf immer neuen Spuren, in immer neue Abenteuer und Verwicklungen. Viel ist mit solcher Rastlosigkeit noch nicht gewonnen, wenn sie nur im Traum herumtreibt, in der Wirklichkeit aber einer resignierenden Ruhe weicht. Jean Paul berichtet von der Kunst seines Schulmeisterleins Maria Wutz, immer fröhlich zu sein; sie bestand darin, daß er sich in den Mühen und Plagen des ganzen Tages immer etwas vorstellte, worauf er sich freuen konnte, und sei es »der Gedanke ans warme Bett«.[71] Die Kolportage lehrt eine andere Kunst, die nämlich, immer unzufrieden zu sein, immer wieder den Weg nach Spanien zu gehen und weiter, aber sich nicht zu bescheiden mit Ernstthal oder Zwickau. Solche noch ungezielte Unzufriedenheit, der diffuse Hader mit der Realität, ändert an dieser selber noch nichts, gelenkt und auf den Begriff gebracht aber kann sie ihr höchst unbequem werden.

5. Der gefesselte Leser

Primat der Unterhaltung

Spannung erwartet der Leser von der Kolportage. ›Es ist unmöglich, von Edgar Wallace nicht gefesselt zu sein‹: so lautet der Werbespruch eines Verlages, demPublikumswunsch nach fes-

70 Bloch, *Erbschaft*, a.a.O., S. 181.
71 Jean Paul, *Werke*, hrsg. v. Norbert Miller, München 1960, Bd. 1, S. 431.

selnder Lektüre entsprechend. Es ist offenkundig, daß mit Spannung eine besondere Form der Unterhaltung gemeint ist, die nicht völlig mit der traditionellen delectare-Forderung übereinstimmt.

Die für die kunsttheoretische Diskussion des 18. Jahrhunderts zentrale Frage, ob Kunst nicht nur Nutzen bringen, sondern auch unterhalten solle, wurde in ihren Anfängen eindeutig entgegen einer hedonistischen Auffassung[1] entschieden; man konnte sich oft nicht einmal zu dem Horazschen Kompromiß des *prodesse et* delectare verstehen. Eine Poesie, die den moralischen Nutzen nicht in erster Linie verfolge, verdiene diesen Namen nicht, war etwa Gottscheds Meinung,[2] und er stimmte in diesem Punkt differenzlos mit seinen Kontrahenten Bodmer und Breitinger überein. Die Intention dieser Kunstauffassung äußert sich unverstellt, »man sucht sich dadurch von der als höfisch und feudal angesehenen reinen Fabulierkunst abzugrenzen«.[3] »Daß der Hauptzweck der Dichtung sei, Weisheit und Tugend an Beispielen zu lehren«[4], propagierten auch die Moralischen Wochenschriften, und der moralische Roman liefert die konsequente Umsetzung dieses Ideals.[5] Noch Lessing war ein Roman wie die *Insel Felsenburg* wegen seiner (von Hans Mayer analysierten) Zwischenform[6], »ein Greuel«.[7] Bis

1 Deren reine Vertreter waren auch in der Vergangenheit selten. – Vgl. Ernst Robert Curtis, *Europäische Literatur und Lateinisches Mittelalter*, München [6]1967, S. 471.

2 Freilich sei es möglich, »Fabeln zur bloßen Belustigung zu ersinnen, dergleichen manches Mährlein ist, so die Ammen ihren Kindern erzehlen, ja dergleichen die meisten Romanschreiber in ihren Büchern ausbrüten. Allein da es möglich ist, die Lust mit dem Nutzen zu verbinden, und ein Poet nach der bereits gegebenen Beschreibung auch ein rechtschaffener Bürger und ein redlicher Mann seyn muß: So wird er nicht unterlassen, seine Fabeln lehrreich zu machen [. . .]« – Joh. Christoph Gottsched, *Versuch einer critischen Dichtkunst vor die Deutschen*, Leipzig 1730. Zit. nach Johannes Crüger (Hrsg.), *Joh. Christoph Gottsched und die Schweizer Joh. J. Bodmer und Joh. J. Breitinger*, Darmstadt 1965, S. LX.

3 Mayer, *Lessing*, a.a.O., S. 19.

4 Wolfgang Martens, *Die Botschaft der Tugend*, a.a.O., S. 446.

5 Vgl. Kurt-Ingo Flessau, *Der moralische Roman. Studien zur gesellschaftskritischen Trivialliteratur der Goethezeit. Literatur und Leben*, Neue Folge, Bd. 10, Köln und Graz 1968.

6 »[. . .] die *Insel Felsenburg* ist gleichzeitig Spätling des Ritter- und Zauberromans und deutsche Frühgestalt einer bürgerlich-realistischen Erzählung.« – Mayer, a.a.O., S. 64.

7 Mayer, a.a.O., S. 46.

in die Spätzeit der Aufklärung hinein muß sich das delectare vor dem prodesse rechtfertigen,[8] die Fiktion wenigstens mit der Realität korrelieren, und noch der Herausgeber der *Bibliothek der Abentheurer* legitimiert 1810 sein Unternehmen mit dessen belehrendem Sinn. Je selbstverständlicher aber das Verlangen wird, vom Roman »angenehm unterhalten« zu werden,[9] desto mehr tritt ein weiteres Wirkungsmoment in den Vordergrund, das bereits in der Renaissance das *prodesse et delectare* ergänzt hatte. »Neben dem Horazischen Nutzen und Vergnügen hat der Ciceronische Poet noch eine dritte Aufgabe, die Erschütterung im Sinne des Aristotelischen Wunderbaren, nämlich Bewunderung und Verehrung für seinen Helden zu *erregen*.«[10] Nutzen, Vergnügen und Erschütterung repräsentieren die rhetorische Trias des docere, delectare und movere, wobei allein die Erschütterung jenen Pathos-Spannungszustand meint, mit dem der antike Rhetor sein Publikum zur Aktion zwingen wollte. Der Poet dagegen beabsichtigt als endgültige Wirkung einen Zustand des »befriedigten Affektgleichgewichts«[11], eine Rückkehr in die psychische Normallage als »Lust der Erleichterung und der Befreiung von den zuvor erregten und wieder weggeschafften Affekten des Schreckens und der Rührung.«[12]

Mit der vor allem der Tragödie vorbehaltenen Wirkungsabsicht der Pathoserregung[13] identifiziert sich die Kolportage.[14] In einem ganz spezifischen Sinn ist auch die der Kolportage

8 In seiner Vorrede zur *Insel Felsenburg* polemisiert Schnabel gegen diese Verpflichtung: »Aber mit Gunst und *Permission* zu fragen: Warum soll man denn dieser oder jener, eigensinniger Köpffe wegen, die sonst nichts als lauter Wahrheiten lesen mögen, nur eben lauter solche Geschichte schreiben, die auf das kleinste *Jota* mit einem cörperlichen Eyde zu bestärcken wären?« – Johann Gottfried Schnabel, *Insel Felsenburg*, hrsg. v. W. Voßkamp, Hamburg 1969, S. 10.
9 Eschenburg, *Entwurf einer Theorie und Literatur der schönen Wissenschaften, a.a.O., S. 338.* – Vgl. auch Flessau, a.a.O., S. 20: »Unterhaltung, Gesellschaftskritik und Belehrung beabsichtigen die Autoren [des moralischen Romans] stets zugleich.«
10 Karl Borinski, *Die Antike in Poetik und Kunsttheorie*, 2 Bde., Darmstadt 1965, Bd. 1, S. 221.
11 Lausberg, a.a.O., S. 590.
12 Wolfgang Schadewaldt, *Antike und Gegenwart. Über die Tragödie*, München 1966, S. 46.
13 Vgl. dazu mein Buch über Schiller, a.a.O., S. 144 ff.
14 Auf die Verwandtschaft von Tragödie und Kolportage hat schon Ernst

immanente Ästhetik die Wirkungsästhetik. Während die vom Kitsch erregten Affekte der mittleren *delectatio* erregenden Affektlage der Rhetorik entsprechen, konzentriert sich die Kolportage auf die Stimulierung der mitreißenden Affekte, auf den ›pathetischen‹ Spannungszustand, der in der rhetorischen Theorie vor allem eine Funktion der *peroratio* war. Da ein solcher gesteigerter Affektzustand aber nicht durchzuhalten ist und die Gefahr der Ermüdung und Lähmung mit sich bringt (was bereits die antiken Theoretiker erkannt hatten und wogegen sie den Wechsel der Stile, die Einschaltung ruhiger oder belehrender Passagen empfahlen), tritt die Kolportage nie in rein reißerischer Form auf; Kitschpassagen, meist Liebesgeflüster, Mitleid erregende Elendsmalerei oder geographisch-ethnologische Erörterungen wechseln mit spannungsvollen Szenen der Jagd, Verfolgung, des Überfalls und Mordes ab.

Volker Klotz staunt über die Machart des *Waldröschen,* »die es fertig bringt, ihr genrebedingt rissiges, windschiefes Universum mit ebenso erschwindelter wie schwindelerregender Folgerichtigkeit zu begradigen.«[15] Hier wie in der ganzen Studie macht sich bemerkbar, daß Klotz den für die Kolportage wichtigsten Aspekt ihrer Wirkungsintentionalität außer acht läßt. Nicht logische Folgerichtigkeit, Folgerichtigkeit aus Wahrheit oder Wahrscheinlichkeit des Dargestellten – allein die *emotionale* Folgerichtigkeit hält die auseinander strebenden Teile dieses Riesenreißers zusammen. In einem anderen Sinne ist damit Rheinswalden »der Nabel der weitgespannten Abenteuerwelt«[16]; die Kleinstadt und Försteridylle entlastet von den Spannungszuständen, in die Giftmord und Abenteuer den Leser zuvor versetzt hatten. Trotz seiner ungeschlachten, holzschnittartig-groben Gestalt ist das *Waldröschen* recht sorgsam komponiert: die Affekte auf- und abwiegelnden Szenen wechseln einander ab, und das verschlafene Nest bei Mainz mit dem traulich-deutschen Namen bietet dem Autor immer wieder die Gelegenheit, aus dem Abenteuer auszusteigen, den Leser zu entlasten, um ihn dann wieder um so stärker an den erregen-

Bloch am Beispiel Schillers hingewiesen. – Vgl. Bloch, *Literarische Aufsätze,* a.a.O., S. 96 ff.

15 Klotz, *Ausverkauf,* a.a.O., S. 194.

16 Klotz, a.a.O., S. 165.

den Gang der Handlung zu fesseln. Rheinswalden ist in der Gesamtkomposition des Romans, was die idyllischen Liebesszenen im Garten des Schlosses von Rodriganda oder die beschaulich-witzigen Heiratsgespräche zwischen Vater Pirnero und Tochter für die Feinstruktur der einzelnen Kapitel sind. – Rosa de Rodriganda wandelt sinnend im Park des väterlichen Schlosses. »Da raschelte es vor ihr in den Büschen. Sie blickte auf und stand vor Sternau, welcher aus der Dichtung getreten war, um sie zu begrüßen. Sie streckte, wie in froher Überraschung die Arme aus, zog sie aber sogleich wieder zurück, während eine tiefe glühende Röthe ihre Wangen färbte [. . .] ›Wollen Sie mich mitnehmen?‹ fragte sie, abermals erröthend. – ›Gern!‹« Das nun folgende beschauliche Gespräch aber wird jäh unterbrochen: »›Er wird mich – o mein Gott, was ist das! Diese letzten Worte rief sie im höchsten Schreck aus, denn gleich vor ihnen zerteilten sich die Büsche, und zwischen ihnen kam ein in eine schwarze Kapuze gehüllter Kopf zum Vorschein, dessen dunkle Blicke wild aus den runden Augenöffnungen der Verhüllung hervorglühten.«[17] Die auf heftige Affekterregung bezogene Machart der Kolportage geht aus dieser kurzen Szene deutlich hervor, deren Schema die szenische Struktur wie den Gesamtaufbau des Romans bestimmt. Auf eine die sanften Affekte auslösende idyllische Gartenszene folgt mit greller Dissonanz eine spannungshaltige Kampfszene, in der es um Leben oder Tod des Helden geht; diesem »kaum mehr als eine Minute«[18] dauernden Kampf folgt wieder eine Liebesszene: »Sie warf sich an seine Brust, schlang die Arme um ihn, und legte mit lautem Schluchzen des Entzückens ihr Köpfchen an sein Herz. ›Rosa!‹ Dieses Wort sagte er leise, beinahe unhörbar [. . .] ›Rosa, beruhigen Sie sich. Diese Menschen sind zurückgewiesen worden.‹«[19] Der Dialog beschreibt, was auch im Leser vor sich gehen soll: den Wechsel der Affekte, die Lösung der erregenden Spannung und damit gleichzeitig die Erfrischung, die aufnahmebereit für neue Spannungszustände machen soll. Der *Kitsch* kulminiert in dergleichen Szenen als seinem *Zweck*, die Kolportage setzt sie ein, um durch Abwechslung Spannungserregung und -steigerung zu erreichen.

17 May, *Waldröschen*, a.a.O., S. 56.
18 May, a.a.O., S. 57.
19 May, a.a.O., S. 57.

Dieser funktionalen Bedeutung der idyllischen, eine sanfte Affektstufe repräsentierenden Szenen, Ereignisse oder topoi korrespondiert ihre merkwürdige Bedrohlichkeit. Nie Selbstzweck, sind sie immer auf Ablösung angelegt, jeder ruhige Garten birgt bereits die Räuber und Mörder, die gleich hervorbrechen müssen. Unter der ruhigen Oberfläche brodelt es weiter, und hart im Raume stoßen Ruhe und reißende Bewegung aufeinander. Die meisten von der Kolportage bevorzugten Erzähltechniken führen dieses Muster fort, das auch die späteren Reiseromane gänzlich bestimmt. Fällt in ihnen zwar die Heimat als affektabwiegelndes Motiv fort, so treten an ihre Stelle die idyllische Oase inmitten des Llano Estakado, die Behausung des alten Desierto tief versteckt im Urwald, die Wiederbegegnungsszenen nach langer Trennung, die Rast bei befreundeten Stämmen – oder gar die geographische und ehtnologische Belehrung des Lesers, die amüsanten Religionsgespräche mit Hadschi Halef, die historische Aufklärung über das Verbrechen der Weißen an den Indianern.

Mehr noch als die gesprochene Rede, der ja zusätzlich schauspielerische und musikalische Mittel zur Verfügung stehen, ist somit die Kolportage auf die *variatio* angewiesen, die nach rhetorischer Lehre dem *taedium,* dem Überdruß und der Gleichgültigkeit des Publikums, entgegenwirken soll.[20] Unvermittelter Wechsel der Schauplätze, sozusagen harte Schnitte, plötzlicher Übergang von Ruhe in Bewegung, von schmelzend sanftem Liebesdialog in parataktische, stakkatoartige Satzgliederung bei der Beschreibung eines Kampfes, plötzliche Unterbrechung episch breiter Erzählweise durch ein unvorhergesehenes Ereignis. Diesen letzten Kunstgriff der *historia interrupta* liebt Karl May besonders, denn er »schafft sowohl komische wie Spannungseffekte«,[21] – hat also genau die erwünschte Wirkung komischer Entladung der Spannung als auch deren Vorbereitung: der Leser weiß, immer wenn der Erzähler mit dieser seiner Geschichte beginnt, wird bald eine jähe Unterbrechung den Redefluß stoppen, werden neue Verwicklungen und unerwartete Ereignisse eine neue Wendung des Abenteuers bringen. Die *historia interrupta* offenbart aber

20 Vgl. Lausberg, a.a.O., S. 152 f.
21 Klotz, *Durch die Wüste usw.*, a.a.O., S. 51.

gleichzeitig ein weiteres für die Kolportage konstitutives ästhetisches Prinzip, das der *beabsichtigten Wiederholung*.

Unheimliche Wiederholungen

Allen anderen ›Mängeln‹ voran wurde die Wiederholung des Gleichartigen von den Kritikern der Kolportage immer als Phantasielosigkeit gerügt, als »ältliche abgegriffene Denk-Münze«[22]; Arno Schmidt ›entlarvte‹ die Mayschen Landschaften und Figuren gar als dauernde Wiederholung phallischer und sonstiger Sexualsymbole. Solche Kritik von oben her, deren Maßstäbe Originalität und Erfindungskunst sind, verkennt die Eigenart der Kolportage als eines nach außen gebrachten Tagtraums. »Jeder träumt die Taten seiner bunten Helden, während er sie liest, und vergißt sie einige Zeit nach dem Erwachen. Dabei kann dem Leser der Kolportage sogar das Bewußtsein fehlen, daß er liest, genau wie dem Träumenden, daß er träumt. Mehrmals läßt sich ein solches Buch lesen und ist immer wieder vergessen.«[23] So paradox das zunächst scheint, so ist doch gerade die Wiederholung des Gleichartigen eine Ursache der spannenden Wirkung, die aus dem Unheimlichen rührt. Wenn Ifra, der kleine Buluk Emini, das erste Mal bei der Erzählung seiner Heldentaten, die ihn seine Nase kosteten,[24] durch ein abenteuerliches Ereignis unterbrochen wird, so ist das noch kein Grund zur Verwunderung; setzt er zum zweiten oder dritten Male an und wird er wieder gestört, bevor er seine Geschichte beenden kann, so mag man das noch, wenn auch schon mit leichtem Stutzen, dem Zufall anrechnen. Erweisen sich diese Unterbrechungen aber als Regel, so geht von dieser Wiederholung eine ganz eigentümliche Wirkung aus, die schließlich das Gefühl des Unheimlichen erregen kann. »So ist es z. B. gewiß ein gleichgültiges Erlebnis, wenn man für seine in einer Garderobe abgegebenen Kleider einen Schein mit einer gewissen Zahl [...] erhält [...] Aber dieser Eindruck ändert sich, wenn [...] einem die Zahl mehrmals an demselben Tage entgegentritt [...] Man findet das ›unheim-

22 Schmidt, *Sitara,* a.a.O., S. 8.
23 Bloch, *Erbschaft,* a.a.O., S. 173.
24 Vgl. Karl May, *Durchs wilde Kurdistan,* a.a.O. (Radebeuler Ausgabe Bd. 2).

lich‹ [. . .]«[25] Auf diese unheimliche Wirkung der hartnäckigen, unerklärlichen Wiederkehr des Gleichen rechnet die Kolportage. Und auch die Erkenntnis Freuds, daß das Unheimliche letztlich auf »Reste animistischer Seelentätigkeit« zurückgeht[26] und sie wieder aktiviert, wurde in der Technik der Spannungserzeugung von der Kolportage bereits vorweggenommen. Die Geschichte von Old Cursing-Dry, der die Gewohnheit hatte, »in jedem Satze, der über seine Lippen ging, einen Fluch anzubringen« und danach seinen Namen erhielt,[27] endet ganz im Sinne animistischer Weltauffassung von der »Allmacht der Gedanken«[28]: »›Uff, uff, uff!‹ rief Winnetou. ›Er wollte erblinden, wenn er schuldig sei, und hat sich jetzt das Pulver in die Augen geschossen. Das Prairiegericht hat ihn verurteilt; aber der große Manitou hat ihn noch viel gerechter gerichtet. Diesem Flucher und Lästerer ist genau so geschehen, wie er selbst vom großen Geist gefordert hat.«[29] Immer wieder variiert Karl May dieses Motiv[30], es steckt auch in den Landschaftstopoi, die ja jeweils eine ganz bestimmte Bedeutung haben und in Formationen des Überfalls, Kampfes, Verstecks usw. eingeteilt werden können. In der Kolportage hat jedes Ding, jedes Detail eine solch verborgene, für die handelnden Individuen entscheidende Bedeutung,[31] eine fast magisch zu nennende Wirkkraft: »Wir haben diese Denkweisen *überwunden,* aber wir fühlen uns dieser neuen Überzeugungen nicht ganz sicher, die alten leben noch in uns fort und lauern auf Bestätigung.«[32] Die Spannung des Unheimlichen in der Kolportage bestätigt Freuds Theorie von der Entstehung des unheimlichen Erlebens vollkommen, denn auch hier besteht es in einer Wiederholung des ehemals Vertrauten, Heimlichen, das verdrängt wurde: ne-

25 Freud, *Studienausgabe,* a.a.O., Bd. 4., S. 260 f.
26 Freud, a.a.O., S. 263.
27 May, *Auf fremden Pfaden,* a.a.O. (Fehsenfelder Ausgabe Bd. 23), S. 514.
28 Freud, a.a.O., S. 263.
29 May, a.a.O., S. 560.
30 Vgl. etwa May, *Aus dunklem Tann,* a.a.O. (Radebeuler Ausgabe Bd. 43), S. 131 ff.
31 Vgl. die unheilvolle Rolle, die im 2. Bd. *Old Surehand* eine weggeworfene Wasserflasche spielt: sie wird zur unmittelbaren Ursache böser Folgen, eines Überfalls. K. May, *Old Surehand,* Bd. 2, a.a.O. (Radebeuler Ausgabe Bd. 15), S. 239.
32 Freud, a.a.O., S. 270.

ben überwundenen primitiven Überzeugungen auch verdrängte infantile Komplexe. Die fesselnde, ›atemraubende‹ Spannung, die von den vielfach variierten Höhlenabenteuern der Helden ausgeht,[33] hat ihre Quelle in der Wiederholung des Geburtsvorganges und der ihn begleitenden Geburtsangst – Ernst Bloch wies bereits auf die Analogie dieser Szene zum Angsttraum hin.[34]

Freuds Analyse des Unheimlichen klammert allerdings das ihm ebenfalls konstitutive Moment des Sozialen aus. Basierte das Unheimliche nur auf der psychischen Realität seines Anlasses, so hätte es lediglich zwanghaften Charakter, dem Krankheitsbild der Zwangsneurose entsprechend, könnte aber nicht jene spezifische Lust hervorrufen, auf der das Vergnügen am Unheimlichen der Kolportage (der Literatur überhaupt) beruht. Der Dichter »betrügt uns«, schreibt Freud, »indem er uns die gemeine Wirklichkeit verspricht und dann doch über diese hinausgeht.«[35] In gewisser Weise beruht das Vergnügen am Unheimlichen auf diesem Überschreiten der Realität, denn nicht deren ganz realistische Schrecken werden dargestellt, sondern nur »das Unheimliche, das aus dem Überwundenen entsteht,«[36] also nicht mehr materielle Realität ist. »Gerade die Häufung solcher Darstellungen in der gängigen Literatur, im Film oder wo auch immer an Stellen, die der Tendenz nach Sensation, nach Gruseln und nach dem bestürzend Andersartigen entgegenkommen, zeigt an, daß so ein verbreitetes Bedürfnis befriedigt wird. Solche Wünsche werden sicherlich nicht aus einer Wurzel allein kommen. Das erhebende Gefühl der eigenen Unversehrtheit angesichts des Gelesenen spielt sicherlich auch eine Rolle. Nie fühlt man sich besser, als wenn sich Grauen vor einem auftut, vor dem man sich sicher zu fühlen meint.«[37] Im Unheimlichen der Kolportage genießt der Leser den ästhetischen Widerschein des ihm in der Realität Unheimlichen als eines Überwundenen. Das real Unheimliche hat die

33 Berühmtestes Beispiel bei Karl May: die Befreiung Senitzas in *Durch die Wüste*. Kara ben Nemsi durchschwimmt einen mit Wasser gefüllten unterirdischen Kanal und entgeht mit knapper Not dem Erstickungstod. – Vgl. May, *Durch die Wüste*, a.a.O., S. 138 ff.
34 Vgl. Bloch, *Erbschaft*, a.a.O., S. 171.
35 Freud, a.a.O., S. 273.
36 Freud, a.a.O., S. 273.
37 Gerhard Irle, *Der psychiatrische Roman,* Stuttgart 1965, S. 41.

Wurzeln in seiner sozialen Existenz, in undurchschauten Abhängigkeiten, die ihm in verschiedener Gestalt aber mit identischem Gehalt dauernd bedrohlich entgegentreten, von denen er sich aber aus eigener Machtvollkommenheit nicht zu lösen vermag. Das Zur-Ware-Werden der Menschen und Dinge wird ihm als dauernde Wiederholung des Gleichartigen unheimlich manifest – in der ästhetischen Reproduktion erkennt er es wieder, zu seiner Erleichterung aber als überwunden, als spielerische Erinnerung, der er sich getrost hingeben kann.

Die bereits in anderem Zusammenhang analysierte Szene aus dem *Waldröschen:* der Besuch Trapper Geierschnabels bei Bismarck, demonstriert deutlich die Technik der Kolportage, dem Leser Bekanntes zu wiederholen und ihn mit dieser Wiederholung zu unterhalten. Das jedem Leser vertraute ›Pförtner-Erlebnis‹: das stundenlange Warten vor der geschlossenen Tür einer Amtsstube mit dem Verweis auf einen umständlichen Dienstweg, gehört zur Alltagserfahrung, in der sich »insgeheim die Ohnmacht und Unfähigkeit des vereinzelten Individuums aus[drückt], seine zur Umwelt geronnene Alltagspraxis theoretisch oder gar praktisch zu transzendieren.«[38] In der kolportierten Wiedergabe erkennt der Leser sich wieder, nicht allerdings als Objekt, sondern als das »Subjekt der Alltäglichkeit«[39]: der vom Pförtner Abgewiesene gibt sich nicht mit dem Bescheid, den Dienstweg einhalten zu müssen, zufrieden, äußert eine Art von ach-so-verständlich-naivem Unverständnis allen bürokratischen Maßnahmen gegenüber und erzwingt sich schließlich jedem Widerstand zum Trotz den geforderten Einlaß – ohne daß damit unangenehme Folgen für ihn verknüpft sind.

So verwickelt und abstrus die Handlung der Kolportage auch immer scheint, ihre Wirkung beruht auf der Ähnlichkeit fremder Verhaltensweisen und Geschehnisse mit dem täglich Vertrauten. Freud entdeckte als Lustquelle des Witzes das Wiederfinden des Bekannten,[40] bei der Analyse von Gleichnissen seiner Patienten kam Ferenczi zu dem Ergebnis, daß die den Gleichnissen eigentümliche Lust im »Wiederfinden desselben

38 Thomas Leithäuser, *Untersuchung zur Konstitution des Alltagsbewußtseins,* Schwarze Presse o. J. (1972), S. 17.
39 Leithäuser, a.a.O., S. 16.
40 Freud, a.a.O., S. 115.

Dinges in ganz anderem Material« bestehe[41] – die Lust an der Kolportage beruht ebenfalls auf dieser elementaren Freude des Wiedererkennens von Altbekanntem, auch Gefürchtetem. Was Kracauer der Filmkolportage bescheinigte, läßt sich somit auf deren Frühform in Lieferungsheften ausdehnen: »Die blödsinnigen und irrealen Filmphantasien sind die *Tagträume der Gesellschaft*, in denen ihre eigentliche Realität zum Vorschein kommt, ihre sonst unterdrückten Wünsche sich gestalten.«[42] Daß so, wie Sternau die Dinge der Welt ordnet, das feindliche Leben zu meistern sei: diese Überzeugung beflügelt sämtliche Helden der Kolportage, sie beflügelt ebenfalls die Phantasie der Leser, deren Cortejos im Büro und am Arbeitsplatz beheimatet sind.

Das musterhafte Vergnügen

> Weniger als alles andere
> brauchen Vergnügungen
> eine Verteidigung
> *Bertolt Brecht*

Unermüdlich stimuliert Kolportage die Wiedererkennungslust. Selten wechseln ihre Helden, meist ändern sie nur die Namen, heißen hier Old Shatterhand und da Kara ben Nemsi; ihre Feinde bleiben die ewigen Widersacher, allenfalls ändern sich ihre Methoden, arbeiten sie hier mit Gift, so versuchen sie es da mit Entführung; die Landschaftsformen kehren wieder, häufig signalisieren nur ihre Bezeichnungen den geographischen Wechsel. Motive, Situationen, Dialoge: Gefangenschaft, Rettung durch List und Zweikampf, Verfolgung durch Prairie, Wüste und Gebirgsschluchten, Stammeskämpfe, Blutrache und Piraterie, Religionsgespräche, Verhöre, Erzählungen am Lagerfeuer – mit nur etwas Geduld wäre es möglich, anhand eines exemplarischen Romans sämtliche für die Kolportage konstitutiven topoi systematisch zu erfassen.

»Wer, zur Kenntnis nehmend, daß ein Zehntel aller Morde in

41 Sandor Ferenczi, *Schriften zur Psychoanalyse,* hrsg. v. M. Balint, 2 Bde., Frankfurt/M. 1970, Bd. 1, S. 218.
42 Kracauer, *Ornament,* a.a.O., S. 280.

einem Pfarrhof passieren, ausruft: ›Immer dasselbe!‹, der hat den Kriminalroman nicht verstanden.«[43] Wie für diesen, so gibt es auch für den Abenteuerroman eine Menge von Schemata, die zwar nicht immer in identischer Form auftauchen, deren Struktur aber für den Kenner immer deutlich bleibt.[44] »Was ›guten‹ Büchern so wesentlich ist: gestaltet zu sein, keinen Stoff ohne Formung darzubieten, das fällt an der Kolportage ohne weiteres aus.«[45] Statt dessen erkennt der Leser das zugrunde liegende Muster wieder, das Spielfeld, in dem die Handlung abläuft, und in dem die Positionen, etwa ›gut‹ und ›böse‹ zwar festgelegt sind, nicht aber die Konstellationen, in die sie im Laufe des ›Spiels‹ geraten. Auf die nicht zufällige Analogie von Spiel und Unterhaltung wies Helmut John bei der Erörterung des Brechtschen Unterhaltungsbegriffes hin: »Ich verstehe dabei unter Spielraum einmal das Aktionsfeld der Figuren, eines Romans etwa, zum andern aber auch das Aktionsfeld des Lesers, der sich in diesem Spiel zu bewegen hat und dort sein Vergnügen findet. Die Bewegung des Lesers ist eine geistige Bewegung, die man keinesfalls gering schätzen sollte.«[46] Die Ähnlichkeit oder gar Gleichheit des jeweiligen Spielfeldes mit bereits bekannten korrespondiert dem allgemeinen Leserwunsch, das einmal Liebgewonnene wiederzufinden: Old Shatterhand in jedem Manne zu erkennen – und sich dadurch eine Freiheit zu bewahren, die Voraussetzung eines *spielerischen* Sicheinlassens auf das Dargestellte ist. Die Psychoanalyse kennt eine Wiedererkennungsmanie als Versuch

---

43 Brecht, *Zur Kunst und Literatur*, a.a.O., Bd. 2, S. 451.
44 Schema heißt also nicht Klischee, obwohl hier die literaturwissenschaftliche Terminologie unklar bleibt: Das Klischee ist mit seiner sprachlichen Form identisch, das Schema oder Muster, auch der topos im rhetorischen Sinne nicht unbedingt. Brechts Schema »Mord im Pfarrhaus« zum Beispiel kann in gänzlich verschiedener sprachlicher Form realisiert werden, u. a. auch klischeehaft. – Eine Untersuchung über die Funktion des Klischees in Kitsch und Kolportage würde den Rahmen dieser Arbeit sprengen: sie könnte sich nicht nur auf deren Bereich beschränken, müßte Zeitungsphrase, Alltagsdiktion usw. miteinbeziehen. Das Klischee wird Gegenstand einer eigenen Analyse sein müssen.
45 Bloch, *Erbschaft*, a.a.O., S. 177.
46 Helmut John, *Zu Fragen der Unterhaltung im literarischen Bereich*, in: *Weimarer Beiträge. Zeitschrift für Literaturwissenschaft, Ästhetik und Kulturtheorie*, hrsg. v. Aufbau-Verlag Berlin u. Weimar, 18. Jg., 1972, Heft 2, S. 166.

der Individuen, sich vor der Verunsicherung durch das Unbekannte zu schützen und damit einen lebensnotwendigen Rest von Autonomie zu bewahren[47] – auch die das Spiel kennzeichnende Distanz in aller Nähe, in die ich mich ja als geistiger Mitspieler begebe, beruht auf dem Wiedererkennen des Musters. »Das Spielfeld muß einerseits einen gewissen Grad von Bekanntschaft aufweisen, damit man sich souverän darauf bewegen kann. Ein Feld, das mir absolut unbekannt ist, erlaubt mir überhaupt keine Souveränität als Leser, da muß ich mich schleppen lassen [...] Andererseits muß das nötige Maß an Fremdem da sein, das mein Interesse lockt und das nicht nur meine Erfahrungen bestätigt. Die Intensität dieses Wechselspiels bestimmt ganz offenbar entscheidend den Unterhaltungseffekt der Literatur.«[48] Der Kolportageroman als nach außen gebrachter Tagtraum unterscheidet sich hier allerdings vom Kriminalroman,[49] dessen Grundschema nach Brechts bezeichnenden Worten »an die Arbeitsweise unsrer Physiker erinnert.«[50] Die von der Kolportage kultivierte Ähnlichkeit entspricht der Ähnlichkeit, die in den Träumen herrscht. Auch sie kennzeichnet eine eigenartige Mischung aus Fremdem und Vertrautem, die dadurch entsteht, daß die einzelnen Elemente des Traums dem Träumenden nicht einsinnig eine bestimmte Sache bezeichnen, sondern mehrdeutig sind, mannigfaltig über sich hinausdeuten, auf Ähnliches verweisen und dieses in einen mitunter überraschenden Zusammenhang bringen. Diesem Verfahren analog entsteht in der Kolportage ein offenes Verweisungs- und Bedeutungsfeld, in dem alles, was vor sich geht, selbst das Verwickeltste, mit spielerischer Leichtigkeit geschieht. Und das befriedigt den Leser schon deshalb, weil es dem Muster seiner Alltagserfahrungen widerspricht.[51]
Durch die Detail-verrückende Traumarbeit des Tagträumers entsteht damit eine Welt, die unbekannt und vertraut zugleich ist. Die Rettung aus letzter Not ist eines der festen Schemata

47 Vgl. Ferenczi, a.a.O., S. 218.
48 John, a.a.O., S. 167.
49 Selbst wenn er »an der eigentümlichen, der von Kitsch und Schund durchaus abtrennbaren Kategorie ›Kolportage‹ [teilnimmt]«. – Bloch, *Literarische Aufsätze,* a.a.O., S. 246.
50 Brecht, a.a.O., S. 451.
51 Vgl. etwa die der Einfachheit halber schon mehrfach zitierte Szene: Trapper Geierschnabel contra königlichen Pförtner.

aus dem Repertoire der Kolportage. Besonders deutlich im *Verlorenen Sohn*[52] wird er bis an die Grenzen dessen geführt, was er zu leisten vermag. Soziale Not, unverschuldetes Versagen, den Wunsch, aus der Misere herauszukommen, die Vorstellung von der plötzlichen Hilfe, das Märchen von der guten Fee, das verzweifelte Gebet – man kennt das alles, teils aus eigenem Erleben, teils aus Träumen, teils aus Kindertagen. Befremdend aber ist das Verknüpfen aller dieser vertrauten Elemente, die sorgsam zu scheiden man so bereitwillig gelernt hat: die doch nichts miteinander zu tun haben, weil sie verschiedenen Sphären entstammen. Hier aber treten sie miteinander in Verbindung, als sei das ihre eigentliche Bestimmung. Das Beispiel erhellt die Verfahrensweise der Kolportage bei der Herstellung ihrer Welt, sie stimmt mit der des Allegorikers überein, wie sie von Benjamin beschrieben wurde. Mit einem entscheidenden Unterschied allerdings: nicht unterm Blick der Melancholie verliert der Gegenstand sein Leben, um dann vom Allegoriker die Bedeutung verliehen zu bekommen – die Arbeit des Tagtraums beläßt ihm seinen Sinn, verwandelt den Gegenstand aber dergestalt, daß er nun Beziehungen eingehen kann, die sich nicht der Sache, wohl aber der Herkunft nach eigentlich verbieten. »Man kann sich kein Abenteuerbuch vorstellen, das nicht eine [...] hohe geistige Aktivität fordert, in dem nicht ganz neue, interessante Umstände und Bedingungen aufgebaut werden, in denen sich der Leser zurechtfinden und aktiv werden muß, um sie zu einer Welt für sich zu machen.«[53] Da der Tagtraum überhaupt keine Zensur mehr kennt, spielen der vorträumende Autor und der nachträumende Leser mit den Mustern, als fehle ihnen jegliche Alltagsschwere. Und das Ergebnis dieses Spiels ist die Verwandlung des Schemas in ein Traumsujet, in dem es sich menschlich leben läßt. Durch ihren spielerischen Charakter fördert so die Kolportage die Fähigkeit des Lesers, das ihm überraschend Fremde sogleich in konkrete, persönliche und affektgetragene Vorstellungen zu übersetzen. Denn in der ausgefabelten »Selbst- und Welterweiterung«[54] erkennt er seinen eigenen Mangel wieder und fühlt sich angeregt, ihm mit gleicher Aktivität ab-

52 Vgl. Bd. 3 des Olms-Nachdruckes.
53 John, a.a.O., S. 170.
54 Bloch, *Prinzip Hoffnung*, a.a.O., S. 111.

zuhelfen, wie das ›musterhaft‹ im Roman geschieht. Derart von Kolportage gefesselt zu sein, ist wahrhaftig keine Schande.

Hier nun hätte die Geschichte der mißachteten Literatur: der Kitsch- und Kolportageliteratur, zu beginnen, ein umfangreiches Unterfangen, dem kein Einzelner gerecht zu werden vermöchte, das aber jenseits aller modischen Trivialliteraturforschung auf der Tagesordnung einer Literaturwissenschaft steht, die aus dem hermetischen Museum ihrer Bildungsgüter heraustritt, eine unterdrückte Vergangenheit zum Zwecke der Aufklärung in der Gegenwart zu rekonstruieren. Die Schemata der Kolportage erschüttern auch auf andere Weise, als die Verfasser beabsichtigten. Die Geschichte, die sie aufbewahren, berichtet von den Leiden der Niedrigen – wo anders wären ihr Elend und ihre Sehnsucht so abgeschmackt, glänzend und hoffnungsvoll zugleich aufgeschrieben worden?

III. Begriffene Kolportage

1. Geschichten aus dem undeutlichen Leben

Auf fremden Pfaden
Ernst Bloch hat als einer der ersten marxistischen Philosophen
und Kulturtheoretiker der niederen, mißachteten Literatur,
der »Literatur der Enterbten«, eingehende Beachtung, verbunden mit unverhohlener Hochachtung, geschenkt. Davon zeugen
nicht nur seine frühen Aufsätze, über Karl May und die Kolportage etwa, sondern – auf andere Weise, aber nicht minder
sympathisch – die kurzen Prosastücke, die unter dem Titel
Spuren gesammelt 1930 in der ersten Auflage erschienen sind
und heute als Band 1 der Gesamtausgabe von Blochs Werken dokumentieren, welch hervorragender Platz ihnen von
Bloch im Rahmen seiner Philosophie angewiesen wird.
Als er (ein »sehr junges Semester«) »gelegentlich etwas sonderbare Prosastücke eines gewissen Ernst Bloch« im *Berliner Tageblatt* las, erinnert sich Hans Mayer, konnte er damit recht wenig anfangen. Diese Ratlosigkeit mag noch größer geworden
sein, als »im gleichen *Berliner Tageblatt,* kurz nach Erscheinen
einer Glosse Ernst Blochs, Irgendjemand protestierte mit der
Behauptung, die von Bloch erzählte Geschichte sei zuerst – dort
und dort – von ihm erzählt und veröffentlicht worden. Ich
glaube mich auch zu erinnern, daß Ernst Bloch etwas verwundert und belustigt antwortete. Etwa des Sinnes: es sei doch
nicht seine Aufgabe, Geschichten zu erzählen; er habe – ganz
richtig – jene Geschichte des Kollegen irgendwo gelesen, und
ihm sei einiges Bedenkenswerte und Verwunderliche an ihr
aufgefallen.«[1] Nun wird jeder, der sich einmal gebannt von
Bloch in den orientalischen Irrgarten seiner Geschichten entführen ließ, diese Selbstaussage für übertrieben halten; immerhin aber gilt, und das meinen diese etwas unwirsch formulierten Sätze wohl auch: als *Erfinder* von Geschichten versteht sich
der Erzähler Ernst Bloch nicht.
Solches erwartet aber der Leser gemeinhin von einem Buch, das

---

[1] Hans Mayer, *Ernst Blochs poetische Sendung,* in: *Ernst Bloch zu ehren.
Beiträge zu seinem Werk,* hrsg. v. S. Unseld (Festschrift zum 80. Geburtstag), Frankfurt/M. 1965, S. 23 f.

er – wenn auch mit Vorbehalten – dem Bereich der Schönen Literatur zuordnen muß. Und so ist denn auch die gewisse Ratlosigkeit, die der junge Hans Mayer den *Spuren* gegenüber empfand, bis heute nicht geschwunden. Selbst für Adorno sind diese Geschichten nur Beispiele »des Einen Gedankens von Utopie und Durchbruch«.[2] Damit jedoch umspielten sie lediglich als ornamentales Beiwerk die Philosophie, entfalteten eine populär didaktische Demonstration dessen, was sich philosophisch genauer aussagen läßt, und was etwa im *Prinzip Hoffnung* seine gültige und der Theorie gemäße Formulierung gefunden hat. »Eben dies aber wird in der Gesamtanlage und den einzelnen Stücken des Buches *Spuren* mitnichten angestrebt. Wo immer man hinliest: es fehlt am Lehrsatz wie der Einkleidung [...] Blochs Geschichten *sind* selbst die Philosophie, statt sie paradigmatisch zu demonstrieren. Die Erzählform *ist* bereits der Inhalt.«[3] Bloch läßt es eben, wie auch sein literarischer Hausfreund Johann Peter Hebel – Hans Mayer hat nachgewiesen, wieviel die *Spuren* dessen *Schatzkästlein* verdanken – »nicht beim bloßen Abschreiben bewenden.«[4]

Geht man von den Assoziationen aus, die sich an den Titel *Spuren* knüpfen, so gelangt man weit eher zu einer adäquaten Deutung dieser nur gewaltsam in die gewohnten Gattungsgrenzen einzuordnenden Prosastücke. Das Lesen von Spuren gehört zum Handwerk des Detektivs und des Westmanns – so jedenfalls schildern es Kriminal- und Abenteuerromane. »Wir waren schon längst in das Wadi Tarfaui eingebogen und jetzt an eine Stelle desselben gekommen, an welcher der Wüstenwind den Flugsand über die hohen Felsenufer hinabgetrieben hatte. In diesem Sande war eine sehr deutliche Fährte zu erkennen. ›Hier sind Leute geritten‹, meinte Halef unbekümmert. – ›So werden wir absteigen, um die Spur zu untersuchen.‹ Er blickte mich fragend an. ›Sihdi, das ist überflüssig. Es ist genug, zu wissen, daß Leute hier geritten sind. Weshalb willst du die Hufspuren untersuchen?‹ – ›Es ist stets gut zu wissen, welche Leute man vor sich hat.‹ [...] Ich stieg ab. Es

2 Theodor W. Adorno, *Blochs Spuren*, in: Th. W. Adorno, *Noten zur Literatur II*, a.a.O., S. 148.
3 Mayer, a.a.O., S. 25.
4 J. P. Hebel, *Schatzkästlein des rheinischen Hausfreundes*, Stuttgart 1876, S. III.

waren die Fährten dreier Tiere zu bemerken [. . .] Bei genaue-
rer Betrachtung fiel mir eine Eigentümlichkeit der Spuren auf,
welche mich vermuten ließ, daß das eine der Pferde an dem
›Hahnentritte‹ leide. Dieses mußte meine Verwunderung erregen, da ich mich in einem Lande befand, dessen Pferdereichtum
zur Folge hat, daß man niemals Tiere reitet, welche mit diesem
Übel behaftet sind. Der Besitzer des Rosses war entweder kein
oder ein sehr armer Araber.«⁵ Diese für die Kolportage so bei-
spielhafte Passage aus Karl Mays *Durch die Wüste* erinnert
nicht nur an so manch glücklich überstandenes Abenteuer, dessen Beginn sie derart unübertrefflich anschlägt; darüber hinaus
mag sie andeuten, wieviel Philosophie von Kolportage lernen
kann. Ihr immanent ist die Erfahrung, daß das unbeachtet
Kleine oft Träger weitreichend schillernder Bedeutung ist und
die Wirklichkeit voller Spuren, von denen die meisten im
Sande verlaufen, auch unbedeutend oder völlig belanglos sein
mögen, daß man ihnen aber folgen muß, um nicht die
bedeutungsvolle, lebenswichtige zu übersehen.

»Etwas ist nicht geheuer, damit fängt das an.«⁶ Dieser Satz,
mit dem Ernst Bloch seinen Essay *Philosophische Ansicht des
Detektivromans* einleitet, charakterisiert nicht nur dessen Gegenstand, sondern ebenso den jedem Spurensucher eigenen
Blick für das Ungewöhnliche. Denn es sind ja keine beliebigen
Geschichten, die Bloch in dem Buch *Spuren* gesammelt hat:
»Der Fall selber muß etwas in sich haben, so ganz nebenbei.«⁷
Spuren profilieren sich erst vor dem Hintergrund des Norma-
len und Gewöhnlichen, von ihm heben sie sich als verdächtig
ab. Nicht weil da überhaupt ein Zigarettenstummel liegt, liest
ihn der Detektiv sorgfältig auf, sondern weil er in seiner Umgebung unpassend erscheint, sei es, er trägt Lippenstiftspuren,
obwohl angeblich nur Männer im Raume waren, sei es auch,
daß ein passionierter Zigarrenraucher vorgibt, er hätte zur Abwechslung halt mal . . . So auch der Erzähler Ernst Bloch. Ihm
kommt es nicht darauf an, irgendeine Geschichte zu finden:
dann hätte er sie auch erfinden können, sondern auf das, wovon die Geschichte ganz unerwartet erzählt, wovon sie – sei es
ungewollt – verräterisch Zeugnis gibt. Der Spurenleser Bloch

5 May, *Durch die Wüste*, a.a.O., S. 10 f.
6 Bloch, *Literarische Aufsätze*, a.a.O., S. 242.
7 Bloch, a.a.O., S. 242.

folgt nur den Fährten in der Wüste, die seine Aufmerksamkeit erregen, weil etwas an ihnen nicht stimmt: nicht mit der Umgebung übereinstimmt, den gesellschaftlich sorgsam gepflegten Erwartungen widerspricht. »Denn sieht man die Heubündel, den Abend, den Sonntag der meisten Menschen, so begreift man nicht, wie sie am Leben bleiben können.«[8]

Der historische Materialist als Sammler

Bloch verhält sich zu seinem Buch *Spuren* nicht wie der Autor zu seinem Werk, sondern wie der Sammler zu seinen Schätzen. Sein Geschichtenreservoir ist schier unerschöpflich, und wer nur die *Spuren* kennt, der hat die Prachtstücke der Sammlung zwar besichtigt, vermag aber ihren Umfang und motivischen Reichtum nur schwer abzuschätzen. Es muß daher für den enthusiastischen Verehrer dieser Geschichten immer bedauerlich bleiben, daß ihre Fortsetzung nicht beabsichtigt ist.

»Immer mehr kommt unter uns daneben auf. Man achte grade auf kleine Dinge, gehe ihnen nach.«[9] Solches Ansinnen erscheint erst dem Erwachsenen ungebührlich, für Kinder versteht es sich von selber, kleine Dinge, die abgerissenen Schnürsenkel, den krummen Nagel, den abgebissenen Pfeifenstummel (den sprichwörtlichen Ramsch) in der Hosentasche mit sich herumzutragen – nicht weil ihnen das alles nützlich wäre, sondern weil diese Dinge Male tragen, die etwas bedeuten, weil in ihnen sich eine Geschichte kristallisiert hat, in der es gar nicht alltäglich zugeht. Bloch hat sich die Fähigkeit des fragenden Staunens über die erste Antwort hinaus erhalten; dies Staunen ist die eigentliche Wünschelrute des Sammlers. »Aus den Begebenheiten kommt da ein Merke, das sonst nicht so wäre; oder ein Merke, das schon ist, nimmt kleine Vorfälle als Spuren und Beispiele.«[10]

Sammlerinteresse durchzieht Blochs gesamtes Werk und die *Spuren* bilden somit auch unter diesem Aspekt zu Recht den Eingang: in ihnen wird die philosophische Intention Blochs, das Kleine und Armselige zu retten und gerade darin die Spu-

8 Ernst Bloch, *Spuren*. Neue, erweiterte Ausgabe, Frankfurt/M. 1969, S. 22. Im folgenden zitiert als: *Spuren*.
9 *Spuren*, S. 16.
10 *Spuren*, S. 16.

ren der Wende zu entdecken, lebendig eingelöst. Liebhaberhafte Inspektion der Wirklichkeit verfällt vielfach mit Grund dem Verdacht, kontemplative Versenkung ins Detail, dessen Fetischisierung trete an die Stelle einer Analyse, die dieses Detail als Teil einer prozeßhaften Totalität begreift. Der historische Materialist als Sammler, selbst wenn er dessen sonderlingshaftes Gebaren bewahrt hat, wie Benjamin an Fuchs beschrieb, beabsichtigt nicht die Isolierung des einzelnen, sondern dessen Integration oder Reintegration in Geschichte, »um der kritischen Konstellation sich bewußt zu werden, in der gerade dieses Fragment der Vergangenheit mit gerade dieser Gegenwart sich befindet.«[11] Im Raritätenkabinett dagegen löst sich Geschichte auf in einzelne verdinglichte Partikel, die bloß noch exotisch ihre Seltsamkeit zur Schau stellen. Zwar erhöht und ›adelt‹ jeder Sammler die Gegenstände seiner Leidenschaft durch die ungeteilte Aufmerksamkeit, die er ihnen schenkt und die sie als wichtigste unter der Sonne erscheinen läßt, doch stellt sie der historische Materialist nicht aus, allein, damit sie bewundert werden, sondern um sie neuer Produktivität zuzuführen. Was als Abfall ausgeschieden wurde, soll wieder in den historischen Prozeß eingebracht werden: als Gegenstand oder Ferment von Erkenntnis. Also hütet er auch seine Prachtstücke nicht in einer Privatsammlung wie Wertpapiere im Tresor: er entzieht sie nicht der Kritik, sondern setzt sie ihr aus. Unter seinem Blick verlieren sie die hermetische Abgeschlossenheit, werden durchsichtig auf die Erfahrungen hin, die sie mit der Geschichte gemacht haben, und stellen so eine aufklärende Beziehung her zwischen Vergangenheit und Zukunft – im Schnittpunkt beider, der Gegenwart, wurden sie vom Sammler an das Licht des Tages gefördert.

Die *Spuren* als Bildungssplitter zu lesen, die man getrost nach Hause tragen kann, hieße, ihre Intention ins Gegenteil verkehren. »Sie deuten auf ein Weniger oder Mehr, das erzählend zu bedenken, denkend wieder zu erzählen wäre; das in den Geschichten nicht stimmt, weil es mit uns und allem nicht stimmt.«[12] Jede zielgerichtete Sammlung unterscheidet sich von einer sinnlosen Anhäufung durch den kleinen gemein-

11 Walter Benjamin, *Eduard Fuchs, der Sammler und Historiker,* in: W. Benjamin, *Angelus Novus.* A.a.O., S. 303.
12 *Spuren,* S. 16.

samen Nenner aller Gegenstände, die sich in ihr befinden, durch die Merkmale, die zwischen scheinbar disparaten Sachen Gemeinsamkeit konstituieren. Für den Geschichtensammler Bloch sind das die Unstimmigkeiten in einer Geschichte selber, die ›schiefen‹ Stellen, die ihren Rahmen aufsprengen – und nicht nur ihren Rahmen, sondern das historische Kontinuum, dessen literarische Gestalt er ist. Ein derartig geeichtes Interesse führt den Sammler fast notwendigerweise in den kulturellen Untergrund, oder wenigstens in dessen Randzonen, wo die Widersprüche einebnende oder verdeckende Macht der Kultur, ihr affirmativer Sog schwächer werden, wo anstelle einer kulturstiftenden »abstrakten inneren Allgemeinheit«[13] die konkrete äußere Solidarität von Individuen wenigstens tendenziell sich noch artikuliert. Siegfried Kracauers treffende Beobachtung des Freundes führt daher über das Anekdotische hinaus mitten ins Stammhaus Blochscher Geschichten: »Und erinnerst Du Dich unserer Streifzüge in frühen Tagen, durch die *foire* beim *Lion de Belfort?* Gewiß, die Glücks- und Schießbuden waren zum Abbau und Aufbruch bereit, aber mitsamt den Riesendamen, Wahrsagerinnen und Zuckerstangen entzückten sie Dich doch in all ihrer Vorläufigkeit. Du fühlst Dich, scheint mir, zu den Phänomenen des undeutlichen Lebens um uns her so hingezogen, daß Du stets geneigt bist, auf ihr oft wunderliches Wesen oder auch Unwesen zärtlich einzugehen.«[14] Die *Spuren* sind mehr als eine Phänomenologie des undeutlichen Lebens – das wird noch zu zeigen sein. Jedenfalls umgrenzen die Randzonen des bürgerlichen Lebens, dort, wo dieses auszufransen beginnt und verschwimmt, den glücklichsten Fundort des Sammlers Bloch. Entstehen dort doch die Geschichten von Außenseitern, skurrilen Einzelgängern, von fahrenden Leuten und ihrer Menagerie, Geschichten, die sich nicht der gewohnten Ordnung der Dinge fügen, wie diese in ihnen ja auch verkehrt wird. Jahrmarkt, Zirkus und Kolportage haben gemeinsam, daß für die in ihnen sich konstituierende Welt »das Dasein der Menschen als Warenproduzenten«, einer vorkapitalistischen Zeit ähnlich,[15] noch eine untergeordnete Rolle spielt;

13 Marcuse, *Kultur und Gesellschaft I,* a.a.O., S. 93.
14 Siegfried Kracauer, *Zwei Deutungen in zwei Sprachen,* in: *Bloch zu ehren,* a.a.O., S. 146.
15 Marx, *Kapital I,* a.a.O., S. 93.

so ist diese Welt auch gleich den individuellen und kollektiven Tagträumen nicht geschlossen, einsichtig und abgedichtet, sondern gleichsam ein Land, das sich erst bildet, unbekannt und glänzende Abenteuer versprechend. Zurückgebliebenheit, die sich in den Verhältnissen »der Menschen innerhalb ihres materiellen Lebenserzeugungsprozesses, daher zueinander und zur Natur«[16] ausdrückt, wird hier zum Ferment vorausgreifender Phantasie. Diese entdeckt in den Geschichten aus dem undeutlichen Leben das wie immer fiktive Korrelat eines Geschichts- und Weltprozesses, der ebenso wie sie unfertig und offen und ohne ausgemachte Bedeutung ist. Der utopische Anspruch der Phantasie markiert den Punkt, aus dem gemeinsam mit den geträumten wie mit den wirklichen Entdecker- und Eroberer-fahrten auch die Philosophie Blochs entsprungen ist; und liege dieser Punkt auch – nicht nur geographisch – inmitten der kapitalistischen Wirklichkeit: »Da ist aufrichtigster Hohlraum des Kapitalismus: dieser Schmutz, dieses rohe und müde Proletariat, ausgetüftelt bezahlt, ausgetüftelt ans laufende Band gestellt, dies Projektemachen eiskalter Herren, dieser Profitbetrieb ohne Legendenreste und Phrase [...] Und rings um Ludwigshafen die dunstige Ebene mit Sumpflöchern und Wassertümpeln, eine Art Prärie, die keine Gütchen und Idyllen kennt, zu der Fabrikmauern und Feuerschlote bedeutend passen; die Telefonstange singt dazu. Das ist ein guter Standort, um die jetzige Wirklichkeit zu sehen, um mehr noch die Tendenz zu fassen, die sie ist und die sie aufheben wird [...] Orte wie Ludwigshafen sind die ersten Seestädte auf dem Land, fluktuierend, aufgelockert, am Meere einer unstatischen Zukunft.«[17]

Der Erzähler als Detektiv

Die Technik der *Spuren* ist der des Detektivs verwandt, als den Bloch sich begreift. Im trivialen Detail des Alltags mehr als nur eine Belanglosigkeit zu sehen, ist Folge eines generellen Mißtrauens allem wie selbstverständlich Daseienden gegenüber. Das Mißtrauen des Detektivs wird wach, weil eine Leiche da liegt, wo sie eigentlich nicht hingehört. Von dem

16 Marx, a.a.O., S. 93.
17 Bloch, *Erbschaft*, a.a.O., S. 211.

Augenblick der Entdeckung dieses Tatbestandes an erscheint alles, was geschieht, in einem besonderen Licht, jede Verharmlosung verbietet sich. Ebenso ändert sich seine Beziehung zu anderen Menschen, sie ist nicht mehr ›unbelastet‹, weil er die Partei des Opfers ergriffen hat. Auch den *Spuren* geht eine derart die gewohnte Sehweise erschütternde Entdeckung voraus: die Marxsche Entdeckung, daß es nichts gibt, was über oder neben den Interessen der Klassen bestehen könnte. Bloch schreibt: »Es gehört gerade zu den Herrschaftsgeheimnissen der bürgerlichen Macht, sich als Neutral hinzustellen. Die Bourgeoisie insgesamt wollte nie den Klassenkampf wahrhaben, den sie wachsend führt, noch die Klassenunterschiede, noch den Unterdrückungsapparat, den bis zum Faschismus tunlichst versteckten.«[18] Die »unausweichliche Parteilichkeit des jeweils oder auch fällig mächtigen Klassen-Standorts«[19] zwingt zu einer detektivisch-kritischen Weltsicht, die im Gewordenen dessen Nutznießer dingfest macht, um es vom Standpunkt einer »andersartigen Parteilichkeit«[20] aus aufzuheben: »das verstandene proletarische Klasseninteresse soll in der Wissenschaft des Marxismus zugleich Ende, Umschlag der gesamten Klassengesellschaft sein – *per definitionem* des Proletariats als überhaupt letzter Klasse.«[21] Erst die begriffene Parteilichkeit läßt »die Schuppen von den Augen fallen«,[22] so daß die scheinbar belanglosen Gegenstände und Erfahrungen zu Indizien in einem Prozeß werden, der keine Neutralität erlaubt. Der stille Aufenthalt in einer dunklen Küche kann ein solches Indiz sein; es in den anhängigen Prozeß einzubringen, hat sich der Berichterstatter zur Aufgabe gemacht: »Was tun Sie? fragte ich. Ich spare Licht, sagte die arme Frau. Sie saß in der dunklen Küche, schon lange. Das war immerhin leichter als Essen sparen. Da es nicht für alle reicht, springen die Armen ein. Sie sind für die Herren tätig, auch wenn sie ruhen und verlassen sind.«[23]

Fast gleichzeitig mit der marxistischen Analyse der Geschichte als einer Geschichte von Klassenkämpfen und der Aufklärung

18 Bloch, *Philosophische Aufsätze,* a.a.O., S. 331.
19 Bloch, a.a.O., S. 346.
20 Bloch, a.a.O., S. 347.
21 Bloch, a.a.O., S. 352.
22 Bloch, a.a.O., S. 347.
23 *Spuren,* S. 21.

des Verhältnisses von Kapital und Arbeit in der bürgerlich-kapitalistischen Gesellschaft entdeckt die Kolportage das bisher in exotischer Ferne gesuchte Geheimnis in der Nähe, in den Ballungszentren der Zivilisation, im Wirrwarr der Städte und deren Untergrund, wo höchst zweifelhafte Individuen ihr Unwesen treiben und hinter der glänzenden Fassade des äußeren Lebens Verbrechen und Laster herrschen. Mit den Marxschen Entdeckungen, schreibt Engels, »war aber auch allen heuchlerischen Redensarten der besitzenden Klassen, als herrsche in der jetzigen Gesellschaftsordnung Recht und Gerechtigkeit, Gleichheit der Rechte und Pflichten und allgemeine Harmonie der Interessen, der letzte Boden unter den Füßen weggezogen und die heutige bürgerliche Gesellschaft nicht minder als ihre Vorgängerinnen enthüllt als eine großartige Anstalt zur Ausbeutung der ungeheuren Mehrzahl des Volks durch eine geringe und immer kleiner werdende Minderzahl.«[24] Gewiß befindet sich Kolportage nicht auf der Höhe dieser Einsicht, doch artikuliert sie immerhin, wie unscharf auch immer, seit Anfang der 40iger Jahre des 19. Jahrhunderts die Erfahrung, daß Wildnis nicht mehr nur das Jenseits der bürgerlichen Gesellschaft darstellt, sondern sich unter dem Deckmantel der Frömmigkeit und des Wohlstandes in ihrem Zentrum selber ausbreitet. 1844, also zwei Jahre, nachdem Eugène Sue mit seinem Roman *Die Geheimnisse von Paris* dieser neuen Form der Abenteuererzählung das Muster geliefert hatte, erschien dessen amerikanisches Seitenstück *Die Quäkerstadt und ihre Geheimnisse*, geschrieben von dem 22jährigen Journalisten im Dandygewand eines Lord Byron, George Lippard. Schon ein Jahr nach dem amerikanischen Erstdruck präsentierte Friedrich Gerstäcker den Roman seinem deutschen Lesepublikum, allerdings in recht unverfrorener Weise unter seinem Namen. In der Einleitung schildert der fiktive Advokat, von dem Gerstäcker den Stoß Manuskripte erhalten haben will, deren Inhalt: »Sie enthalten eine vollkommene und entsetzliche Enthüllung des geheimsten, innersten Lebens von Philadelphia. In dem Paket wirst du Verbrechen aufgezeichnet finden, die nie vor Gericht gekommen, Morde, die nie ans Tageslicht gebracht wurden; die Resultate geheimer Untersuchungen wirst du in ihnen finden, die von

24 Friedrich Engels, *Karl Marx*, in: Marx-Engels, *Ausgewählte Schriften*, 2 Bde., Berlin/DDR 1963, Bd. 2, S. 154 f.

gerichtlichen Personen gehalten, aber fast zu fürchterlich sind, um geglaubt zu werden und doch wahr – wahr!«[25]

Trotz der Affinität seiner Geschichten zum Bereich der Kolportage beabsichtigt der detektivische Erzähler Bloch nun nicht, Sozialkritik mit den Mitteln des Schauerromans zu realisieren, wie das bei Lippard/Gerstäcker geschieht. Bloch sucht nicht Spuren, um das Ungewöhnliche als Geheimnis zu mystifizieren, erzählt nicht Gespenstergeschichten, um den Aberglauben zu retten. Gerade das Gewöhnliche und Alltägliche ist ihm ein Rätsel, in ihm sucht er nach Rissen, um es seiner Falschheit zu überführen. Er nimmt das bedrückende, häßlich unscheinbare Detail, das nahtlos in den Gesamtzusammenhang trostloser Eintönigkeit eingebettet zu sein scheint, wendet es hin und her, um in ihm den verborgenen Sinn zu entdecken, der es an seinem Platz festhält. Neben der Sammlung und Erzählung von Geschichten leistet Bloch noch ein übriges: er nimmt die Stücke nicht, *wie* er sie findet, er verändert sie. Parteilichkeit ist ihm der Schlüssel, ihre wirkliche Absicht zu erkennen und unter der falschen Draperie auch die möglichen Impulse der Veränderung. Denn die Unstimmigkeiten, die der Wünschelrute des Sammlers den Weg weisen, sind ja eben eine solche des fehlenden Einklangs der erzählten Begebenheit mit der Herrschaftsgeschichte, in deren Raum sie entstand.

Verlustanzeige

Die meisten Stücke der *Spuren* kreisen um das Thema der Verborgenheit und Nichtidentität, der überraschenden Enthüllung dessen, was ein Mensch utopisch sein möchte oder sein könnte – oder doch wenigstens um den plötzlich aufbrechenden Zweifel an der vermeintlich sicheren Identität wie in der Geschichte vom dummen August und dessen überraschendem Black-out. »[...] der August verlor nicht nur den Faden, sondern das Bewußtsein, wenigstens das von sich selber. Er begann zu schwanken, schlug mit den Armen um sich, murmelte mit veränderter Stimme immer wieder dasselbe: Weiß nicht, weiß nicht, weiß nicht[...] dem verehrten Publikum und titl. Adel

25 George Lippard/Friedrich Gerstäcker, *Die Quäkerstadt und ihre Geheimnisse. Amerikanische Nachtseiten,* München 1971, S. 5.

der Umgegend verging das Lachen.«[26] Was »nur als Betriebs-unfall aus einem Zirkus berichtet« wurde,[27] steht der Kolportage schon der Sphäre seiner Herkunft nach nahe,[28] und dem entspricht die Erzählform. Ein kleiner, abseitiger Vorfall[29], der den Berichterstatter zu einer Reihe von Fragen veranlaßt, mit denen er anschließend die Geschichte abklopft, damit ihr Mißton deutlicher werde. Adornos Feststellung, daß »die Interpretationen des Erzählten vielfach hinter diesem zurück-[bleiben]«,[30] geht von der falschen Voraussetzung aus, der Erzähler wolle überhaupt interpretieren. »Dennoch gab der vorübergehend Namenlose zu denken, gleich wie wenn er als solcher ebenso zu sich gekommen wie erst recht sich wieder als so oder anders Eingereihten verloren hätte.«[31] »Gleich wie wenn« – nicht Interpretationen werden angehängt, die Moral von der Geschichte festhaltend, sondern Assoziationen anläßlich einer Geschichte beginnen zu spielen, Fragen schließen sich an (»Ist denn das Allabendliche wirklich seine Rolle, in der er laut Paß, Gewerbeschein gewickelt ist, und ist es unsere Definition überhaupt, in die uns gerade auch ein seßhafter Beruf tauft, selbst ein durchaus nicht verfehlter?«[32], die zunächst noch an die Geschichte und deren ›Helden‹ gestellt, unvermittelt überspringen auf Erzähler und Hörer/Leser als neue Adressaten. Diese Fragen wieder münden in Kolportage: »Früher glaubte man, daß Räuber Kinder verschleppen, um sie für ihre Bande aufzuziehen, abzurichten. Der Fall liegt weniger ammenmärchenhaft, wenn man unser uns selber Verstecktes in uns bedenkt.«[33] Der Familienroman der Kolportage ist Bloch Ausdruck eines sehr realen Menschenraubes und des, wenn auch oft nur geträumten, Widerstandes dagegen. Derglei-

26 *Spuren*, S. 119 f.
27 *Spuren*, S. 119.
28 Vgl. das Kapitel *Traumschein, Jahrmarkt und Kolportage*, in: Bloch, *Erbschaft*, a.a.O., S. 173 ff.
29 Vgl. eine ganz ähnliche Erzählung im *Verlorenen Sohn:* »Sie lag noch vollständig starr; aber einen einzigen Augenblick darauf ertönte ein überlauter gräßlicher Schrei; und da saß sie aufrecht im Bette, mit weit von sich abgestreckten Händen und übernatürlich aufgerissenen Augen.« – May, *Der Verlorene Sohn*, a.a.O., S. 1556.
30 Adorno, a.a.O., S. 143.
31 *Spuren*, S. 120.
32 Ebd.
33 Ebd.

chen Identitätsproblematik meint aber natürlich nicht die vom Existentialismus kultiviert; ihr liegt eine historisch-materialistische Gesellschaftsanalyse[34] zugrunde, mit ihrem Ergebnis, daß die Individuen keine mehr und noch keine wieder sind – trotz noch so individualistischem Gebaren, welches nach Marx nur als Maske die bereits vollzogene gesellschaftliche Eingliederung der Menschen verdecken soll: »Scharfe Klassenentwicklung, außerordentliche Teilung der Arbeit und so genannte ›öffentliche Meinung‹ [...] haben umgekehrt eine Monotonie der Charaktere erzeugt [...] Die Unterschiede gehören nicht mehr den Individuen an, sondern ihrer ›Profession‹ und Klasse. Außerhalb der Profession, im Alltagsverkehr, gleicht ein ›respektabler‹ Engländer dem andern so sehr, daß selbst Leibniz kaum einen Unterschied [...] zwischen ihnen entdecken könnte. Die vielgepriesene Individualität [...] findet einen letzten Zufluchtsort in den Schrullen und Marotten des Privatlebens [...]«[35] Die Person ist Verkörperung ihrer ökonomischen und gesellschaftlichen Funktion. Blochs Clown ist mit dem Charlie Chaplin aus *Modern Times* verwandt, der die Gestalt des Arbeitsprozesses angenommen hat. Erst der durchgedrehte, sich selber abhanden gekommene Mensch bringt die Wahrheit seines Daseins an den Tag: dessen Entfremdung.

Der Mißklang in der Geschichte vom dummen August, ihr eigentlicher Kern also, stimuliert zu Überlegungen, die weitab führen, oder ganz in der Nähe, auf der Haut des Lesers bleiben, Fragmente neuer Geschichten klingen an: »daß Räuber Kinder wegschleppen«, und daß ein Paß auch gefälscht sein kann. »Verkennen wir nicht, wieviel Fabulierfreude bei Bloch auch in die Philosophie einschlägt; immer ist er auch ein Mythenerzähler, darin dem Platon nicht unähnlich. Sein Verfahren, eine überlieferte Geschichte durch eine andere sich deuten zu lassen (und so fort in ganzen Geweben von Bildern und Geschichten), ist ebenso literarisch wie philosophisch.«[36]

34 Adorno schreibt richtig: »Das Hier wird historisch-materialistisch bestimmt, das Drüben gebrochen, nach seinen Spuren, die hier sich fänden.« – Adorno, a.a.O., S. 141.
35 Karl Marx, *Englisch*, in: *MEW*, Bd. 15, S. 464.
36 Hans Heinz Holz, *Einleitung* zu: Ernst Bloch, *Auswahl aus seinen Schriften*, zusammengestellt und eingeleitet v. H. H. Holz, Frankfurt/M. u. Hamburg 1967, S. 18.

Bloch liefert mit seinem Buch *Spuren* keine Anthologie herkömmlicher Art, in der Geschichten unter bestimmten Aspekten in einen motivischen Zusammenhang gebracht werden, der ihnen meist nur äußerlich ist. Blochs Geschichten konstituieren weniger einen thematischen als einen Bedeutungszusammenhang. Eine Geschichte spiegelt sich in der nächsten wider, nicht so, daß sich lediglich deren Verdopplung ergäbe: sie reichen ihre Bedeutungen weiter, so daß eine verborgene Gemeinsamkeit zwischen scheinbar weit auseinanderliegenden Bildern in der Spiegelung sichtbar wird. »Nichts kommt nur an dem Ort vor, wo es steht. Eins läßt sich durch ein anderes ausdrücken, auf hin und herzielende Art. Merkmale tauschen sich dann aus, hallen, wie echohaft, von ganz anderer Gegend wider.«[37] Das »Spurenlesen kreuz und quer«[38] ist somit, der Benjamin-Blochschen Definition der Allegorie entsprechend, allegorisch. Die Erzählungen der *Spuren*, ineinander geschachtelt, sich gegenseitig bespiegelnd, reichen das, was sie bedeuten, einander hin; ohne es festzuhalten reichen sie es weiter, die eine Spur knüpft an die nächste an, kehrt behutsam zum Anfang zurück und schießt wieder daraus hervor. Diese stellvertretende Repräsentation der einen Geschichte für die andere, besonders deutlich sichtbar etwa an den unter dem Titel *Motive der Verborgenheit* gesammelten Erzählungen, ist nur möglich, wenn zwischen ihnen ein Verweisungszusammenhang bereits besteht. »Das klassizistische Mißverständnis, das die Allegorie als ›Versinnlichung abstrakter Begriffe‹ und so als ›frostige‹ ausgab, ist seit Benjamins Berichtigung in seinem *Ursprung des deutschen Trauerspiels* wohl abgetan. Allegorie ist zugleich tiefer wie weniger begrifflich präzis; denn gerade indem ein Gleichnis das Eine durch ein Anderes ausdrückt, dieses Andere aber weit *gestreut* ist, ja beliebig viel ›Anderheit‹, Alteritas sein kann, ist es allegorisch. Die Ehre und die eingehaltene Linie der Allegorie ist ja genau dies bedeutend ›Mehrdeutige‹, ist das notwendig noch Schwebende im Gleichnis, ist die noch während Streuungsreihe des dem Bedeuten ›Entsprechenden‹, vielmehr: der Entsprechungs-Gestalten in der Welt.«[39] Alle-

37 Bloch, *Tübinger Einleitung*, a.a.O., S. 334.
38 *Spuren*, S. 17.
39 Bloch, *Tübinger Einleitung*, a.a.O., S. 338 f.

gorie als erzählerische Methode und Kompositionsprinzip ist sowenig ohne objektives Korrelat wie ohne subjektive Aktivität denkbar. Der Erzähler Bloch hat seine Geschichten zwar aufgehoben, wo er sie gerade fand, doch es ist erst seinem Kunstgriff zu verdanken, daß daraus »sinnfällig das Bedeutete hervorspringt«[40]; allerdings immer noch als Frage, nicht als Besitz oder fertiger »Schlüssel zum Bereich des verborgenen Wissens«[41], als das der Allegoriker das Emblem verstand. Erst von der Bedeutung der Allegorie her ist die Bedeutung der *Spuren,* ihre Eigenart, zu begreifen und wird das Mißverständnis klar, das in ihnen nur Parabeln oder Beispiele für Philosophie sehen will. Jeder Sammler ist insgeheim ein Allegoriker. Sein Verhältnis zu den Stücken seiner Sammlung beschreibt Benjamin so, wie er das des Allegorikers zu den Dingen bestimmte, ein Verhältnis, »das ihnen nicht den Funktionswert, also ihren Nutzen, ihre Brauchbarkeit in den Vordergrund rückt, sondern sie als den Schauplatz, das Theater ihres Schicksals studiert und liebt. Es ist die tiefste Bezauberung des Sammlers, das einzelne in einen Bannkreis einzuschließen, in dem es [. . .] erstarrt.«[42] Die Erstarrung des Dinges bedeutet aber dem Sammler paradoxerweise »dessen Wiedergeburt«, auch darin stimmt er mit dem Allegoriker überein: »Um der Dialektik der Bedeutungen freien Raum zu geben, muß allerdings die geschlossene Einheit eines feststehenden *Sinnes* aufgebrochen werden. Es muß die elementare Vielheit von Bedeutungen, die in der Einheit des Sinnes zusammengeschlossen wurden zu einer eindeutigen Gestalt, wieder freigesetzt werden.«[43] Die Nähe des Erzählers und Sammlers Bloch zum Allegoriker Benjaminscher Definition darf nun nicht dazu verleiten, in den *Spuren* etwa barocke Allegorien entschlüsseln zu wollen. Denn sind »Abgestorbenheit der Gestalten und Abgezogenheit der Begriffe [. . .] für die allegorische Verwandlung des Pantheons in eine Welt magischer Begriffskreaturen die Voraussetzung«[44], und ist der Allegoriker gezwungen, alles,

40 Walter Benjamin, *Schriften,* 2 Bde., Frankfurt/M. 1955, Bd. 1, S. 356.
41 Benjamin, a.a.O., S. 308.
42 Benjamin, *Angelus Novus,* a.a.O., S. 170.
43 Hans Heinz Holz, *Prismatisches Denken,* in: *Über Walter Benjamin,* Frankfurt/M. 1968, S. 78.
44 Benjamin, *Schriften I,* a.a.O., S. 350.

was nicht schon tot ist, zu verdinglichen, so benutzt Bloch das allegorische Verfahren gerade, um die verdinglichten Beziehungen und gefrorenen Verhältnisse, in denen Menschen wie Dinge eingesperrt sind, wieder aufzulösen. Obwohl allegorisches Verfahren seine »Ursprünge in dem magischen Verhalten des Menschen zur Wirklichkeit«[45] hat, ist es dazu tauglich, weil die »Dialektik der Bedeutungen« in einer »Dialektik der Sachen«,[46] in einer Dialektik der historischen Wirklichkeit selber begründet ist – eine Einsicht, die dem barocken Allegoriker freilich fremd war. »Die Welt tritt so, an ihren *eigenen Modellen* beachtet, in einer Prozeßreihe immer wieder emergierender, immer wieder dialektisierter Real-Allegorien [...] auf, – ein experimentierendes Gleichnisbilden nicht nur des Vergänglichen, sondern genau auch des relativ Ausgestalteten in ihr.«[47] Spuren in einer Welt verdinglichter Beziehungen aufzuzeigen bedeutet, die Dinge ihrer gewohnten Umgebung zu entfremden, sie gewaltsam herauszusprengen und den in ihnen verhüllten Sinn in einem spiegelnden Erzählen vorscheinen zu lassen. Auch darin konstituiert sich ihr allegorischer Charakter: die Bedeutungen der *Spuren* sind wie die der allegorischen Embleme »das Ergebnis der Verwandlung fremder Objektivität an sich in angeeignete, allgemeine Subjektivität für uns.«[48] Mit Bedacht zitiert Bloch: »Ist diese Geschichte nichts, sagen die Märchenerzähler in Afrika, so gehört sie dem, der sie erzählt hat; ist sie etwas, so gehört sie uns allen.«[49] Adornos Interpretation der *Spuren*, die weniger eine solche als die versuchte Auseinandersetzung mit der Philosophie Blochs darstellt und vor allem der Absicherung der eigenen Position dient, muß zu falschen Ergebnissen kommen, weil er die Bedeutungen ausschließlich in ihrer zeitlichen Dimension zu fassen vermag. »Erzählt wird von Daseiendem, wäre es auch erst zukünftig; die Form ignoriert das Werden, das der Inhalt verkündet, sucht ihm nur gleichsam durch ihr Tempo nachzueifern.«[50] Die *Spuren* versuchen nicht Zukunft einzufangen,

45 Holz, a.a.O., S. 80.
46 Holz, a.a.O., S. 78.
47 Bloch, *Tübinger Einleitung*, a.a.O., S. 343.
48 Holz, a.a.O., S. 77.
49 *Spuren*, S. 127.
50 Adorno, a.a.O., S. 142.

indem sie gewissermaßen die Zeit verräumlichen: anstelle eines Nacheinander ein Nebeneinander konstituieren. Die Gestalten des Daseienden erweisen sich in dem Fragmentcharakter des Erzählten als Prozeßfiguren. Wenn die Geschichten »zu Ende gehen«, heißt es in dem programmatischen Prosastück *Das Merke,* so gehen sie »erst einmal im Anrühren zu Ende«,[51] schießen also über den letzten Satz hinaus. Was sie anrühren – und nicht nur im Leser und Erzähler – ist eine Vielfalt von Erscheinungen, die sie aber auch nichts weniger als komplettieren.

Fragmente

Fragment als »sprachlich anberaumter Ort für Utopie«[52] hält immer eine deutliche Distanz zu dem von ihm Gemeinten, gibt nicht vor, dieses – sei es auch nur modellhaft wie im ausgemalten Vor-Schein des abgerundeten Kunstwerks – literarisch im fertigen Bilde realisieren zu können. Das Fragment erfaßt Möglichkeit als partielle Bedingtheit – über alle formalen Bestimmungen hinaus (wie Abbruch, fehlender Schluß, Beziehungslosigkeit der einzelnen Elemente oder Auflösung der Syntax) ist das sein eigentliches Kennzeichen. Die Möglichkeit einer fragmentarischen Geschichte liegt daher nicht nur an einem anderen Ort, zu dem hin sie eine Brücke schlagen möchte, dies aber nicht vermag: ihr Raum ist die Zeit, in der sie verläuft, und das Werdende, auf das sie hindeutet, treibt ebenso in die Zukunft.

Nicht allein das Fragmentarische der Form entspricht also der Absicht Blochs, Spuren eines Prozesses aufzuzeigen, der nur dem – falschen – Scheine nach im Alltag der meisten zu Langeweile und Katzenjammer geronnen ist; inhaltlicher Zweck dieser »Merkprosa« ist die Darstellung der fragmentarischen Menschen und Dinge und ihrer Geschichte. »Erst recht vor andern können wir fast immer nur scheinen. Zuweilen durchscheinen, aber es bleibt fraglich, ob auch dies Halbe, Werdende stimmt.«[53] Bloch begreift sich nicht als Historiker des Halben

51 *Spuren,* S. 17.
52 Gert Ueding, *Fragment und Utopie,* in: *Der Monat,* 20. Jg., Juli 1968, Nr. 238, S. 72. Vgl. meinen Aufsatz zu diesem ganzen Abschnitt.
53 *Spuren,* S. 121.

= Gewesenen, der Ruinen und ihrer Korrelate in der Historie vom Menschen. Ihn interessieren Menschen und Geschehnisse, die auf etwas hinauswollen, selbst wenn ihr Ziel ihnen selber verdeckt ist – gerade dann bleibt die Frage offen, ob sie sich auf dem richtigen Weg befinden, ob das Ziel auch das richtige ist, zu dem solche Wege führen mögen. Deutlich pointiert Hans Mayer immer wieder das merkwürdig Offene, Unentschiedene der Geschichten Blochs, ihren »Luftzug der Ungewißheit«[54], und verweist auf die Vorliebe ihres Erzählers für das *Schatzkästlein des Rheinischen Hausfreunds* von Johann Peter Hebel, eine Vorliebe, die vor allem jenen Geschichten des unauffälligen Aufklärers aus dem Wiesental gilt, »die sich keiner Lehrhaftigkeit des Inhalts und keiner Geschlossenheit der Form anzubequemen vermochte[n].«[55] Unverlierbar sind Bloch diese Geschichten gerade nicht als fixierte, sondern als unausdeutbar schwebende, die das Ereignis des Augenblicks dem Rückschauenden als – freilich undeutliches – Versprechen der Zukunft erscheinen lassen.

Dem »Ernst des jederzeit Möglichen«[56] korrespondiert der Schock des Unerwarteten im jeweils Wirklichen: wenn der Blitz einschlägt, der Bauer Li aber gerettet wird[57] oder wenn – sehr viel alltäglicher – im Singsang vor dem Spiegel die Masken fallen. Der Schock reißt den so jäh Getroffenen aus seinem Lebenszusammenhang heraus, so daß er ungeborgen dasteht und möglicherweise mit den schützenden Hüllen auch all das verliert, was ihm bisher den Blick auf sich selber versperrte. Es sind dies freilich keine sogenannten Grenzsituationen, und der Augenblick braucht auch keiner der Wahrheit zu sein: es kommt »auf die Lage an, in der der Mensch ist; je nachdem werden die kümmerlichen Airs, die schwachen oder starken Handlungen Luft bekommen.«[58] Was da im Licht der Sonne plötzlich glänzt, mag also durchaus Talmi sein. Offene Fragen selbst dann, wenn Masken fallen. Hier liegt ein entscheidender Unterschied zwischen dem Detektiv aus der Bakerstreet und dem Erzähler und Fährtensucher Bloch.

54 Mayer, *Poetische Sendung*, a.a.O., S. 27.
55 Mayer, a.a.O., S. 26.
56 *Spuren*, S. 122 f.
57 *Spuren*, S. 122.
58 *Spuren*, S. 14.

Das Handeln des Detektivs ist zukunftsorientiert und was ihm begegnet, erfährt er nicht als in sich selbstzufrieden ruhendes Ereignis, sondern nur soweit es ihm Instanzen auf noch verborgene Zusammenhänge hin zu enthalten scheint. Der Schock, die unerwartete Konfrontation gehören zu seinen beliebtesten Mitteln der Entlarvung: damit Masken fallen und die Spuren der Tat in den Zügen des Gesichts widerscheinen. In den schließlich aufgedeckten Fall münden alle Spuren und Zweifel, die ehemals die Handlung weiterzutreiben hatten. Bloch aber sind Lösungen per se verdächtig: Vorspiegelungen falscher, weil mit der Tendenz-Latenz des Geschichts- und Materieprozesses nicht übereinstimmender Tatsachen, denen er gerade als verdinglichten zu Leibe rücken will. Der geniale Blick für Kleinigkeiten, den einmal Watson seinem großen Chef und Gönner nachrühmt, ist auch die Stärke Blochs: in den *Spuren* kommt sie zu ihrer größtmöglichen Darstellung. Aber die Kleinigkeiten sind ihm nicht Teile eines logisch erfaßbaren Systems, sondern Signaturen, die gerade jeder Systematik widersprechen. »Aber da fand einmal ein Bursche, weit von hier, einen Spiegel, kannte so etwas noch gar nicht. Er hob das Glas auf, sah es an und gab es seinem Freund: ›ich wußte nicht, daß das dir gehört.‹ Dem andern gehörte das Gesicht auch nicht, obwohl es ganz hübsch war.«[59] Wie nun? Ein Detektiv würde sich aufmachen, dies Rätsel zu lösen: Wer lügt hier eigentlich? Bloch notiert die Spur, ihm führt sie in ganz andere, auch vertraute Gegenden, wo dergleichen nicht geschehen wäre. *Weitergeben* ist die Geschichte überschrieben.

2. Als die Literatur durchforscht wurde

Kulturerbe
Als Bloch seine Geschichten zu sammeln begann, um sie dann unter dem Titel *Spuren* 1930 im Verlag Paul Cassirer erstmals als Buch zu veröffentlichen, geschah das zu einer Zeit, da Kultur in ganz anderer Weise zur Debatte stand, als er es in diesen Geschichten versucht hat.

59 *Spuren*, S. 35.

Die *Spuren* sind ein praktischer Beitrag Blochs zu der Diskussion um das literarische Erbe, die in der sogenannten Expressionismusdebatte der Jahre 1937-1939 gipfelte[1]: »Ausgangspunkt dieses Streites war die Frage, ob der Expressionismus – als Beginn der Moderne in Deutschland, der sich ein Großteil der diskutierenden Schriftsteller beider Gruppen verpflichtet wußte – eine literarische Strömung sei, auf die sich die antifaschistische Literatur als eine ihrer Traditionen berufen oder stützen könne.«[2] Bloch gehörte zusammen mit Brecht und Eisler zur Partei der Schriftsteller, die im Expressionismus nicht allein bürgerlichen Verfall literarisch gespiegelt sahen – als wäre künstlerische Antizipation, vorweggreifendes Überschreiten des jeweils Gegebenen nur in den Aufstiegs- und Blüteperioden der Klassen möglich: »gibt es zwischen Verfall und Anfang keine dialektische Beziehung? Gehört das Verworrene, Unreife und Unverständliche ohne weiteres, in allen Fällen, zur bürgerlichen Dekadenz? [...] Die Expressionisten waren ›Pioniere‹ des Zerfalls: wäre es besser, wenn sie Ärzte am Krankenbett des Kapitalismus hätten sein wollen?«[3] Bloch wendet sich damit gegen Lukács' theoretische Begründung des klassischen Erbes, die auf einer undialektischen Widerspiegelungstheorie beruht. Die bürgerliche Literatur, behauptet Lukács unterschiedslos, habe während der Aufstiegsphase des Bürgertums ihren Höhepunkt erreicht, und seitdem sei ihr unaufhaltsamer Niedergang zu verzeichnen. Aus der Tatsache aber, »daß gerade die gegenwärtige Entwicklungsstufe des Klassenkampfes der proletarisch-revolutionären Literatur höhere Aufgaben stellt«,[4] ergebe sich zwingend die Notwendigkeit, »um jene Elemente, Tendenzen und Errungenschaften der bürgerlichen Entwicklung« zu kämpfen, die geeignet sind, »vom Proletariat dialektisch umgearbeitet, ›umgestülpt‹, ›aufgehoben‹, weitergeführt, fortentwickelt zu werden [...]«[5] Während die Frage, »ob eine Klasse auch auf ihrem ›absteigenden Ast‹ Erbproblematisches

1 Vgl. hierzu wie zum folgenden: Helga Gallas, *Marxistische Literaturtheorie. Kontroversen im Bund proletarisch-revolutionärer Schriftsteller*, Neuwied u. Berlin 1971.
2 Gallas, a.a.O., S. 18.
3 Bloch, *Erbschaft*, a.a.O., S. 271.
4 Georg Lukács, *Aus der Not eine Tugend*, in: *Die Linkskurve*, Jg. 1932, Nr. 11/12, S. 17.
5 Lukács, a.a.O., S. 19.

noch hervorbringen könne«[6], von Lukács damit negativ entschieden ist, wendet sich Bloch gegen die von Lukács vorgenommene undialektische Verallgemeinerung der zentralen Maxime marxistischer Erkenntnistheorie: »Selbstverständlich fallen die großen Zeiten einer Kultur weithin mit dem Aufstieg oder der Blütezeit der Klasse zusammen, die diese Kultur trägt [...] Ein ganz anderes aber ist es, diese Erkenntnis in abstracto zu totalisieren [...]«[7] In dem gemeinsamen Gespräch über die »Kunst zu erben« sekundiert Hans Eisler seinem Partner Bloch. Während Eisler vor allem den Standpunkt vertritt, daß das künstlerische Material sich in einem »irreversiblen historischen Prozeß«[8] verändere, entsprechend der »Entwicklung der materiellen Produktivkräfte«,[9] pointiert Bloch »die Zusammenhänge zwischen den Fortschritten der Technik und den Veränderungen der Lebensformen, der Ideologien« und »die Rückwirkung dieser veränderten Lebensformen und Ideologien auf die Fortschritte der Technik.«[10] Eben deshalb sei »die Gegenwart in allen ihren Übergangsgebilden kritisch zu achten und zu beachten [...] Ohne lebendige, dialektisch wache Zeitgenossenschaft erstarrt auch die kulturelle Vergangenheit [...]«[11] Die Expressionismusdebatte, die Diskussion um das legitime literarische Erbe, zentrierte sich selbstverständlich nicht nur um kunst- und erkenntnistheoretische Fragen, sie war vor allem auch eine kulturpolitische Auseinandersetzung, die vor dem Hintergrund des Faschismus nur besonders scharfe Formen annahm. Die kommunstischen Parteien hatten, hier in erstaunlicher Eintracht mit der Sozialdemokratie, die Frage des klassischen Erbes bereits vorher zugunsten der Traditionalisten entschieden. Die sozialdemokratische Arbeiterbildung hatte die Parole »Wissen ist Macht« propagiert: »Sie meinte, das gleiche Wissen, das die Herrschaft der Bourgeoisie über das Proletariat befestige, werde das Proletariat befähigen, von dieser Herrschaft sich zu befreien.«[12] Das bil-

6 Ernst Bloch, *Vom Hasard zur Katastrophe. Politische Aufsätze aus den Jahren 1934-1939*, Frankfurt/M. 1972, S. 51.
7 Bloch, a.a.O., S. 329.
8 Gallas, a.a.O., S. 176.
9 Ernst Bloch / Hans Eisler, *Die Kunst zu erben*, in: *Hasard*, a.a.O., S. 328.
10 Bloch, a.a.O., S. 330.
11 Bloch, a.a.O., S. 331.
12 Benjamin, *Angelus Novus*, a.a.O., S. 307.

dungsbürgerliche Programm der KPD unterschied sich kaum von dieser Position, die dann auch Lukács, Becher oder Kurella in der Expressionismusdebatte einnehmen sollten. Als ihr Kritiker hat Bloch sich auch in der Folgezeit immer erwiesen: gerade vom Standpunkt der Adressaten aus, der Massen, die erreicht und mobilisiert werden sollten. »Kurz, gerade die Wahrheit verlangt, in ihrer angemessenen Fülle wie pädagogischen Vermittlung, daß sie nicht nur ist und wird, sondern auch scheint.«[13] Er kritisiert diejenigen sozialistischen Intellektuellen, die nicht nur das falsche Bewußtsein ihrer Adressaten mißachten – damit auch deren falsche Bedürfnisse –, sondern auch übersehen, was an Richtigem sich nur so schief und verschwommen artikuliert, etwa die »antikapitalistische Sehnsucht« von Arbeitern und Kleinbürgern. »Die Nazis haben betrügend gesprochen, aber zu Menschen, die Sozialisten völlig wahr, aber von Sachen; es gilt nun, zu Menschen völlig wahr von ihren Sachen zu sprechen.«[14]

Erbschaft der Kolportage

Die Diskussion um das literarische Erbe beschränkte sich im allgemeinen auf jene Bereiche der Literatur, die als hohe auch bereits bürgerlich kodifiziert worden war: Balzac, Eugène Sue oder Walter Scott waren Ausnahmen und wurden eben nicht hinsichtlich ihrer Zugehörigkeit zur Kolportage (wo ihr Platz ist) diskutiert. Zusammen mit Brecht gehört Bloch zu den ganz wenigen Marxisten, die das Problem des Erbes mit materialistischer Konsequenz *gerade auch* auf den Bereich der Kitsch- und Kolportage-Literatur ausgedehnt haben.

Blochs Lob der Kolportage ist somit keine persönliche Schrulle und seine Geschichtensammlung *Spuren* weder privat noch abseitig: sie gewinnt nur vor dem Hintergrund seiner Kritik an der kommunistischen Kulturpolitik und seinem Bemühen um eine dem Stand der historisch-gesellschaftlichen Entwicklung adäquaten Theorie des Erbes ihre historische Dimension. »Gerade am Faschismus hat Bloch gezeigt, daß es keine Idee, kein Bedürfnis, keine Hoffnung gibt, die eine materialistische Theorie einfach liegenlassen könnte. Denn nichts von alledem bleibt

13 Bloch, a.a.O., S. 197.
14 Bloch, a.a.O., S. 196 f.

wirklich liegen: *entweder* es wird vom Sozialismus angeeignet *oder* es vermehrt den Besitzstand seiner Feinde – ein Drittes gibt es nicht.«[15] Nicht allein diese »Gegenkolportage« (Bloch) der Nazis hatte Bloch gelehrt, daß im Abfall noch manches stecken mag, was nicht auf den Müllhaufen der Geschichte gehört; nachdenklich gemacht hatten ihn bereits die expressionistische Entdeckung naiver Volkskunst (1915 war etwa Carl Einsteins Buch *Negerplastik* erschienen, 1916/17 hatte derselbe Autor in der *Aktion* seine Nachdichtungen von Negerliedern veröffentlicht) wie bayrischer Hinterglasbilder durch die Maler des Blauen Reiter, gar die dadaistische Montage von Fahrkarten, Zeitungsfetzen, Kartonschnipseln. Das expressionistische Zerbrechen überlieferter Formen, erkannte Bloch, wurde nicht um seiner selbst willen ins Werk gesetzt, und der Anschluß an »das unübersetzte Zeugnis der Primitiven, der Kinder-, Gefangenen- und Irrenkunst« bedeutete keine Flucht vor schlechter Wirklichkeit in exotische Haiti-Ferne, sondern konträr »Sturm durch diese Welt, um Platz für die Bilder einer echteren zu machen.«[16] Blochs Verdienst besteht gerade darin, den Expressionismus sehr früh schon nicht als bloße Antithese gegen erstarrte Tradition gesehen zu haben, sondern in dieser Antithese bereits das Element ihrer Aufhebung: »so war der Expressionismus geradezu ein Durchbruch zur Volksnähe.«[17] In pathetischer Sprache hatten die Expressionisten selber ihre Absicht verkündet, mit Hilfe der spontanen Ausdruckskraft aller von Kultur noch ungebändigten Formen Erstarrung, Akademismus und Esoterik der ›kultivierten‹ europäischen Malerei überwinden zu wollen. August Macke schrieb 1912 in dem von Kandinsky und Marc herausgegebenen Almanach *Der Blaue Reiter:* »Wie zum Hohn europäischer Ästhetik reden überall Formen erhabene Sprache. Schon im Spiel der Kinder, im Hut der Kokotte, in der Freude über einen sonnigen Tag materialisierten sich leise unsichtbar Ideen. – Die Freuden, die Leiden der Menschen, der Völker stehen hinter den Inschriften [. . .]«[18]

15 Oskar Negt, *Ernst Bloch – der deutsche Philosoph der Oktoberrevolution*, Nachwort zu Bloch, *Hasard*, a.a.O., S. 442.
16 Bloch, *Erbschaft*, a.a.O., S. 260.
17 Bloch, a.a.O., S. 275.
18 August Macke, *Die Masken*, in: *Manifeste Manifeste 1905-1933, Schrif-*

Das »Element wirklicher Volksnähe«,[19] das den Expressionismus auszeichnet, bringt Bloch später in die Diskussion um das Erbe ein; er wendet es sowohl gegen einen epigonalen Klassizismus, gegen die kleinbürgerliche Kulturkritik wie auch gegen die von kommunistischen Intellektuellen kultivierte Loslösung von den Massen in Form der Avantgarde. »Heute bleibt der Künstler nur dann ein Avantgardist, wenn es ihm gelingt, die neuen Kunstmittel für das Leben und die Kämpfe der breiten Masse brauchbar zu machen, sonst erweisen sich die glitzerndsten Legierungen als altes Eisen. Es ist falsch, den Riß zwischen der alten Avantgarde und der Masse für unüberwindlich zu halten.«[20] Als sehr aktuell, wenn auch von der offiziellen Kulturpolitik der kommunistischen Parteien ignoriert, erweist sich so die Entdeckung der Kolportage durch marxistische Philosophie. Den Vorwurf der Geschmacksdepravierung nimmt sie gern in Kauf, der Erkenntnis eingedenk, daß die herrschenden Gedanken schließlich vorwiegend die Gedanken der Herrschenden reflektieren und daß der jeweils herrschende Geschmack ihnen nur das kulturelle Alibi liefert. »Kolportage hat in ihren Verschlingungen keine Muse der Betrachtung über sich, sondern Wunschphantasien der Erfüllung in sich; und sie setzt den Glanz dieser Wunschphantasie nicht nur zur Ablenkung und Berauschung, sondern zur *Aufreizung* und zum *Einbruch*. Daher eben wird Kolportage von der Bourgeoisie als gefährlich, nämlich als Schmutz und Schund schlechthin verfolgt [...]«[21] Die Unterdrückten und Unternommenen artikulieren ihre Interessen zwar begrifflos, aber farbig auf rebellischer Grundierung in Traumbildern und Wunscherfüllungsphantasien, formlos und keinem Regulierungszwang gehorchend, der nur die Unfreiheit ihres gesellschaftlichen Daseins als ästhetische Norm reproduziert. »Auch was Knaben gern lesen, gerät ihnen gut.«[22] Bloch verklärt Kolportage nicht in der Weise romantischer Dichter als Volkspoesie ohne Falsch und böse Absicht, sie ist ihm ebenso Aus-

ten deutscher Künstler des 20. Jahrhunderts, hrsg. v. D. Schmidt, Dresden o. J., Bd. 1, S. 51.
19 Bloch, a.a.O., S. 274.
20 Bloch, *Hasard*, a.a.O., S. 324.
21 Bloch, *Erbschaft*, a.a.O., S. 178.
22 Bloch, a.a.O., S. 169.

druck manipulierter Bedürfnisse und deren scheinhafter Befriedigung, Quietiv revoltierender Sehnsucht. Nicht weil, was Knaben gern lesen, schon immer gut wäre, an sich und ohne sie, berechtigt dazu, ihre Erbschaft anzutreten, sondern weil in ihrer Lektüre eine Protestbewegung sich fortsetzt, zu der Kolportage weniger Anlaß als schärfenden Anreiz bietet. Entsagung und Verinnerlichung des Glücksstrebens steht am Ende der ästhetischen Erziehung durch affirmative Kultur, Kolportage trägt die Sehnsüchte und Bedürfnisse der Individuen nach außen, setzt sie in reißerischem Kostüm frei – nur weil in ihr selber, und sei es mit spielerischer Leichtigkeit, die Ketten fallen, erkennen sich Kinder in ihr wieder. Deren Lektüre besteht nicht im unterschiedslos passiven Hinnehmen des Gebotenen, sondern vollzieht sich als aktiver Selektionsprozeß, der alle jene Elemente in der Kolportage ausscheidet, die gleißnerisch versöhnenden Trost bieten: was sie lesen, *gerät* ihnen gut. »Greifen die Hakenbildungen auch in den Schlamm nicht ein und lassen ihn durchaus unter sich: so ziehen sie doch manchen Fisch ans Land, der nicht ins faschistische Brackwasser gehört, auch manche Piratenkiste, die erst die Vernunft öffnet und erbt. Benjamin bereits gab dazu Fingerzeige; auch die *Spuren* haben gelehrt, was es mit Stoff nebenbei, mit allerhand kleinen Geschichten, Märchen und Items an Wundern des Teiches auf sich hat. Die Berauschung geschieht nur um der Lüge willen; doch der Jahrmarkt in ihr, die Glücks-Kolportage, der Gang zu den ›Anfängen des Lebens‹ [...] tragen, wider die Absicht, rebellische Zeichen.«[23]

»Auf Schiffen, die von Holland herunterkamen, hörten wir den Matrosen zu, die von Schlangen erzählten, die sie gefressen hatten; einer von uns wurde fast tätowiert.«[24] Das sind Erinnerungen, mit denen viele aufwarten könnten, hätten sie in ihrem späteren Leben auch nur einige Spuren hinterlassen. Mit ihnen konfrontiert wird allenfalls noch die leise Scham spürbar, die verdecken soll, daß in diesen Geschichten ein uneingelöstes Versprechen verschlossen ist, das immer noch rührt. Die Naturwahrheit der Kindheitsperiode auf höherer Stufe zu reproduzieren[25] kann unter den Bedingungen der kapitalisti-

23 Bloch, a.a.O., S. 166.
24 *Spuren*, S. 68.
25 Vgl. Marx, *Grundrisse*, a.a.O., S. 31.

schen Gesellschaft: Entfremdung und Warencharakter aller Menschen und Dinge, nur höchst fragmentarisch geschehen, Anspruch und Möglichkeit seiner Verwirklichung klaffen weit auseinander. Dies mißachten hieße tatsächlich, kindisch werden, ein Tun-als-ob empfehlen, mit dem man sich selber belügt, und sei man auch glücklich dabei. Die Motive der Rettung, die Bloch in der Kolportage, in kleinen Geschichten aus Engelhorns *Bibliothek der Unterhaltung und des Wissens*, in geläufigen Redewendungen gar, aufgespürt hat, verleugnen nie die Umgebung, aus der sie stammen. Ihre eigentümliche Fragilität verweist auf die Gefährdung, der sie gerade durch Auslösung entgangen sind, die aber auch erzählerisch nicht zu bannen ist, weil sie Zeichen wirklicher Gefahr ist. »Ist die Katze fort, so springen die Mäuse auf dem Tisch herum; wendet sich der Herr ab, so erinnern sich die Diener daran, daß sie keine sind.«[26] Doch selbst in ihrer Abwesenheit sind die Herren gegenwärtig: die Erinnerung der Diener wurde schließlich durch ihre Entfernung hervorgerufen: daß diese meist nur vorläufig bleibt, lehrt der Alltag. Spuren führen aus ihm hinaus, mehr nicht. Das populäre Bonmot Blochs: »Ich kenne nur Hegel und Karl May, alles dazwischen ist eine unreine Mischung aus beiden«, wird so transparent auf sein Bemühen hin, revolutionäre Inhalte nicht nur theoretisch grundlegend zu erfassen, sondern sie aus den – wie vage und schief – artikulierten Bedürfnissen der Massen selber zu entwickeln. Deren Literatur muß daher gründlich durchforscht werden, will Philosophie nicht wieder hinter Marx zurückfallen, sondern zum Zwecke der Weltveränderung praktisch werden. »Wie kein anderer hat Bloch einen Begriff von der spezifischen Erfahrungsweise der Massen; Phantasie, die banalen, abergläubischen Bewußtseinsinhalte der kleinen Leute – all das ist konstitutives Element eines materialistischen Wissenschaftsverständnisses, das sich von den Erfahrungsweisen der Massen ebensowenig ablösen läßt wie die ›Mitproduktivität der Natur‹, die Aufhebung des Raubbauverhaltens des Menschen gegenüber der Naturmaterie.«[27]

26 *Spuren*, S. 162.
27 Negt, a.a.O., S. 441.

3. Vertracktes Erzählen

Geheimzeichen

»Niemand, der nicht bis tief in die Nacht mit Dir zusammen gesessen hat, wird je wissen, was Erzählen heißt. Wer erzählt, der verweilt; er umfährt liebend auch das, was nur ist und verändert werden soll. So erfahren wir es. Ich erkläre mir die Besonderheiten Deiner philosophischen Sprache, deren Wendungen und Prägungen mich mitunter an die sichtbaren Wurzelverschlingungen alter Bäume denken lassen, aus Deinem Verlangen danach, nicht einfach das Nötige zu sagen, sondern das Unsagbare, das nötig wäre, auf Erzählerweise derart zu bannen, daß es, wie immer ungenügend, erfahren werden kann. Selbst Deine abstraktesten Darlegungen sind voll von Welt und kuriosen Sachen. Du bewahrst etwas vom Zauber der Dinge, die Du entzauberst.«[1] Keine schönere und zugleich präzisere Laudatio auf den Erzähler Ernst Bloch läßt sich denken als die des Freundes Siegfried Kracauer. Bloch ist nicht nur ein Sammler von Geschichten, wie bereits erwiesen, er verändert sie auch; sie liegen vor ihm wie auf dem Tisch eines Laboratoriums, als wären sie Metallen gleich, die immer neuen Versuchsanordnungen ausgesetzt werden, damit, was an Möglichkeiten in ihnen steckt, hervortrete: so greift der Gedanke in sie hinein. Nie kaschiert sich der Erzähler selber als eine seiner Figuren, selbst in den Geschichten nicht, die autobiographisch Selbsterlebtes wiedergeben: er erzählt sie, als wären sie nicht ihm, sondern einem Freund oder Bekannten widerfahren. Und doch läßt sich die Erzählweise Blochs nicht als auktorial dem herkömmlichen Verständnis nach charakterisieren. Gewiß interessiert ihn die jeweilige Geschichte als »›Fall‹ von gleichnishafter Bedeutung«, und Verfremdung ebenso wie »das Wechselspiel der Dialektik« kennzeichnen seine erzählerische Methode; doch er kennt weder – wie sonst der auktoriale Erzähler – das »Fahrtziel genau«, noch auch konstruiert er seine Szenen unter »dem Aspekt der Nützlichkeit«.[2] Philosophisches Fragen und gelehrt plaudernde Erörterung gehen eine

1 Kracauer, *Deutungen,* a.a.O., S. 146.
2 Alles Kennzeichen auktorialer Erzählperspektive, wie sie Walter Jens ausführlich darlegt. – Walter Jens, *Anstatt einer Literaturgeschichte,* Pfullingen 1962, S. 74 f.

eigentümliche Verbindung mit erzählerischer Farbigkeit und spannend-unterhaltender Darstellung ein, die eine allgemein verbindliche Zuordnung zu den drei klassischen Perspektiven des Erzählens nicht zuläßt. »Das fing schon frühe bei einem Knaben an. Der freute sich, wie schön das Essen morgen sein werde. Der Festtag kommt, alle Gäste sitzen um den Tisch, die Kinder sind weiß gekleidet. Die Suppe ging vorüber und es erscheint der große Braten, eine ganze Ochsenkeule auf dem Tischlein deck dich.«[3] In diesen wenigen Sätzen geschieht viel. Der Anfang der Passage schildert aus auktorialer Perspektive die Ausgangssituation, jäh wechselt dann die Perspektive, angezeigt durch den Tempuswechsel: der Erzähler sitzt sozusagen mit am Tisch, und aus dieser Innenperspektive wird nun der Vorfall geschildert, wobei allerdings das einmontierte »Tischlein deck dich« wieder Distanz zum Erzählten schafft, besonders deutlich dadurch, daß der Erzähler nach der Essensschilderung an seinen vorherigen Platz zurückkehrt und mit einer abermals der Märchensprache entlehnten Wendung fortfährt: »Erst der Tisch brachte alles an den Tag, der Knabe sah zum erstenmal hinter die Kruste.«[4]

Ziel eines fabulierenden Denkens ist, den Prozeß von Erkenntnis in Gang zu bringen, nicht der Besitz von Erkenntnis. So sehr Bloch in seinen Geschichten bewußt als detektivischer Erzähler auftritt, dem es um Aufhellung eines Nichtgeheuren geht, so wenig glaubt er an eine jetzt und hier mögliche Auflösung des jeweiligen Falles, die sich schwarz auf weiß festhalten ließe. Die Fragen, die Bloch an manche Geschichten stellt, intendieren weder eine fixe Antwort noch sind sie lediglich rhetorisch gemeint; selbst wenn sie auf Bejahung zielen, sind sie sich doch dieses ihres Zieles nicht sicher. Sie geben etwas zu bedenken, ohne vorzuspiegeln, sie hätten das ganze Ergebnis bereits in der Hinterhand. Sie fordern weitere Indizien an, ihre Offenheit ist sachlich begründet, aber zugleich deutlich auf den Leser zu gerichtet. »Außer dem Vergnügen, das diese Geschichte vermittelt, schafft hier doch noch ein Eindruck: was war hier, da ging doch etwas, ja, ging auf seine Weise um.«[5] Die Geschichten der *Spuren* sind also keine Parabeln, sie sind

3 *Spuren*, S. 181.
4 *Spuren*, S. 181.
5 *Spuren*, S. 16.

nicht als Ganzes Gleichnis für ein Unausgesprochenes, sondern versuchen im Raum der Erzählung einen Eindruck festzuhalten, der das Erzählte selber in Frage stellt. Benjamin, wie Bloch Meister in derartigen Erzählungen, hat dieses Moment des Diskontinuierlichen im Zusammenhang der Geschichte ihr »Geheimzeichen« genannt: »Nicht der Fortgang von Erkenntnis zu Erkenntnis ist entscheidend, sondern der Sprung in jeder einzelnen Erkenntnis selbst. Er ist die unscheinbare Echtheitsmarke, die sie von aller Serienware unterscheidet, die nach Schablone angefertigt ist.«[6]

Gebrochene Spuren

Solcherart gekennzeichnete Prosa kann sich nur sehr bedingt überkommener Erzählformen bedienen; greift sie bereits erzählte Geschichten auf, wie meist in den *Spuren,* so ist es ihre erste Aufgabe, die epische Erzählstruktur, in der sie einst ihren festen Platz hatte, aufzubrechen. Dies geschieht bereits durch die Isolierung der Geschichten von dem Zusammenhang, in dem sie standen, sei es in einem Roman Coopers oder Gerstäkkers; doch selbst der damit zum Bruchstück gewordene Ausschnitt trägt die Merkmale seiner Herkunft in sich, als Diskursivität seines Sinnes. Ihm auch diesen – trotz ›loser Enden‹ – fortlaufenden Zusammenhang zu nehmen, wird die Geschichte von Bloch nicht plan nacherzählt, sondern zum Gegenstand einer erörternden, probierenden Erzählung gemacht. Erzählen heißt nun nicht mehr, die Stationen eines fortlaufenden Geschehens Schritt für Schritt nachzuvollziehen, sondern in dieses Geschehen fabelnd und deutend zugleich einzugreifen, es anzuhalten, ausdauernd immer wieder anzuheben und ›umständlich‹ an den Anfang zurückzukehren. Das unablässige Atemholen, der genießerische Zug an der Pfeife ist diesem Erzählen nicht nur äußerlich: es manifestiert sich darin der erzählerische Umweg als das Mittel, das Gemeinte in der Fülle seiner möglichen Bedeutungen zu umreißen und jeden Vorfall als ein Reservoir von unendlichen Beziehungen zu begreifen. Nur »wer die Blochschen [Texte] nicht als Texte liest, dem werden sie beredt«[7], formuliert Adorno seine Erfahrung mit diesen

6 Benjamin, *Illuminationen,* a.a.O., S. 325.
7 Adorno, *Blochs Spuren,* a.a.O., S. 134.

Geschichten und ihrem Erzähler. Dem Umweg als Methode entsprechen Stil und Struktur der Prosastücke: ihre Verwandlung in lebendige Erzählung. In ihnen ist der Atem eines langen Abends aufbewahrt, aber mit seinen Pausen, in denen es knistert, und mit dem minutenlangen Schweigen, an das die Geschichten fragend stoßen. Sollte ich einen Erzähler deutscher Sprache nennen, der in seiner Methode Bloch vergleichbar wäre, mir fiele nur Jean Paul ein: gewiß nicht zu weit gegriffen, denn neben Hebel und Lichtenberg gehört auch dieser verquere Aufklärer auf einen der ersten Plätze in Blochs Dichterkalender.

Hebt Bloch an zu erzählen, so begegnen dem Leser schon bald unvermutet vertraute Formeln, einleitende, überleitende Gemeinplätze, die gleichwohl die sorgfältige Beachtung des ›geneigten Lesers‹ verdienen. »Ein Freund erzählte derart eine Geschichte [...]«[8] »So etwas ist selten, doch kommt es vor und ergreift noch nachträglich.«[9] »Ich kenne keine schönere Geschichte des Scheidens, seiner genauen Wehmut, seines möglichen Untergangs oder aber der verträumenden Nachreise seiner Bilder als die von dem Maler, welche folgendermaßen beginnt.«[10] »Ich kenne eine kleine, fast niedere, ostjüdische Geschichte, an der freilich der Schluß merkwürdig enttäuscht.«[11] Den Leser zeitgenössischer Kurzgeschichten mögen diese Wendungen zunächst etwas altväterlich, fast verstaubt anmuten: irgendwie hat er sie noch im Ohr, kann sich auch vielleicht noch an Bücher erinnern, die sie ihm einst vertraut gemacht haben.[12] Zwar gehören diese Erzählformeln zum Redegestus des auktorialen Erzählers, Bloch benutzt sie jedoch in ganz anderer Absicht als der, seine Geschichten zu legitimieren. »So etwas ist selten, doch kommt es vor und ergreift noch nachträglich.« Traditionellerweise pflegen Geschichten mit solchen Worten zu enden, für Bloch geht aber entgegen ihrem Signal das Erzählen weiter: »Wenn ich dich liebe, was geht es dich an, dieser Satz

8 *Spuren*, S. 83.
9 *Spuren*, S. 90.
10 *Spuren*, S. 72.
11 *Spuren*, S. 98.
12 Auch die Kolportage bedient sich dieser Formeln mit Fleiß: »Der freundliche Leser mag verzeihen, daß er jetzt aus dem Jahre 1870 ganz plötzlich um volle fünfundfünfzig Jahre in das Jahr 1814 zurückgeführt wird!« – May, *Die Liebe des Ulanen*, a.a.O., S. 230.

ist nicht nur frech, er kann auch töchterlich sein. Allerdings hat das alte Ekel der Jungfrau nichts übergelassen [...]«[13] Die Geschichten der *Spuren* sind durchsetzt mit traditionellen Erzählformeln, die weder die Gestalt des Erzählten bestimmen, noch auch nur dessen Ironisierung beabsichtigen: sie stehen quer zum vorangehenden oder folgenden Text. Läßt sich der Leser von ihnen in seinen Erwartungen beeinflussen, so wird er prompt enttäuscht: es geht ganz anders weiter, oder auch gar nicht – das heißt auch, was so pompös eingeleitet wurde, läßt ungebührlich lange auf seinen Beginn warten. »Ein Freund erzählte derart eine Geschichte, vielleicht eine ganz läppische, eine wahre Schaffnergeschichte, wie man in München die nennt, die sture Fahrgäste im Trambahnwagen erzählen, von Rettichen, die pelzig waren und dergleichen, was niemand interessiert, außer den Erzähler selbst. Und weil es ihn so sehr interessiert [...]«[14] Noch bevor er mit seiner Geschichte beginnt, unterbricht sich der Erzähler, versucht, sich seines Standorts zu vergewissern, indem er die Situation, aus der sie entstand, thematisiert und sogleich in Zweifel über deren Mitteilbarkeit gerät. Die Geschichte ist von dem Raum, in dem sie sich darstellt und in dem sie auch dargestellt sein will, geprägt, unabhängig von ihm weder zu begreifen noch mitzuteilen. Was tun? Ohne sich aus dem Dilemma, in das solche Reflexionen den Erzähler geführt haben, herauszuschwindeln, etwa, das Ungewöhnliche der Geschichte zu behaupten und so ihre Erzählung zu legitimieren, bricht er abrupt ab, nimmt einen der losen Fäden auf: »Genug davon, auch der Freund saß im Wagen [...]« Doch die Erwartungen, die dieser abrupte Neuanfang weckt, werden wiederum düpiert: dem Freund gegenüber sitzt ein Mädchen, das ihn unverwandt ansieht, ohne daß er es recht bemerkt. »Der Mann ertrug nicht, wenn ihn eine Frau zu lieben beginnt, möglicherweise, die ihm gleichgültig ist. Frauen gegenüber ist ihm die Methode unbekannt, nein zu sagen, und er weicht ihr deshalb lieber aus. Oder vielmehr ein Zufall kam der Methode zu Hilfe [...]« Was denn nun: – »möglicherweise« oder »vielmehr«? In der Geschichte klingen Bedeutungen an, die aus anderer Gegend widerhallen. Der Erzähler ignoriert sie nicht im Interesse einer sterilen Reinheit,

13 *Spuren*, S. 90.
14 *Spuren*, S. 82.

Abgerundetheit seiner Schilderung, sondern läßt sie in die Geschichte zurückhallen, die aber davon nicht unberührt bleibt, vielmehr das, was sie nach so verschiedenen Richtungen hin auslöste, als Vieldeutigkeit in sich zurücknimmt. Fabelndes Denken, als was die *Spuren* sich selber definieren, erzählt also nicht eine Geschichte, um dann anschließend von ihr zu abstrahieren, ihre allgemein menschlichen Inhalte bloßzulegen; der Erzähler nimmt nicht den Standpunkt der Verwertung seiner Erzählung gegenüber ein, sondern er stellt deren Verwertbarkeit überhaupt in Frage. Die Bedeutungen lassen sich von den Geschichten nicht ablösen als Beute eines beliebigen Fabula docet, das alte Vorurteile bestätigt und Meinungen in Gewißheiten überführt.

Das Buch *Spuren* ist ein Außenseiter der deutschen Literatur geblieben, weil seine Geschichten sich dem herrschenden Kulturbetrieb und der ihm immanenten Warenästhetik widersetzen. »Das Ideal der Warenästhetik wäre es, das zum Erscheinen zu bringen, was einem eingeht wie nichts, wovon man spricht, wonach man sich umdreht, was man nicht vergißt, was alle wollen, was man immer gewollt hat. Widerstandslos wird der Konsument bedient, sei es nach der Seite des Schärfsten, Sensationellsten, sei es nach der Seite des Anspruchslosesten, Bequemsten.«[15] Widerspenstigkeit aber ist das Kennzeichen der *Spuren*-Texte, sie werden nicht auf eine eingängige Rezeption hin zurechtgebogen. Sie brechen aus der Totalität des immer schon Erwarteten aus und befreien von dessen Faszination, indem sie, was für Momente der Wirklichkeit gehalten wird, als Schein entlarven, und was als flüchtiger Schein nicht mehr wahrgenommen wird, als mögliche Wahrheit deuten. »Das Leben hat sich unter und auf den Dingen angesiedelt, als auf Objekten, die keine Atmung und Speise brauchen, ›tot‹ sind, ohne zu verwesen, immer vorhanden, ohne unsterblich zu sein; auf dem Rücken dieser Dinge, als wären sie der verwandteste Schauplatz, hat sich die Kultur angesiedelt.«[16] Die Gestalt, in der die Dinge in der kapitalistischen Warengesellschaft erscheinen, ist lediglich noch die ihres Quantitäts- und Funktionsverhältnisses: »Das ästhetische Gebrauchswertver-

15 Wolfgang Fritz Haug, *Kritik der Warenästhetik*, Frankfurt/M. 1972, S. 64.
16 *Spuren*, S. 174.

sprechen der Ware [das Versprechen der Ware, brauchbar und genießbar zu sein] wird zum Instrument für den Geldzweck.«[17] Was in den *Spuren* zur Diskussion steht, hat so tatsächlich den Charakter eines Kriminalfalles, sein Schauplatz ist die Warenwelt und die von ihr induzierte Totalität eines Scheins, dem jeweils nur noch »ein Minimum an Gebrauchswert«[18] entspricht. Nicht dessen Analyse aber beabsichtigen die Erzählungen, vielmehr bedeuten sie, was darüber hinausgeht und noch nicht eingefangen wurde. Der Vergleich mit einem Detektivroman ist mehr als nur Analogie. Auch der Verbrecher ist Produzent eines Scheines, in dem seine Tat und deren Spuren verschwinden sollen, und er kann nur aufrechterhalten werden, wenn dieser Schein lückenlos bleibt. Die vom Verbrecher kompliziert aufgebaute Scheinwelt täuscht um so mehr, je wahrer und wirklicher sie erscheint. Um sie unverletzbar zu erhalten, ist ihr Urheber gezwungen, jeglichen Vorfall, alles, was in den Bannkreis der Tat tritt, dem Schein anzuverwandeln. Daß er notwendigerweise dabei Fehler macht, liegt weniger an seiner persönlichen Unzulänglichkeit als daran, daß er den in seiner Tat sich manifestierenden realen Widerspruch (zu anderen Menschen, zur Gesellschaft) betrügerisch, also falsch, scheinhaft lösen will. Jede Scheinlösung aber reproduziert den Widerspruch in anderer Gestalt: und das eben ist die Chance des Detektivs, es ist die Chance des Erzählers Bloch. Indem der Verbrecher das Bedürfnis des Detektivs nach Aufklärung des Falles immer wieder scheinhaft befriedigen muß (fiktive Täter bereitstellen, Indizien fälschen muß), ist es ihm zwar möglich, ihn kurzfristig von der ›richtigen‹ Spur abzulenken; da sie aber nie wirklich zum Ziele führt (denn das wäre nur der Fall, wenn der Täter sich stellte), wird der Detektiv jeweils aufs Neue mit der Suche beginnen und nicht loslassen, bis sein Bedürfnis mit der Entdeckung des Täters wirklich befriedigt ist.

Kolportage thematisiert derart die jeder Scheinlösung immanente Dialektik, wie sie selber als Tagtraum der Gesellschaft ganz reale gesellschaftliche Bedürfnisse scheinhaft befriedigt: als Glanz, in dem das Elend verschwinden soll. Die Ästhetik der Kolportage ist damit gekennzeichnet durch denselben Wi-

17 Haug, a.a.O., S. 17.
18 Haug, a.a.O., S. 66.

derspruch, den auch Haug als der Warenästhetik immanenten erkannt hat. »Solange die ökonomische Funktionsbestimmtheit der Warenästhetik besteht, gerade also solange das Profitinteresse sie antreibt, behält sie ihre zweideutige Tendenz: indem sie sich den Menschen andient, um sich ihrer zu vergewissern, holt sie Wunsch um Wunsch ans Licht. Sie befriedigt nur mit Schein, macht eher hungrig als satt. Als falsche Lösung des Widerspruchs reproduziert sie den Widerspruch in anderer Form und vielleicht desto weiter reichend.«[19]

Große Kunst realisiert wenigstens tendenziell die Lösung dieses Widerspruchs, indem sie die in ihm sich artikulierenden Ansprüche verinnerlicht, um ihnen daraufhin mit ihrer Schönheit genügen zu können. Schopenhauer hat scharfsinnig diese ›beglückende‹ Funktion von Kunst erkannt und als deren Ideal hypostasiert: die Beruhigung des ewig drängenden Willens.[20] Entgegen einer »*Immanenz ohne sprengenden Sprung,* wie sie jede Kunst umgibt«,[21] hält Kolportage am kruden Widerspruch zwischen Wunsch und Erfüllung fest: durch sie selber geht der Riß hindurch, den sie glanzvoll verdecken soll und so immer wieder thematisiert: auch deswegen versetzt sie ihre Leser in Spannung.

Mündlichkeit

Seine Absicht, diskontinuierlich zu erzählen, um Erwartungshaltungen zu durchbrechen und damit die Voraussetzung zu schaffen, daß das »Geheimzeichen« einer Geschichte überhaupt spürbar, erkennbar werden kann, realisiert Bloch vor allem in seiner Sprache, die ihre Spontaneität trotz sorgfältiger Modellierung bewahrt hat. Mündlichkeit des Geschriebenen ist Hauptmerkmal der *Spuren*-Prosa, nicht deren Zweck. Die Texte sollen dem Leser beredt werden in einer das Vertraute so verfremdenden Weise, daß ihm wieder Erkenntnis abgewonnen werden kann.

19 Haug, a.a.O., S. 69.
20 Der »welthaft vollendete Vor-Schein«, den Bloch als Charakteristikum großer Kunst faßt, beruhigt dagegen gerade nicht: deren »Ruf nach Vollendung« wird als Stimulans gesellschaftlicher Praxis bestimmt. Vgl. Bloch, *Prinzip Hoffnung,* a.a.O., S. 249.
21 Bloch, a.a.O., S. 251.

So greift Bloch zu Alltagsphrasen, jenen nichts mehr bedeutenden Redewendungen, die im Alltag Kommunikation dort vortäuschen, wo längst schon der begrifflose Warentausch die Beziehungen zwischen den Individuen regelt: »Das Geschäft erlaubt manchen Spaß, aber der Spaß konnte erst recht wieder zum Geschäft werden. So genau unterliegt noch das Spiel den Formen, in denen der Ernst des Lebens abläuft; man kann daraus nicht fliehen, nicht einmal in der Flucht.«[22] In dieser kurzen Passage folgen drei solche der alltäglichen Redekulisse entnommene Wendungen unmittelbar aufeinander. In den beiden ersten Fällen erreicht Bloch durch das symmetrische Überkreuzstellen von Bedeutungseinheiten bzw. durch antithetische Parallelanordnung der Satzteile die Reaktivierung der zur Phrase geronnenen Bedeutung; im letzten Satz läßt er die Phrase in ein Paradoxon münden, so daß aus der verbrauchten Hülle die Erkenntnis als scheinbarer Widersinn unvermutet hervorspringt.

Enttäuschung konventioneller Spracherwartung ist ein Grundzug Blochscher Prosa. In übermütiger, verblüffender Weise kombiniert sie vertraute lexische Elemente zu grotesken Bildvorstellungen, deren Zusammenhang nur nach einer ›ungewöhnlichen‹ Denkanstrengung motivierbar wird: »der Kalif Storch von damals brauchte keine Katze im Sack zu kaufen und nur zu *glauben*, es sei eine verwunschene Prinzessin.«[23] Die Beispiele lassen sich häufen. Nicht erzählerischer Willkür folgen diese oftmals expressiven Fügungen; selbst wenn spielerischer Übermut in ihnen spürbar wird, so folgt er »nicht notwendig nur aus durchbrechender *Subjektivität*, sondern aus dem Umbruch in Teilen einer äußeren Realität selber.«[24] Groteske Bilder oder mit geflügelten Worten und gewollt altertümlichen Wendungen verschnittene Umgangssprache sind bei Bloch keineswegs »Anzeichen lässiger Ausdrucksweise«,[25] wie meist im Stil der deutschen Alltagsrede, sondern werden eingesetzt zur präzisen »Abbildung der syntaktisch selber so unstilisierten Welt«,[26] schulen so das Wahrnehmungsvermögen

22 *Spuren*, S. 27.
23 *Spuren*, S. 30 f.
24 Bloch, *Literarische Aufsätze*, a.a.O., S. 566.
25 Elise Riesel, *Der Stil der deutschen Alltagsrede*, Leipzig 1970, S. 214.
26 Bloch, a.a.O., S. 566.

für die Momente, die sich nicht dem allgemeinen Schein einer widerspruchsfreien Realität fügen wollen.

»Da lag die Welt oder das Symbol der Welt aller unserer früheren und jetzigen Bücher, die man immer wieder las, weil man sie vergaß wie einen Traum. Das Licht in den Buden brannte und hinter den Buden leuchtet es vor, das Zigeunerweib hat das Grafenkind gestohlen, Rumpelstilzchen haust, wo die Wölfe und Füchse sich gute Nacht sagen, das Zauberpferd steigt, der Magnetberg droht, Zaleukos, so empfängst du deinen Gastfreund.«[27] Die Satzkonstruktion der Spuren verfolgenden Geschichten erweist sich schon bei oberflächlicher Lektüre als uneinheitlich: im syntaktischen Gefüge werden Brüche sichtbar, die durch schroffen Übergang von einem hypotaktischen Satzbau in parataktische Reihung entstehen. Während der formale Zusammenhang etwa von Ursache und Folge preisgegeben wird, bleibt der inhaltliche, entgegen erstem Anschein, gewahrt. »In meinem ersten Münchner Semester wohnte ich bei einer Frau, die ich für eine Witwe hielt, manchmal prahlte sie mit besseren Tagen.«[28] An einer Stelle wird die hypotaktische Ordnung unterbrochen, und der Erzähler fällt unvermittelt in parataktische Satzgliederung, so daß auch der Lesevorgang an einer Stelle stockt, um dann neu anzusetzen. »[. . .] manchmal prahlte sie mit besseren Tagen. Seit kurzem war ein alter Mann als Mieter zugekommen, offenbar krank, der sich vornehm ächzend zuweilen auf dem Flur sehen ließ.« Nach einem Bruch folgt die Darstellung nun nicht mehr weiterhin ›konsequent‹ in parataktischer Nebenordnung der Satzeinheiten, sondern bedient sich wieder der hypotaktischen Gliederung, um dann abermals deren Kontinuität jäh zu durchbrechen. Durch den dauernden Wechsel von Parataxe und Hypotaxe in der sprachlichen Organisation seiner Prosa vermeidet Bloch einen Effekt, der sich bei gleichmäßiger parataktischer Satzgliederung entgegen der relativen Selbständigkeit der einzelnen Satzgruppen unvermeidlich einstellen würde: »Diese beiordnende Aneinanderreihung von Wörtern, Satzgruppen und Sätzen verleiht der Aussage gleichmäßige Ruhe, epische Form.«[29] Epische Ruhe ist in manchen Passagen seiner

27 *Spuren*, S. 69.
28 *Spuren*, S. 36.
29 Riesel, a.a.O., S. 203.

Geschichten eine von Bloch durchaus beabsichtigte Wirkung, doch erzeugt er sie mit der gleichen Akribie, mit der er sie gleich danach wieder zerstört.

Ist die nebenordnende Satzfügung auch die syntaktische Form, der sich assoziatives Denken vorzüglich bedient, so ist das assoziative Fortschreiten über lange Passagen[30] in den Geschichten der *Spuren* nicht Folge eines undiszipliniert weiterwuchernden Erzählens. Brüche, hypotaktische Einschübe, gebaut wie die Prosa Thomas Manns, sperrig altertümliche Wendungen, ›verkorkste‹ Sprichwörter stehen wie Steine des Anstoßes im Erzählraum, nicht zufällig, sondern genau an Stellen, die sich mit dem Kantigen, Anstößigen des Erzählten selber decken. Nicht willkürlich konstituiert der Erzähler das Verhältnis von Sätzen zueinander, sondern die Sätze schreiten einen Gegenstand ab und geben den Prozeß seiner Erfahrung mit allen Umwegen, Knicken und Windungen wieder. »Zur Wahrheit gehört nicht nur das Resultat, sondern auch der Weg.«[31] Will ein Schriftsteller mit dieser dialektischen Erkenntnis Ernst machen, so darf sie nicht allein seine eigene Erfahrungsweise bestimmen: der Prozeß muß auch als einer der Rezeption im Lesenden in Gang gesetzt werden.

»Vor kurzem las ich erst den sonderbaren Fall eines Berliner Anwalts, eines Manns, dem ich fast glaube. Der stand gegen elf Uhr morgens in seinem Büro und diktierte, als neben ihm eine Flamme hochschoß bis zur Decke. Die Sekretärin schrie und wie der Anwalt noch die Tür aufriß, sank das Stichfeuer wieder in den Boden, aus dem es gekommen war, das Parkett war völlig unversehrt, die Decke ohne Ruß.«[32] Genußvoll und meisterhaft setzt Bloch die ›unfeinen‹ Effekte der Kolportage in Szene, wird im Erzählen – man *hört* es – selber mitgerissen, reißt auch den Leser mit, ein Stück weit, um ihn dann freilich abrupt aus dem Bannkreis der Geschichte zu holen: »[...] die Decke ohne Ruß. War das wach geträumt, so war es immerhin zu zweit geträumt, als wäre es wirklich mehr draußen als drinnen geschehen.« Charakteristisch auch in dieser Erzählung wieder ihre umgangssprachliche Diktion: »Der stand gegen elf

30 Vgl. etwa »Geist, der sich erst bildet« – *Spuren*, S. 61 ff.
31 Karl Marx, *Bemerkungen über die neueste preußische Zensurinstruktion, MEW*, Bd. 1, S. 7.
32 *Spuren*, S. 142.

Uhr [...]«, oder: »War das wach geträumt [...]«[33], oder: »und wie der Anwalt noch [...]«. Neben die umgangssprachliche Verkürzung, wie im letzten Beispiel, ist die ebenfalls in der Alltagssprache geläufige Ersparung von Redeteilen beliebtes Stilmittel Blochscher Erzählungen. »Girardi war spät [...] von Freunden [...] aufgebrochen. Ruhigen Gemüts überlegte er draußen, ob er, da die Stadtbahn nicht mehr lief, ein teures Taxi oder einen gesunden Fußweg heim nach Hitzing nehmen sollte. Entschied sich für letzteren, ging dabei in eine hübsche, enge Altwienergasse [...]«[34] Die Aussparung des pronominalen Subjekts wie ganzer Satzteile (»Hin und her die Gasse [...]«[35]) ist Zeichen eines diskontinuierlichen Erzählens, das den »Eindruck des Stückweise-Verfertigens«[36] bewußt hervorrufen will. »Denn lebendes Sprechen setzt von vornherein neu ein, bricht auch um. Schlecht beliebig ist hier nur der schlampige, nicht der eigen bewegliche, auch überraschen-könnende Satz.«[37]

Mit seiner Abhandlung über den Anakoluth hat Bloch gewissermaßen die Poetik der *Spuren* nachgeliefert. Der Übergang von hypotaktischer zu parataktischer Redeweise markiert immer einen Satzbruch: die eingeleitete Konstruktion wird abgebrochen, und was als abhängiger Satzteil folgen müßte, gewinnt Selbständigkeit: »Gerade zog der Fremde die Biegung des Wegs auf eine Birke zu, unter der lag ein Bauernmädchen, band späte Blumen.«[38] Traditionelle Syntax hätte verlangt: unter der ein Bauernmädchen lag, das späte Blumen band. Ein anderes Beispiel von vielen: »Er horchte immer erstaunter darauf hin: – da stand Rudolf auch schon mitten in der elterlichen Stube [...].«[39] Der plötzliche Bruch signalisiert eine Inkongruenz nicht nur in der Form, sondern bedeutungsvoller: im Inhalt des Erzählten selber. Der syntaktische Bruch erweist sich dem Bruch der Sphären angemessen, vor dessen Beschreibung hypotaktisch gebaute Prosa versagen müßte.

33 Vgl. *Der Große Duden. Grammatik der deutschen Gegenwartssprache*, 2. verm. u. verb. Aufl., Mannheim 1966, S. 260.
34 *Spuren*, S. 79.
35 *Spuren*, S. 79.
36 Riesel, a.a.O., S. 204.
37 Bloch, *Literarische Aufsätze*, a.a.O., S. 565.
38 *Spuren*, S. 72.
39 *Spuren*, S. 150.

Montagen

Was die Syntaxlehre als parataktische Satzgliederung faßt, beschreibt auch die grammatische Form, der sich eine wesentlich in der modernen Literatur kultivierte Darstellungsmethode: die Montage, bedient. Die Erzählformeln und Motive, die bisher vorwiegend ihrer syntaktischen Stellung und Redefunktion nach beschrieben wurden, spiegeln, indem sie in eine Geschichte eingeblendet werden, Bedeutungen in die Geschichte zurück, wie diese ihnen auch einen ganz bestimmten neuen Sinn verleiht. Die Wendung vom Tischlein deck dich in der an anderer Stelle bereits erörterten Erzählung aus dem Abschnitt *Motive der Lockung*[40] ist nicht nur ironisches Zitat, den Festschmaus relativierend, sondern macht gleichzeitig das Wunschbild des Märchens in dem Bedürfnis fest, dessen Ausdruck es ist. Ähnlich in einem zweiten Beispiel aus derselben Geschichte: daß die Sonne es an den Tag bringt, weiß man aus dem Grimmschen Märchen; Bloch variiert das Motiv, holt es aus dem Assoziationsfeld »Göttliche Gerechtigkeit« herunter auf den Tisch – und korrigiert es. Denn: »Mehr dahinter, und doch konnte man nicht einmal das immer wissen, wenn man nicht selber dahinter ging.« Montage des Unvereinbaren – im Gegensatz zur Montage von Elementen, die der gleichen Sphäre angehören, diese nur quasi pointillistisch auflösen in ein Mosaikfeld – ist das Strukturprinzip der *Spuren*; in ihren Geschichten werden Namen, Bilder, Situationen aus Romanen Karl Mays (»Mitternacht war längst vorüber und ehe noch der Morgen graut, müssen die Yumas umzingelt sein.«[41]) und Gerstäckers gekoppelt mit Jahrmarktssprüchen, Erinnerungen an frühe Spekulationen und Erörterung des Erinnerten. Der Budenglanz des Jahrmarkts stößt auf philosophische Fragen, diese wiederum grenzen an expressionistisch-grelle Naturbilder – hart im Erzählraum stoßen sich die Sachen und spiegeln, was sie bedeuten könnten, an den abrupten Schnittflächen wider. »Das Ineinander eines solchen Abends ist Montage, Nahes trennend, Fernstes zusammenbringend, wie das auf Bildern von der Art Max Ernsts oder auch Chiricos so sehr gesteigert ist. Das Verspellte in den Dingen liegt durchaus objektiv vor, wenn auch der

40 *Spuren*, S. 181.
41 *Spuren*, S. 69. 8 Vgl. Karl May, *Die Felsenburg*, a.a.O., S. 252 *(Bamberger Ausgabe Bd. 20)*.

mehr oder minder treffend auffassende Sinn dafür jetzt erst erwacht ist, durch das soziale Erdbeben vermittelt.«[42] Aus dem Zusammenstoß des Nichtzusammengehörigen mag so unvermittelt überraschend ein Drittes springen, das nur scheinbar weithergeholt und unmotiviert in die Mitte tritt – wie von Bloch besonders eindringlich in der Geschichte von der unvermutet explodierenden Syphonflasche demonstriert: Aus dem Zusammenstoß von Gelesen-Erinnertem mit einem banalen Ereignis, der vom Tisch gestoßenen und auf dem Boden zerschellenden Syphonflasche, entsteht etwas ganz anderes, in dessen Zeichen der historische Roman zum aktuellen Dynamitbuch wird: »Rasch hatte sich der Geist wieder in die Flasche zurückgezogen; doch die dunkle Scham des Manns, der Ärger des Paars an seiner Strafe standen noch fühlbar in der Luft. Betroffenheit des Literaten, Erberinnerung der Bourgeoisie: beides spielte über dem unfähigen Ereignis. Spielte eine Vergangenheit nach, die nicht verging, eine Zukunft vor, von der sich selbst der Pariser Bürger nicht losgesprochen fühlt. Was ein Fest wurde wie der 14. Juli, ist gewesen; aber die Furcht, die einmal darin war, ist noch frisch. Speisten alle Arbeiter Hummer, so ritzten die Splitter der Syphonflasche keine Gefühle.«[43] Der Hinweis auf den Geist in der Flasche kontrastiert merkwürdig dem Caféhausgeschehen, unterstreicht aber dessen Ungewöhnlichkeit und Ernst gerade als Gegensatz zur Spielform des Märchens.

Der blau-rote Methusalem

Nicht erst Maler wie Max Ernst oder Dichter wie Gottfried Benn erfaßten die Querverbindung der Dinge; Bloch vergißt an dieser Stelle Vorläufer, die er etwa bei der »Rettung Wagners durch surrealistische Kolportage«[44] ihrem Verdienst entsprechend rühmt. Allerdings steht Kolportage in dem Ruf, das genaue Gegenteil präziser Sprache zu liefern, sich mit Schablonen, Klischees, Sprachmustern zu behelfen und aus Unvermögen schludrig zu sein. Und wirklich legt ja der Autor eines Kolportageromans auf die sprachliche Fassung des von ihm Er-

42 *Spuren*, S. 167.
43 *Spuren*, S. 26 f.
44 Vgl. Bloch, *Erbschaft*, a.a.O., S. 372 ff.

zählten das geringste Gewicht, die Dominanz des Stoffes beherrscht seine Schilderungen, die alles verwenden, nur eben diese Dominanz nicht in Frage stellen dürfen. »Die Wahrheit ist, daß ich auf meinen Stil nicht im geringsten achte [...] Ich verändere nie, ich feile nie.«[45] Auch wenn diese Werkstattbeschreibung nicht völlig zutreffen mag, so charakterisiert sie die Schreibweise des Kolportageschriftstellers doch mit überspitzter Deutlichkeit. Gerade Absichtslosigkeit, von May als »aufrichtige Natürlichkeit«[46] euphemistisch beschrieben, gebiert eine Sprache, von der sich manches lernen läßt. Umgangssprache wechselt abrupt mit gestelztem Kanzleideutsch, unfreiwillig komische Bilder (»Und nun finde ich ein solches Gesicht, ein Gesicht, auf welches man Häuser bauen könnte!«[47]) und gewollte Lakonismen prallen aufeinander. Entgegen ihrem Inhalt, dem Anspruch, eine fortlaufende Geschichte zu erzählen, ist auch die Schreibweise der Kolportage diskontinuierlich, geschlossene Schilderungen sind selten und werden, sobald es nur irgend geht, in Dialog-Fragmente aufgelöst, voller Satzbrüche und Interjektionen, mit sprachlichen Ungeschicklichkeiten und seltsam anmutenden Kraftausdrücken durchsetzt: »»Madame – erstens haben sich diese Beiden lieb; zweitens wollen sie sich heirathen, und drittens bitte ich um Ihr Jawort dazu. Wer etwas dawider hat, der mag es mir sagen; ich werde ihn bei der Parabel nehmen, daß er die lieben Engel im Himmel geigen und pfeifen hören soll!«»[48] Eben wegen ihres Verzichts auf schriftstellerische Kunstfertigkeit und realistische Darstellung oder auch nur dessen Wahrscheinlichkeit haben Schriftsteller wie Karl May, wider ihre Absicht und lange bevor sie zur beherrschenden Methode modernen Autoren wurde, die Montage als Darstellungsmittel entdeckt. Die hastige Schludrigkeit, mit der May besonders in den Lieferungsromanen Sujets und Stoffe behandelte, führte zwangsläufig dazu, daß Unvereinbares gewaltsam-ungewollt in nächsten Zusammenhang gebracht wurde. Die mit größerer Sorgfalt ausgeklügelten und geschriebenen Reiseromane Mays erwecken aus anderen Grün-

45 May, *Ich,* a.a.O., S. 425.
46 May, a.a.O., S. 425.
47 May, *Liebe des Ulanen,* a.a.O., S. 240. – Ein wahrhaft surrealistisches Bild!
48 May, a.a.O., S. 289.

den den Eindruck des Zusammengesetzten und Konstruierten. Der blaurote Methusalem mit seinem unverständlich-einfältigen Kauderwelsch, der immer korrekt englisch gekleidete Lord Lindsay unter Beduinen, der sächselnde Hobble-Frank bei den Apachen, Winnetou in Dresden, auf sprachlicher Ebene das Einsprengen fremdsprachiger Wendungen und Ausdrücke in Aktendeutsch (»Einige Zeit nach unserem Wegritte war ein Aïun-Mescheer gekommen und hatte verkündet, daß Omar Altantawi im Begriffe stehe, die Gastfreundschaft des Duar in Anspruch zu nehmen«[49]), die Verballhornung der deutschen Sprache selber durch schwerzüngige Ausländer (»Maschallah, Dunderwetter! Du bist wohl ---ach so, hätte ich mir doch bald versprochen! Ihnen sind wohl jar ein Deutscher?«[50]) – all diese der Kolportage eigenen Kennzeichen verraten zwar nicht der Intention, aber der Sache und Wirkung nach Montage als Erzählmethode. Ein Verfahren, das in der Kolportage begrifflos und teilweise gegen die eigenen Zwecke gerichtet und doch die Konsequenz einer ihr immanenten Erkenntnis ist: daß Ordnung erst gebrochen werden muß, wenn Abenteuer möglich sein sollen. Hinzu tritt die Einsicht, daß sich Abenteuer nicht in den Stil von Erbauungsblättchen oder in Aktendeutsch pressen lassen, daß die sprachliche Ordnung, die gebaute Syntax der Vorbilder Abenteuer nicht einfangen kann, und macht so die waghalsigen Konstruktionen notwendig, die weniger ärgerlich als nachdenklich stimmen. Nicht aufgesetzte Verzierung bedeuten daher die von May in den Text montierten Wörter aus der Indianersprache, die arabischen oder persischen oder englischen Wendungen: sie zersetzen die Sprache, indem sie sie durchsetzen, bringen die Satzfolge so in Unordnung, wie der Abenteurer die gesellschaftliche Ordnung verunsichert.

Wieviel Philosophie von Kolportage lernen kann, erzählen die Geschichten des merkwürdigen Buches *Spuren*. Unter den Worten ihres Erzählers verwandelt sich die Gaunerherberge in ein philosophisches Seminar, und die Geschichten aus dem undeutlichen Leben verlieren wie von selber ihre exotische Unverbindlichkeit, geben unscheinbar und nur als Fingerzeige ihr Geheimzeichen zu erkennen. Nicht als Zauberwort allerdings, vor dem das ganze verkehrte Wesen verblaßte: »Die Spuren des

49 May, *Orangen*, a.a.O., S. 376.
50 May, a.a.O., S. 223.

sogenannten letzten, ja auch nur wirklich Gewordenen sind
selber erst Abdrücke eines Gehens, das noch ins Neue gegangen
werden muß.«[51] Auch die *Spuren* also gehören noch zur Vorgeschichte des Menschen mit all ihrer Unterdrückung und Entfremdung – aber sie rütteln bereits an deren Ketten, indem sie
die unbeachtet-kleinen Zeichen notieren, die auf jene spätere
und endlich wahre Geschichte verweisen, deren Anfang noch
bevorsteht: die *Spuren* sind kleine Proben auf dieses große Ex-
empel.

51 *Spuren*, S. 220.

Personenregister

Alphabetisches Verzeichnis der edition suhrkamp